MICHAEL KONRAD
SABINE SCHOCK
JOACHIM JAEGER

Dezentrale Heimversorgung
in der Sozialpsychiatrie

Psychiatrie-Verlag

MICHAEL KONRAD
SABINE SCHOCK
JOACHIM JAEGER

Dezentrale Heimversorgung
in der Sozialpsychiatrie

Michael Konrad, Sabine Schock und Joachim Jaeger: Dezentrale Heimversorgung in der Sozialpsychiatrie.
1. Auflage 2006
ISBN 13: 978-3-88414-411-4
ISBN 10: 3-88414-411-1

Bibliografische Information der Deutschen Nationalbibliothek
Die Deutsche Nationalbibliothek verzeichnet diese Publikation in der Deutschen Nationalbibliografie; detaillierte bibliografische Daten sind im Internet über http://dnb.d-nb.de abrufbar.

Psychiatrie-Verlag im Internet: www.psychiatrie-verlag.de

Umschlaggestaltung: ToumaArt, Leipzig
Satz: Psychiatrie-Verlag, Bonn
Druck: AZ Druck und Datentechnik GmbH, Kempten

War einmal ein Revoluzzer,
im Zivilstand Lampenputzer;
ging im Revoluzzerschritt
mit den Revoluzzern mit.

Und er schrie: »Ich revolüzze!«
Und die Revoluzzermütze
schob er auf das linke Ohr,
kam sich höchst gefährlich vor.

Doch die Revoluzzer schritten
mitten in der Strassen Mitten,
wo er sonsten unverdrutzt
alle Gaslaternen putzt.

Sie vom Boden zu entfernen
rupfte man die Gaslaternen
aus dem Strassenpflaster aus,
zwecks des Barrikadenbaus.

Aber unser Revoluzzer
schrie: »Ich bin der Lampenputzer
dieses guten Leuchtelichts.
Bitte, bitte, tut ihm nichts!

Wenn wir ihn' das Licht ausdrehen,
kann kein Bürger nichts mehr sehen.
Lasst die Lampen stehn, ich bitt! –
Denn sonst spiel ich nicht mehr mit.«

Doch die Revoluzzer lachten,
und die Gaslaternen krachten,
und der Lampenputzer schlich
fort und weinte bitterlich.

Dann ist er zu Haus geblieben
und hat dort ein Buch geschrieben:
nämlich, wie man revoluzzt
und dabei doch Lampen putzt.
Erich Mühsam

Kapitel 7
Perspektiven der Versorgung

Anhang

Einleitung
Heimversorgung und personenzentrierte Betreuung
– ein Widerspruch?

Die Heimversorgung ist in einem gewissen Sinn das Aschenputtel der Sozialpsychiatrie: Von niemandem geliebt, macht sie doch den großen Teil der unangenehmen Arbeiten. In der psychiatrischen Versorgung seit der Psychiatrie-Enquete hat sie die Aufgaben der psychiatrischen Anstalten übernommen: die Versorgung der Langzeitpatienten und der so genannten neuen chronischen Patientinnen und Patienten. Diese Aufgabe ist undankbar, denn sie beinhaltet die Übernahme eines Problems, das von einer anderen Institution nicht gelöst werden konnte, nämlich die Betreuung der so genannten Unheilbaren, der Hoffnungslosen oder Systemsprenger. Die Heimversorgung bekam die Attribute mitgeliefert, die die psychiatrische Klinik mit dem Aufbruch in die sozialpsychiatrische Ära abgelegt hat: Asylierung, Entmündigung, Ausgrenzung.

Heime unterschiedlichster Couleur haben in der Folge der Psychiatrie-Enquete den größten Teil der Langzeitpatienten aus den psychiatrischen Landeskrankenhäusern übernommen, in der einen Region früher, in der anderen später. Aus dem Psychiatrischen Landeskrankenhaus Weissenau (Baden-Württemberg) beispielsweise wurde in der Zeit zwischen 1975 und 1982 die Zahl der Betten von 1200 auf 600 Betten abgebaut. Dieser Bettenabbau kam ausschließlich durch die Entlassung der Langzeitpatienten zustande. In den anderen Landeskrankenhäusern Westdeutschlands, und zeitverzögert nach der Auflösung der DDR in Ostdeutschland, war das nicht anders. Ein Teil dieses Enthospitalisierungsprozesses wurde ganz ohne, ein Teil mit spezifischen Programmen durchgeführt. In Weissenau war Mitte der achtziger Jahre der »harte Kern« von ungefähr hundert Langzeitpatientinnen und -patienten in der Klinik verblieben, denen das Heimatrecht zugesichert wurde. Mitte der neunziger Jahre wurde der Langzeitbereich – wie auch in anderen Regionen Deutschlands – in ein psychiatrisches Heim umgewandelt.

Die Sozialpsychiatrie hat die Polarisierung von Patienten mit und Patienten ohne Hoffnung neu geordnet. Patienten mit Hoffnung wurden bei langfristigem Hilfebedarf in der Zeit nach der Enquete in der Gemeinde betreut, Patienten ohne Hoffnung wurden in den Heimen versorgt. Die neue Polarisierung führte in dem Bericht der Expertenkommission vom Jahr 1988 zu der ernüchternden Feststellung, dass sich die Situation der schwer chronisch psychisch kranken Menschen in Folge der Psychiatrie-Enquete nicht verbessert, sondern teilweise sogar verschlechtert habe. Im Resümee wurde festgehalten: »So wurden zum einen Langzeitpatienten in großem Umfang in Heime verlegt, wodurch sich zwar die Bettenzahl in den psychiatrischen Krankenhäusern verringerte, die Situation der betroffenen Kranken und Behinderten aber nicht verbesserte, teilweise sogar verschlechterte, da bei der Auswahl von Langzeitheimen häufig nicht ausreichend auf eine gute Qualität der Unterbringung und Versorgung geachtet und noch weniger auf das Postulat der Gemeindenähe Rücksicht genommen wurde.« (Empfehlungen der Expertenkommission 1988, S. 622)

Zehn Jahre nach dem Bericht der Expertenkommission hatte sich die Situation nicht markant verändert. Sie war von einigen engagierten Fachleuten vielmehr als so unerträglich unverändert eingeschätzt worden, dass diese die Bundesregierung aufforderten, eine Heim-Enquete erstellen zu lassen. In ihrer Begründung wiederholen die Autorinnen und Autoren die Einschätzungen der Expertenkommission zu der Situation psychisch kranker Menschen, gehen aber auch auf die anderen in Heimen versorgten Personengruppen ein, und zwar insbesondere auf die Heimversorgung von pflegebedürftigen alten Menschen, die im Zuge des Pflegeversicherungsgesetzes einen Boom erlebte; viele neue Heime waren im Übrigen mit hohem steuerlich finanziertem Geldeinsatz entstanden. Die Autoren nennen Zahlen. Demnach wurden 1998 in Heimen der Behindertenhilfe 140.000 Menschen versorgt, in Alten- und Pflegeheimen 660.000 Personen.

Die Forderung der Autoren betraf die langfristige Auflösung der Heimversorgung. Diese Forderung entspricht der sozialpsychiatrischen Tradition. In den Rundbriefen der *Deutschen Gesellschaft für Soziale Psychiatrie* gab es in der Vergangenheit mehrere Themenhefte, die sich mit der Heimversorgung beschäftigten und in denen ein beträchtlicher Teil der Autoren die Lösung der Heimproblematik in der Auflösung sieht. Thema eines Rundbriefs aus dem Jahr 2001: »Heim in die Wohnung statt Wohnung im Heim?« (*Soziale Psychiatrie*, Heft 2). Bei der Diskussion und Forderung nach der Auflösung bleibt jedoch die banale, aber schwer zu beantwortende Frage: Wie?

Die Beispiele für Heimauflösungen, bei denen die Bewohnerinnen und

Bewohner nicht in andere Heime umquartiert oder in die Obdachlosigkeit entlassen worden waren, sind dünn gesät. In Deutschland gelten das Heim Blankenburg bei Bremen und der Langzeitbereich in Gütersloh als Vorzeigebeispiele. Beide Auflösungen haben sich im Umfeld bedeutender sozialpsychiatrisch orientierter Klinikdirektoren vollzogen und standen unter deren »persönlichen Geleitschutz«. Für gewöhnliche Heime, die die Versorgung chronisch psychisch kranker Menschen leisten, ist die Auflösung in der Regel mit dem Vorbehalt »nicht machbar« verbunden. So formulieren L. SCHULZE STEINMANN und J. HEIMLER (2003, S. 14) realistisch: »Wer heute mit einem sozialpsychiatrischen Heim zu tun hat, ist mit vielen Widersprüchen konfrontiert.«

Ein Widerspruch der Heimversorgung ist die Ambivalenz zwischen Fürsorge und Selbstbestimmung bei der Betreuung der Bewohner. Die Tendenz der Versorgung chronisch psychisch kranker Menschen seit der letzten Dekade des 20. Jahrhunderts ist die Rückdelegierung der Verantwortung für das eigene Leben von den professionellen Helfern an die Betroffenen. Das Schlagwort in der sozialpsychiatrischen Versorgung ist der »personenzentrierte Ansatz«. Mit diesem Ansatz ist ein Paradigmenwechsel in der psychiatrischen Versorgung verbunden, der in der jetzt 200-jährigen Geschichte der Psychiatrie ein Novum darstellt. Im Gegensatz zu der antipsychiatrischen und psychiatriekritischen Bewegung der sechziger und siebziger Jahre des 20. Jahrhunderts will er die Selbstbestimmung des psychisch kranken Menschen nicht durch die Überwindung der psychiatrischen Institutionen erreichen. Die personenzentrierte Denkweise will vielmehr den Betroffenen in die Lage versetzen, die Auswahl für notwendige Hilfen selbst zu treffen. An die Stelle von einfachen Lösungen treten differenzierte Entscheidungsprozesse, in denen das Aushandeln des richtigen Weges eine wesentliche Rolle spielt. Die Auseinandersetzung mit professionellen Helfern wandelt zwischen den Polen Konflikt und Konsens.

In die differenzierten Modi personenzentrierten Handelns kann die traditionelle Heimversorgung schwer eingeordnet werden. Heimversorgung steht vielmehr für Rigidität, Unüberschaubarkeit, Anpassung, Einheitlichkeit. Gerade die im Geiste der psychiatrischen Anstalt entstandenen psychiatrischen Heime symbolisieren in der sozialpsychiatrischen Welt den Gegenpart zu den Prinzipien Individualität und Selbstbestimmung. Die Vorschriften des Heimgesetzes setzen der Selbstbestimmung einen engen Spielraum, auch wenn diese durch das Pflegeversicherungsgesetz zu einem zentralen Grundsatz erhoben wird. Der Widerspruch zwischen Fürsorge und Selbstbestimmung kann nur dann aufgehoben werden, wenn er in der

Heimversorgung selbst zum Thema wird, das aber heißt, die Prinzipien des personenzentrierten Ansatzes auf die Heimversorgung anzuwenden und dadurch die Richtung auf den Prozess der Auflösung zu weisen.

Die Anwendung des personenzentrierten Ansatzes in der Heimbetreuung bedeutet auch, die Zweiteilung in rehabilitationsfähige und rehabilitationsunfähige Klienten zu durchbrechen. Wenn psychisch kranke Menschen in einer Region mit einer einheitlichen Grundkonzeption betreut werden, erhöht dies die Durchlässigkeit der jeweiligen Systeme. Im Gemeindepsychiatrischen Verbund, das heißt in dem vertraglich vereinbarten Zusammenschluss der Einrichtungsträger mit gemeinsam definierten Prinzipien, eröffnet sich damit die Möglichkeit der unverkrampften Zusammenarbeit zwischen ambulantem Bereich und Heimbereich. Die Anwendung des personenzentrierten Ansatzes im Rahmen des Gemeindepsychiatrischen Verbundes führt eine Heimeinrichtung zwangsläufig dazu, die institutionellen Grenzen in Richtung Gemeinde zu überschreiten.

Mit dem Konzept der dezentralen Heimversorgung möchten wir einen Weg beschreiben, auf dem die Heimversorgung in die Gemeinde verlagert werden kann und bei der Verlagerung den Charakter einer Heimeinrichtung verliert. Das Konzept der dezentralen Heimversorgung benötigt zur Umsetzung keine Projektmittel, sondern kann im Rahmen der Regelfinanzierung realisiert werden. Sie benötigt keine sozialpsychiatrischen Fürsprecher und kann von einem Träger ohne ideologischen Rückgriff auf ein sozialpsychiatrisches Programm implementiert werden. Die dezentrale Heimversorgung kann von einem Heimträger als Strategie angewandt werden, um sich auf dem Markt der gemeindepsychiatrischen Versorgung zu positionieren. Allerdings ist eine technokratische Lösung nicht denkbar; die Umsetzung gelingt nur bei der Bereitschaft des Heimträgers, das institutionszentrierte Betreuungskonzept durch ein personenzentriertes Konzept zu ersetzen.

Die Erfolgskriterien der personenzentrierten Umgestaltung sind:
- die Integration der chronisch psychisch kranken Menschen einer Region in das Betreuungskonzept ohne Ausschluss bestimmter Personengruppen,
- die Motivierbarkeit der Mitarbeiter, die gelernten Betreuungsmethoden durch eine neue Herangehensweise zu ersetzen,
- die ökonomische Bewährung der dezentralen Heimversorgung.

Dass ein solcher Weg beschritten und erfolgreich zu Ende gegangen werden kann, haben wir in Weissenau bewiesen. Wir werden deshalb in dem vorliegenden Buch auf ganz konkrete Strategien und Möglichkeiten verweisen und können vieles zur Nachahmung empfehlen. Und eins möchten wir schon an dieser Stelle versprechen: Die im Text dargestellten Fallbeispiele der von uns betreuten Personen mit ihrem individuellen Weg nach der Dezentralisierung werden bei vielen Leserinnen und Lesern für Verblüffung sorgen.

Michael Konrad, Sabine Schock und Joachim Jaeger

Kapitel 1
Gemeindepsychiatrischer Verbund und Versorgungsverpflichtung

Voraussetzungen und Einbettung der dezentralen Heimversorgung

Mit dem moralischen Imperativ »Gemeindepsychiatrie fängt bei den Verletzlichsten an« hat Klaus Dörner (1986) bereits vor 20 Jahren die Versorgungsverpflichtung für *alle* psychisch kranken Menschen eingeklagt. Er insistierte darauf, dass diese Versorgung nicht in Institutionen stattzufinden habe, vielmehr sollten die betroffenen Personen als gleichberechtigte Mitbürger in der Gemeinde leben und am Leben dieser Gemeinde teilhaben. Obwohl die Versorgungsverpflichtung längst eine zentrale Forderung der neuen Konzepte im Rahmen des *Aufbruchs der Heime* (Dörner 1989) ist, sieht die Realität in nahezu allen Regionen Deutschlands nach wie vor so aus, dass die verletzlichsten psychisch kranken Menschen (der »harte Kern«, »die Systemsprenger«) auf Langzeitstationen der psychiatrischen Kliniken oder in psychiatrischen Wohnheimen betreut werden. In den meisten Regionen ist zusätzlich jener Effekt eingetreten, dass die ambulante Versorgung der »fitteren« Klienten und die stationäre Versorgung der »schwierigen« zu separaten, nahezu unverbundenen Veranstaltungen geworden ist. Während der ambulante, hin zur Gemeinde orientierte Bereich die Versorgung der schwierigen Klienten für unmöglich erklärt, weil diese nicht in die therapeutischen oder rehabilitativen Konzepte passen, ziehen sich die Heime auf institutionelle Inseln zurück, auf denen sie sich mit den »nicht integrationsfähigen« Klienten »abquälen«, ohne dass es ihnen jemand dankt.

Die Zweiteilung der psychiatrischen Versorgung in therapierbare und nicht therapierbare Fälle ist nicht neu. Bereits bei der Gründung der psychiatrischen Anstalten hatte es die begriffliche Trennung in Heilanstalten und Pflegeanstalten gegeben. Mit der Reformeuphorie der Psychiatrie-Enquete sollte diese Trennung jedoch aufgehoben werden. Die Gesamtheit der psychisch kranken Menschen sollte von den »elenden, menschenunwürdigen Zuständen« der Anstaltspsychiatrie erlöst werden. In der Folgezeit der Enquete konzentrierte sich die Psychiatriepolitik auf die Verbesserung der Situation der akut erkrankten Patienten und damit auf die Reformierung der psychiatrischen Kliniken. Erfolgreicher Abschluss der Reform war die Einsetzung des »Personalbemessungssystems Psychiatrie« (PePsy), mit dem Personalschlüssel für verschiedene Behandlungsphasen einzelner Patientengruppen festgelegt wurden. Ohne Absicht erfolgte damit jedoch die Trennung in gemeindeintegriert versorgte Patienten und aus der Gemeinde ausgeschlossene Patienten, die entweder auf Langzeitstationen in den Kliniken oder in gemeindefernen Heimen versorgt wurden.

Von der therapeutischen Kette zum personenzentrierten Ansatz

In der Psychiatrie-Enquete, die in Deutschland den monolithischen Block der Anstaltspsychiatrie erstmals nach dem 2. Weltkrieg aufgeweicht hatte, wurde die längerfristige Versorgung der Klienten auf der Grundlage der so genannten therapeutischen Kette konstruiert. Der Patient sollte auf der Akutstation aufgenommen werden und dann bei Bedarf über die Reha-Station, das Übergangswohnheim und die therapeutische Wohngemeinschaft in ein eigenständiges Leben wechseln. Damit einher ging die Vorstellung, dass der Klient am Anfang einen sehr hohen, mit Fortschreiten in der Kette aber einen kontinuierlich geringer werdenden Hilfebedarf hat. In einem Standardversorgungsgebiet sollten dementsprechend alle genannten Einrichtungen vorhanden sein. Die Drehscheibe dieses Versorgungsgebietes ist die psychiatrische Klinik. Entgegen dem therapeutischen Impetus der Psychiatrie-Enquete impliziert die Konzeption der therapeutischen Kette ständige Beziehungsabbrüche für den Klienten. Bei Erreichen des »Therapieziels« und damit beim Übergang zu einem neuen Glied der therapeutischen Kette wird zumindest auf der Ebene der alltäglichen Hilfeerbringung ein Bezugspersonenwechsel notwendig.

Der Bericht der Expertenkommission (1988), mit dem die aus der Psychiatrie-Enquete entwickelten Projekte evaluiert wurden, verwarf den Begriff der therapeutischen Kette mit dem Argument, er sei nicht brauchbar für die Gemeindeintegration schwer chronisch psychisch kranker Menschen. Zur Illustration wurde angeführt, dass sich die Situation der psychisch Kranken im Allgemeinen seit der Enquete drastisch verbessert habe, chronisch psychisch kranke Menschen jedoch in nahezu unverändertem Ausmaß auf Langzeitstationen oder in Heimen lebten. Nach den Vorstellungen der Kommission sollte die Versorgungseinheit nicht mehr das Standardversorgungsgebiet mit der Klinik als Zentrum sein, sondern eine natürlich gewachsene regionale Einheit mit dem Gemeindepsychiatrischen Verbund (GPV) als organisatorischer Einheit (KULENKAMPFF 1989). Die Verlagerung auf eine Region ist jedoch nicht in erster Line eine geografische. Vielmehr wird dadurch die Gemeindeintegration – unabhängig vom Hilfebedarf des Klienten – zum Ausgangspunkt der Versorgung. Der Klient soll sich nicht mehr in einer therapeutischen Kette emporarbeiten müssen, sondern in der Gemeinde die Hilfe erhalten, die er benötigt. In diesem Sinne befreite die Expertenkommission die psychisch kranken Menschen von den unsichtbaren Ketten.

Die *Aktion Psychisch Kranke* setzte die Befreiung von den unsichtbaren Ketten um, indem sie den personenzentrierten Ansatz in Abgrenzung zur institutionszentrierten Praxis als Folge der therapeutischen Kette entwickelte (KAUDER/APK 1997). Philosophisch geht der personenzentrierte Ansatz vom autonomen Subjekt aus, das auf Grund der Folgen seiner Erkrankung einen Hilfebedarf zur Führung eines eigenständigen Lebens hat. Der Hilfebedarf kann beliebig hoch sein. Im Gegensatz zur institutionszentrierten Logik führt das gerade nicht dazu, dass sich die psychisch kranke Person den Regeln einer (therapeutischen) Einrichtung unterordnen muss; in seinen Lebensvollzügen bleibt der Klient unabhängig von seinem Hilfebedarf vielmehr ein autonomes Subjekt. In der Konsequenz ergibt sich aus dem personenzentrierten Ansatz die Notwendigkeit, alle nicht klinischen Hilfeangebote nicht mehr in Form von Einrichtungen, sondern als »Angebote« zu organisieren. Angebote sind auf dem Markt wählbare Produkte, wobei ihr Konsument nicht nur über eine Wahlfreiheit, sondern auch über Kriterien der Auswahl und Geld verfügen muss. Ein Teil der sozialpsychiatrischen Bewegung kritisiert den personenzentrierten Ansatz gerade deshalb, weil er den psychisch kranken Menschen in die Situation des Kunden versetzt. Ein Kunde müsse sich an den Gegebenheiten des Marktes orientieren, damit aber seien chronisch psychisch kranke Menschen überfordert. Der personenzentrierte Ansatz schließe somit die besonders verletzlichen psychisch kranken Menschen aus der Versorgung in der Gemeinde aus.

Das persönliche Budget als Zuspitzung der Kundenorientierung

In der Diskussion um Selbstbestimmung und Auswahl von Hilfeangeboten hat das persönliche Budget die Meinungen polarisiert. Das persönliche Budget ist kein eigenständiges Hilfeangebot, sondern eine Form der Hilfegewährung. Der Klient erhält die Hilfeleistung nicht als Sachleistung durch einen Kostenträger finanziert und anschließend durch eine Einrichtung erbracht. Er bekommt vielmehr eine definierte Geldmenge ausbezahlt und hat sich davon die zur Kompensation seiner Behinderung notwendigen Hilfen selbst einzukaufen. Das persönliche Budget ist in Ländern wie Holland oder Schweden fest etabliert, in Deutschland werden zurzeit die ersten Versuche zur Umsetzung unternommen. Gesetzlich ist das »Persönliche Budget« im SGB IX verankert. Bis Ende 2007 wird es als Kann-Leistung angewandt, ab dem Jahr 2008 wird es als Pflichtleistung eingeführt.

Das persönliche Budget wird als Paradigmenwechsel in der Behindertenhilfe diskutiert. Die ersten Umsetzungsversuche zeigen in der Tat, dass es das Hilfesystem umkrempelt und das Selbstverständnis der professionellen Anbieter herausfordert. Die Hilfeangebote werden durch die Ausbezahlung von Geldmitteln zu Dienstleistungen, die der Klient nach eigenem Gutdünken auswählen kann. Der Vorteil ist in zweierlei Hinsicht gegeben: Dem Klienten erwachsen Auswahlmöglichkeiten, die für eine bürgerliche Gesellschaft ein konstitutives Element sind, und es besteht die Möglichkeit, die Hilfen flexibel und passgenau auf den individuellen Hilfebedarf abzustimmen.

In der Zeit von 2003 bis 2005 wurden Formen des persönlichen Budgets in Baden-Württemberg modellhaft erprobt (KASTL/METZLER 2005). Die Leistungen, die im Rahmen des persönlichen Budgets gewährt wurden, beschränkten sich nahezu ausschließlich auf den Bereich der Eingliederungshilfe. Der Bodenseekreis war eine von drei Modellregionen. Entgegen den Erwartungen zu Projektbeginn war der Anteil der psychisch behinderten Menschen unter den Projektbeteiligten relativ hoch. Wie dem Projektbericht zu entnehmen ist, zeigte die Gewährung der Hilfen in Form persönlicher Budgets bei den meisten psychisch kranken Menschen eindeutige therapeutische Erfolge, obwohl nur Personen in das Projekt aufgenommen worden waren, bei denen dadurch die Heimaufnahme beendet oder verhindert werden konnte. Kann das als Beweis dafür gewertet werden, dass im Rahmen der Sachleistungen bisher die hilfebedürftigen Personen entmündigt werden und die Hilfeleistung die Intention der Verselbstständigung verfehlt?

Wenn von den Wirkungen des persönlichen Budgets geredet wird, verbergen sich dahinter oft verschiedene Definitionen. Das die jeweiligen Leistungsträger übergreifende persönliche Budget, wie es im Gesetz verankert ist, meint die Auszahlung eines Geldbetrags, mit dem der behinderte Mensch die aus seiner Sicht erforderlichen Hilfeleistungen zur Kompensation seiner Behinderung einkauft. Da er im Gegensatz zur Sachleistung nicht an einen bestimmten Dienstleister gebunden ist, kann er die Leistungen frei zusammenstellen. Er kann im Rahmen seiner ihm zur Verfügung stehenden Geldmittel bei mehreren professionellen Dienstleistern Hilfen in Anspruch nehmen, er kann aber auch einen Nachbarn beauftragen oder einen Volkshochschulkurs belegen. In dieser Hinsicht setzt das persönliche Budget den personenzentrierten Ansatz auf der Ebene der Leistungsgewährung optimal um. Der in SGB IX postulierte Grundsatz der Selbstbestimmung ist hundertprozentig erfüllt.

Mit dieser Definition des persönlichen Budgets kann jedoch der Grundsatz der Versorgung aller chronisch psychisch kranken Menschen einer Region nicht eingelöst werden. Eine Voraussetzung für die Auszahlung des persönlichen Budgets als Geldleistung ist nämlich die Regiefähigkeit des behinderten Menschen. Er muss in der Lage sein, das an ihn ausgezahlte Geld in Leistungen umzusetzen, die seinem Hilfebedarf entsprechen. Wenn der behinderte Mensch die Leistungsform des persönlichen Budgets wählt, hat er keine Möglichkeit mehr, zusätzliche Hilfe über Sachleistungen in Anspruch zu nehmen. Damit ist die Fähigkeit des ökonomischen Wirtschaftens mit den gewährten Ressourcen gefordert, ein Kunststück, das angesichts eines überwältigenden Waren- und Dienstleistungsangebotes immer weniger Menschen gelingt, und die Schuldnerberatung zu einem verbreiteten Angebot werden ließ.

Der größte Teil der psychisch kranken Menschen, die auf intensive Hilfen angewiesen sind, ist mit der Verwaltung der Geldmittel im Rahmen eines persönlichen Budgets überfordert. Dies wird von den Betroffenen auch häufig formuliert. Im Modellprojekt konnte der Widerspruch in der Regel nur dadurch gelöst werden, dass der gesetzliche Betreuer oder ein Angehöriger die Verwaltung der Geldmittel und den Einkauf der Leistungen übernahm. Mit dieser Vorgehensweise ist der Grundsatz der Selbstbestimmung jedoch bereits im Ansatz erstickt. Um der Gefahr des Ausschlusses der schwierigsten und verletzlichsten Personen entgegenzuwirken, ohne den Gedanken der personenzentrierten Leistungsgewährung aufzugeben, muss daher eine alternative Definition des persönlichen Budgets gewählt werden. Um eine Versorgung aller chronisch psychisch kranken Menschen einer Region zu erreichen, muss es ermöglicht werden, individuell zusammengestellte Hilfeleistungen aus dem psychiatrischen und dem nicht psychiatrischen

Hilfesystem auf der Ebene von Sachleistungen in Anspruch zu nehmen. Hier bietet sich der Begriff des »personengebundenen Budgets« an. Da bei dieser Form der Inanspruchnahme im Gegensatz zum persönlichen Budget die Steuerung nicht durch die Mechanismen des freien Marktes reguliert wird, bedarf es geeigneter Instrumente, die im Rahmen eines Verbundes der Leistungsanbieter und der Leistungsträger genutzt werden. Der Ausschluss bestimmter Personengruppen durch das Kundenverständnis wird vermieden, wenn im Rahmen des Gemeindepsychiatrischen Verbundes eine Versorgungsverpflichtung festgelegt wird.

Zum Verhältnis von Autonomie und Fürsorge

Unabhängig von der Frage des persönlichen Budgets besteht ein generelles Problem psychiatrischer Hilfesysteme in dem Widerspruch zwischen der Entscheidung *durch* den Klienten und der Entscheidung *für* den Klienten. In der klinischen Psychiatrie zeigt sich dieser Widerspruch bei freiheitsentziehenden Maßnahmen und kulminiert in der Frage, ob es eine gewaltfreie Psychiatrie geben kann (EINK 1998). In der komplementären Versorgung zeigt sich der Widerspruch als unauflösbares Verhältnis zwischen Fürsorge und Selbstbestimmung. Einem beträchtlichen Teil der psychisch kranken Personen, insbesondere den in Heimen lebenden, wurde ein Teil der bürgerlichen Rechte entzogen. Im Landkreis Ravensburg haben 70 Prozent der Heimbewohner eine gesetzliche Betreuung; 60 Prozent davon für sämtliche Bereiche. Damit stellt sich die philosophische Frage, wie aus unmündigen Behinderten mündige Bürger werden sollen. Unter dem Stichwort »Empowerment« werden seit geraumer Zeit Konzepte entwickelt, um dieses Problem anzugehen (KNUF u. a. 2006).

Der moderne Liberalismus hat diese Frage mit einem Schlagwort beantwortet, das weitreichende Implikationen für die Betroffenen enthält: Deregulierung. Die staatlichen Fürsorgesysteme sollen abgebaut werden, die Bürger sollen ihr Schicksal in die eigenen Hände nehmen. In den USA wurde die Deregulierung der psychiatrischen Versorgung durch eine Politik der konsequenten Deinstitutionalisierung realisiert (SCULL 1980). Dem Abbau der psychiatrischen Langzeitbetten folgte kein systematischer Aufbau gemeindepsychiatrischer Angebote. Mit Ausnahme einiger weniger Regionen, in denen ein tragfähiges System der Gemeindeintegration geschaffen wurde (STEIN/TEST 1980; LAMB 1993), blieben die chronisch psychisch kranken Menschen auf sich selbst gestellt. Die Konsequenz war die Betreuung in privaten Heimen, deren Kosten von den Betroffenen selbst bzw. der »Veterans Administration« getragen werden, oder ein Leben in der Obdachlosigkeit.

Die sozialen Folgen dieser Politik sind zwischenzeitlich vielfach untersucht und beklagt worden: Neben der gesellschaftlichen Ausgrenzung psychisch kranker Personen wurde eine deutliche Zunahme von Straftaten und in Folge die Zunahme von forensischen Unterbringungen festgestellt (GOODWIN 1997). Der langfristige Kosteneffekt der Deinstitutionalisierung wird von Befürwortern und Gegnern naturgemäß unterschiedlich eingeschätzt; es häufen sich jedoch die Hinweise, dass die langfristigen Kosten der Deinstitutionalisierung wesentlich höher ausfallen als ursprünglich postuliert.

Im deutschen Sozialsystem hat sich trotz massiver gesetzlicher Einschnitte in den letzten Jahren die Politik der Deregulierung nicht durchgesetzt. Es gibt einen breiten gesellschaftlichen Konsens für die Beibehaltung der wesentlichen Errungenschaften; die kontroversen Positionen betreffen die Ausprägung der sozialen Sicherungssysteme. Im Rahmen der Absicherung durch Leistungen der Sozialhilfe, die in der Langzeitversorgung psychisch kranker Menschen dominiert, stellt sich somit die Frage: Wie kann eine Mentalität der Selbstbestimmung hergestellt werden, ohne die Fürsorge aufzugeben? Oder gesellschaftspolitisch ausgedrückt: Wie entwickelt sich die Bürgermentalität aus der Untertanenmentalität ohne revolutionäre Umwälzung?

Die Frage, wie sich die Freiheit des Bürgers als Selbstbestimmung realisiert, war die zentrale Frage des deutschen Idealismus. R. SAFRANSKI (2004) hat in seiner Schiller-Biografie das Ringen des großen deutschen Klassikers mit dieser Frage bei der Fertigstellung des Stücks *Die Verschwörung des Fiesko zu Genua* beschrieben. Für Schiller sei die Realisierung von Freiheit nur in der Kategorie von Entwicklungsmöglichkeit denkbar gewesen: »Selbstbestimmung gibt es überhaupt nur auf dem Hintergrund der nicht zureichenden Bestimmtheit.« (S. 155) In dem Möglichkeitsraum entwickelt sich persönliche Identität erst durch die eigene Entscheidung: »Es geht nicht um die Frage, wie man handeln soll, sondern welches Handeln man eigentlich will. Es geht nicht darum, was man wollen soll, sondern was man wollen will. Wie kann man herausfinden, was man eigentlich will? Man wird es erst wissen, wenn man gehandelt hat. Man muss sich entscheiden und handeln, um zu wissen, wer man ist. Es gibt kein Wissen um die eigene Identität, das einem Handeln vorausgeht. Was ich bin, weiß ich nicht vorher, sondern erst, wenn ich gehandelt habe.« (S. 156)

Wer nicht entscheiden kann, kann keine Identität entwickeln und damit auch nicht selbstbestimmt handeln. Diesen philosophischen Grundsatz auf die Versorgung chronisch psychisch kranker Menschen zu übertragen heißt, die Offenheit zum Grundprinzip zu erheben. Der Klient muss in seinem

Lebensfeld prinzipiell Entscheidungsmöglichkeiten haben, die äußere Einschränkung der Freiheit kann sich nur auf akute Phasen der Erkrankung beschränken. Entscheidungsmöglichkeit heißt indes nicht Entscheidungsfreiheit. Die Gegebenheiten der äußeren Welt setzen immer Grenzen, mit denen es gilt sich auseinander zu setzen. Indem man sich damit auseinander setzt, wird der psychisch kranke Mensch in seiner Identität ernst genommen. Die Auseinandersetzung erfordert eine Betreuungskultur, die den psychisch kranken Menschen nicht versorgt, sondern ihn ungeachtet seiner Beeinträchtigungen als Persönlichkeit betrachtet.

Der strukturell-inhaltliche Wandel von der Versorgung zum Hilfeangebot findet seine begriffliche Entsprechung: Wurde vor zehn Jahren vom »Patienten« gesprochen, der im Langzeitbereich der Klinik versorgt wurde, später vom »Bewohner«, der gemeinsam mit anderen in einer Großeinrichtung lebte, so ist es heute der »Klient«, der integriert in der Gemeinde lebt und mit dem die Erbringung von Hilfeleistungen ausgehandelt wird. Der Wandel der Begrifflichkeit spiegelt sich in den Grundsätzen einer personenzentrierten Betreuung:

- Es werden Hilfen geleistet, die dazu beitragen sollen, dass der Klient schrittweise zu einem selbstbestimmten Leben befähigt wird (Empowerment).
- Jeder Klient muss Lebensbereiche haben, in denen keine Hilfe geleistet wird.
- Der psychisch beeinträchtigte Mensch hat einen Wohnraum; in diesem ist er »Bewohner«. Zusätzlich erhält er Hilfeleistungen (Wohnen plus). Als Empfänger von Hilfeleistungen ist er »Klient«.
- Der psychisch beeinträchtigte Mensch äußert sich, wie er wohnen möchte und welche Unterstützungsleistungen er benötigt (Experte seiner Lebenssituation).

Der Wandel in der personenzentrierten Versorgung versinnbildlicht sich am sichtbarsten dadurch, dass die Aufenthaltsräume der betreuenden Mitarbeiter aus den Wohnräumen der Klienten ausgelagert wurden.

Vom Objekt zum Subjekt der Versorgung

Theoretisch betrachtet manifestiert sich in der Umbenennung der Hilfe suchenden Person ein Paradigmenwechsel: Vom Objekt der Versorgung im Sinne der totalen Institution wird die Hilfe suchende Person zum handelnden Subjekt. Das klingt relativ einfach und verkommt in der Sozialpolitik auch häufig zur Floskel (sichtbar etwa in der Altenhilfe: Hier steht dem Recht auf Selbstbestimmung in § 2 SGB XI ein System der stationären Altenpflege entgegen, das dieses Recht auch nicht annähernd einlösen kann). Für die Mitarbeiter hat der Wechsel der Blickrichtung jedoch erhebliche Konsequenzen. In der Perspektive des Klienten als Subjekt kann der Professionelle dem Klienten nicht mehr die Realität vorgeben, sondern ist darauf angewiesen, die Definition der Realität auszuhandeln. Dass die Perspektive der Aushandlung für Mitarbeiter schwierig ist, zeigt sich bei der Erstellung von Hilfeplänen. Häufig wird Aushandlung so verstanden, dass den Vorstellungen des Klienten zu folgen ist. Nachdem sich das als unrealistisch erweist, wird daraus die Behauptung abgeleitet, dass die Aushandlung von Hilfeplänen mit chronisch psychisch kranken Menschen nicht möglich sei – mit der Beschreibung des Umdenkprozesses bei den Mitarbeitern werden wir auf dieses Thema zurückkommen (siehe Kapitel 4)

Entsprechend dem Perspektivwechsel vom Objekt zum Subjekt wandelt sich die Organisation der Versorgung weg von der Überwachung und hin zur aktiven Hilfeleistung. Größeren Wohneinrichtungen, in denen 10–20 Bewohner in einer räumlichen Einheit leben, wird eine besondere Qualität zugesprochen, da es organisatorisch möglich ist, eine Personalpräsenz rund um die Uhr sicherzustellen. Dementsprechend sind auch die Vorschriften des Heimgesetzes ausgerichtet. Eine Heimeinrichtung muss die dauerhafte Präsenz des Personals gewährleisten. Damit wird implizit unterstellt, dass Heimbewohner die dauerhafte Präsenz – oder in unserer Sichtweise: die dauerhafte Überwachung – benötigen. Nach dieser Logik wird der Klient auf den Objektstatus zurückgeworfen, der die im Prozess der Rehabilitation unabdingbare Subjekt-Werdung verhindert.

Die »Logik der Überwachung« ist mit dem Anspruch, dass Rehabilitation auch für schwer psychisch kranke, verhaltensauffällige Menschen zugänglich sein muss, nicht vereinbar. Entsprechend der Ablehnung der therapeutischen Kette sehen wir in der Logik der Überwachung den falschen Ansatzpunkt gerade bei den Klienten mit den schwierigsten Problemen. Beziehungstheoretisch ist der Übergang zum subjektbezogenen Umgang nicht zu leisten, wenn der Klient einmal zum Objekt gemacht worden ist. In der Hilfeleistung ist zwar auch ein Machtgefälle zwischen Hilfeerbringer und Hilfeempfänger beinhaltet, der Klient kann sich jedoch aktiv gegenüber der Hilfeerbringung verhalten, indem er auf die Veränderung der Hilfeerbringung besteht oder sich ihr entzieht. Bei der Überwachung ist dies nicht möglich; sie entzieht dem Klienten jeglichen Handlungsspielraum. Unsere Erfahrung zeigt, dass es auch bei schwer verhaltensauffälligen psychisch kranken Menschen möglich ist, auf eine dauerhafte Personalpräsenz zu verzichten und stattdessen eine Perspektive der Hilfeleistung in einer »normalen« Umgebung einzunehmen – wir werden dies in den Fallbeispielen in Kapitel 3 und 6 aufzeigen. Freilich bedarf diese Perspektive eines langen Atems und natürlich des Respekts vor der Autonomie des Individuums auch in schwierigen Situationen.

Das restriktivste Mittel der psychiatrischen Versorgung im Rahmen der Logik des Überwachens ist die langfristige geschlossene Heimversorgung. Kann eine Region ohne geschlossene Heimeinrichtungen auskommen? Vor allem von den Stationen der psychiatrischen Kliniken wird der Eindruck geäußert, dass geschlossene Heimeinrichtungen unverzichtbar seien. Die Kliniken sind zunehmend mit dem Problem konfrontiert, chronifizierte Patienten schnell in den komplementären Bereich weiterzuvermitteln. Geschlossene Gruppen in Heimen werden in einer solchen Situation als Entlastungen erlebt, verhindern aber kreative Überlegungen, wie psychisch kranke Menschen mit Verhaltensauffälligkeiten in einem offenen Setting betreut werden können. Die Einrichtung geschlossener Heimgruppen erzeugt mit Sicherheit den Effekt, dass sie auch belegt werden, wenn sie erst einmal existieren; sie zementieren jedoch auch die Hospitalisierung und stigmatisieren die betroffenen Patienten.

Die Frage der langfristigen geschlossenen Versorgung thematisiert die ethische Dimension der Logik des Überwachens in der psychiatrischen Versorgung. Die Philosophie der geschlossenen Versorgung behauptet eine Notwendigkeit der langfristigen Außenkontrolle des Verhaltens über den Zeitpunkt der akuten Krankheitssymptomatik hinaus. Bei der offenen Versorgung hingegen wird die prinzipielle Selbstkontrolle des Verhaltens durch den Klienten unterstellt, die allerdings in zweierlei Hinsicht relativiert werden muss:

- In der Phase der akuten Erkrankung ist die Selbstkontrolle meist erheblich bis völlig eingeschränkt.
- Die Selbstkontrolle (oder auch Selbststeuerung) ist häufig nur rudimentär vorhanden.

Dem ersten Moment der eingeschränkten Selbstkontrolle kann meist nur über eine klinische Behandlung begegnet werden. Die eingeschränkte Selbstkontrolle über den Zeitpunkt der klinischen Behandlung hinaus muss hingegen als Teil des therapeutisch-pädagogischen Prozesses betrachtet werden. Die Selbstkontrolle wird gefördert, indem auf unerwünschtes Verhalten *nicht* mit Einschränkungen der Freiheit reagiert wird. Die geschlossene Versorgung fügt sich in die Organisationsform der therapeutischen Kette ein. Solange der Klient problematisches Verhalten zeigt, bleibt er in der geschlossenen Einheit. Durch Wohlverhalten kann er in die offene Einheit »aufsteigen«. Pädagogisch stellt sich die Frage, wie er in der geschlossenen Einheit die Selbstkontrolle lernen kann. Durch die anderen Klienten der geschlossenen Einheit ist das Milieu insgesamt von Unruhe und Verhaltensabweichungen geprägt. Die offene Versorgung hält hingegen Verhaltensmodelle bereit, an denen der verhaltensabweichende Klient sich orientieren kann. In den durch die Mitarbeiter moderierten Auseinandersetzungen mit den anderen Klienten ist soziales Lernen im Sinne einer Integration in die Gesellschaft möglich.

Die positive Wirkung der Integration psychisch kranker Menschen in die Gemeinde wird inzwischen aus der Perspektive der Inklusion diskutiert (GROMANN 2004). Das Konzept der Inklusion löst in der Behindertenhilfe mehr und mehr das Konzept der »Normalisierung« ab. Inklusion hat nicht den Anspruch, das zu definieren, was ein »normales« oder »gutes« Leben für behinderte Menschen beinhaltet, sondern postuliert die Integration in die Lebenswelt der Gemeinde als Grundvoraussetzung für ein »normales« Leben. Das Konzept der Inklusion setzt zum einen auf das mehr oder weniger eigenständige Handeln des Behinderten in der Gemeinde, zum anderen auf die mehr oder weniger konstruktive Auseinandersetzung mit dem sozialen Umfeld und umgekehrt. Somit besteht die Inklusion gegenüber dem Konzept der Normalisierung:

- in der begleitenden Unterstützung anstatt der Gewährung einer sozialen Nische,
- in der Kommunikation mit der Gemeinde gegenüber der Abschottung von der Gemeinde.

In dem Konzept der Inklusion müssen professionelle Helfer auf der einen Seite die Eigenständigkeit des behinderten Menschen beachten, andererseits eine mediative Rolle gegenüber dem sozialen Umfeld einnehmen.

Angebote eines personenzentrierten Hilfesystems

Um das Prinzip der Wechselbeziehung von Selbstbestimmung und Fürsorge für alle chronisch psychisch kranken Menschen in einer Versorgungsregion umzusetzen, bedarf es eines differenzierten Systems unterschiedlicher Hilfeangebote (HÄFNER 1997). Klientinnen und Klienten, die nicht dauerhaft auf das System der gemeindepsychiatrischen Versorgung angewiesen sind, sollten auf niederschwellige, nicht durch die Sozialhilfe finanzierte Angebote zugreifen können. Im Hinblick auf Beratung und Netzwerkunterstützung sind die Sozialpsychiatrischen Dienste baden-württembergischen Zuschnittes ein geeignetes Angebot, das bei Bedarf durch Maßnahmen der Soziotherapie ergänzt werden kann (die Erbringung von Soziotherapie wird länderspezifisch umgesetzt). Pflegerische Unterstützung im Sinne der Reduktion von krankheitsbedingten Fähigkeitsstörungen und der Hilfe bei der Medikamenteneinnahme können als von Krankenkassen finanzierte Leistungen durch Psychiatrische Pflegedienste erbracht werden. Tagesstrukturierende Hilfen müssen einen niederschwelligen Zugang haben, sodass für den betroffenen Personenkreis nur pauschal finanzierte Tagesstätten mit einem Angebotsmix aus Zuverdienstarbeit, Cafébetrieb, Essensversorgung und Freizeitangeboten in Betracht kommen. Hilfen bei Problemen am Arbeitsplatz oder der Suche eines Arbeitsplatzes erbringen die durch die Integrationsämter finanzierten Integrationsfachdienste für behinderte Menschen. Werkstätten für behinderte Menschen (WfbM) und Selbsthilfefirmen haben eine höhere Zugangsschwelle, tragen jedoch zur materiellen Selbstbestimmung der Klienten bei. Intensive langfristige Hilfen werden durch Einrichtungen des ambulant Betreuten Wohnens sowie durch Wohnheime erbracht.

Alle genannten Hilfen sind gemäß des Personenzentrierten Ansatzes gehalten, nichtprofessionelle Hilfen in ihre Angebote einzubeziehen. Ein für schwer chronisch psychisch kranke Menschen hilfreiches Angebot zwischen Laienhilfe und professioneller Hilfe stellt das Betreute Wohnen in Familien dar. Es ist in Deutschland bislang nicht in allen Bundesländern verbreitet; auf Grund seiner Bedeutung im Rahmen der Versorgung heimbedürftiger Klienten soll es hier aber etwas ausführlicher vorgestellt werden.

Betreutes Wohnen in Familien

Das Betreute Wohnen in Familien (früher: psychiatrische Familienpflege) ist gewissermaßen das älteste ambulante Angebot der psychiatrischen Versorgung. Mit Ausgangspunkt im belgischen Geel, in dem die Unterbringung psychisch und geistig behinderter Menschen in Gastfamilien seit dem 13. Jahrhundert praktiziert wird, wurde die Familienpflege im späten 19. bzw. im frühen 20. Jahrhundert in nahezu allen europäischen Ländern als Alternative zur Langzeitunterbringung in einer »Irrenanstalt« praktiziert. Das Angebot bewegt sich an der Grenzlinie zwischen familiärer Integration, Laienhilfe und professioneller Hilfe. Als nichtinstitutionelles, milieutherapeutisches Angebot beinhaltet es Qualitäten, die durch die Abschaffung der Großinstitutionen verloren gegangen sind, und hat dadurch einen Sonderstatus unter den psychiatrischen Versorgungsangeboten.

Bei der Enthospitalisierung sehr lang hospitalisierter psychisch kranker Personen kann das Betreute Wohnen in Familien eine wichtige Rolle spielen. Die Gastfamilien sind sehr unterschiedlich, sodass sehr verschiedene Klienten vermittelt werden können. Bei der Vermittlung kann differenziert auf die besonderen Bedürfnisse der einzelnen Patienten geachtet werden. Ein Teil der als Systemsprenger bezeichneten psychisch kranken Menschen können in Gastfamilien einen Platz finden, an dem sie mit ihrem problematischen Verhalten gut leben können, weil es von der Gastfamilie toleriert wird. In manchen Fällen ist das problematische Verhalten sogar schlichtweg verschwunden. Die Erfahrungen mit dem Betreuten Wohnen in Familien in Deutschland haben gezeigt, dass die Mehrheit der Gastfamilien sehr gut mit lang hospitalisierten Patienten zurechtkommt (KONRAD/SCHMIDT-MICHEL 2004). Die Integration in eine Gastfamilie bietet diesen Menschen sowohl ein hohes Maß an Versorgung als auch ein Milieu der Geborgenheit und Anerkennung. Das Betreute Wohnen in Familien bietet eine adäquate Versorgung für Klienten, die auf die Qualität einer traditionellen Heimstruktur angewiesen sind.

Heime in der Gemeinde

Die Stärken der Gastfamilien im Rahmen des Betreuten Wohnens in Familien liegen eher beim Pol der Fürsorge denn bei dem der Entwicklung von Eigenständigkeit und Selbstbestimmung. Klienten mit einem hohen und komplexen Hilfebedarf, deren Ziel das eigenständige Wohnen in einer städtischen Umgebung ist, können im System der psychiatrischen Versorgung in Heimeinrichtungen mit einem personenzentrierten Betreuungskonzept besser betreut werden. Das Buch *Die Zukunft sozialpsychiatrischer Heime* (SCHULZE STEINMANN u. a. 2003) zeigt auf, dass dieser Anspruch an eine sozialpsychiatrische Heimversorgung grundsätzlich eingelöst werden kann. Einen bedeutsamen Fortschritt stellt die Entkoppelung von Wohnen und Hilfe – ein Grundprinzip des personenzentrierten Ansatzes – in der Heimversorgung dar (HÖLZKE 2003, S. 132–142).

In dem psychiatrischen Wohnheim *ToHus* der Evangelischen Stiftung Alsterdorf wurde gezeigt, dass Einzelappartements für schwerst- und mehrfach psychisch kranke Menschen ein geeignetes Heimsetting darstellen – und sei es auf dem Klinikgelände (NERNHEIM 2003, S. 143–152). In einem anderen Beispiel wird gezeigt, wie Miethäuser der Gemeinde mit eigenständigen Wohnungen genutzt werden, um ein kleingruppenförmiges Heimangebot zur Verfügung zu stellen (OBERLIESEN-RICKERT/KORNMANN 2003, S. 170–181). Und auch das große Vorbild aller Strategien der Heimvermeidung – das Enthospitalisierungsprogramm in Gütersloh (DÖRNER 1998) – hat mit Kleinstheimen und ausgelagerten Wohngruppen operiert, die über einen Heimpflegesatz finanziert waren. Zusammengefasst bedeutet das, dass in der Ausgestaltung der Heimversorgung zwischenzeitlich Möglichkeiten bestehen, sehr flexibel und erfindungsreich zu arbeiten.

Betrachtet man die verschiedenen sozialpsychiatrischen Ansätze der Heimversorgung, so entsteht der Eindruck, dass diese Ansätze nur deshalb in Form einer Heimversorgung praktiziert werden, weil der Kostenträger der Eingliederungshilfe sich scheut, flexible Personalschlüssel im ambulanten Betreuten Wohnen – wie für Bremen beschrieben (BOLLER 2003, S. 182–191) – zu finanzieren. Die Notwendigkeit der Heimversorgung ist somit nicht über Größe, Zeitlichkeit und Ort zu definieren, sondern allein durch den kostenrechtlichen Status. Es bedarf daher eines Konzeptes, wie die traditionelle Heimversorgung unter Beibehaltung der bestehenden Finanzierungsstrukturen so umgestaltet werden kann, dass sie allen heimbedürftigen Klienten ein Leben inmitten der Gemeinde ermöglicht.

Versorgung ehemaliger forensischer Patienten

Der Grundsatz der Versorgung inmitten der Gemeinde muss auch für ehemalige forensische Patienten gelten. Diese Auffassung wird in vielen psychiatrischen Versorgungsregionen nicht geteilt. Insbesondere bei schwer chronifizierten Erscheinungsbildern und/oder schweren Straftaten werden Überlegungen an eine Enthospitalisierung oft nicht in Betracht gezogen. Das Risiko angesichts der öffentlichen Diskussion erscheint zu hoch. Von Kritikern einer umfassenden gemeindepsychiatrischen Versorgung wird vielmehr in die Diskussion eingebracht, dass der verloren gegangene Schutz durch die Klinik (»Asylfunktion«) chronisch psychisch kranke Menschen in die Straffälligkeit und damit in die forensische Psychiatrie treibt. Diese These stützt sich auf empirische Studien in England und den USA (GOODWIN 1997). Gegenüber einer Versorgungsverpflichtung für forensische Patienten verhält sich ein Teil der Gemeindepsychiatrischen Versorgungsverbünde jedenfalls sehr zurückhaltend.

Aber auch wenn akzeptiert wird, dass straffällig gewordene psychisch kranke Menschen enthospitalisiert werden sollen, werden unterschiedliche Wege eingeschlagen. M. ROSEMANN (2003) plädiert für die Integration forensischer Patienten in die gemeindepsychiatrische Versorgung auf der Basis einer integrierten Hilfeplanung und einer Bewährungszeit in einem Übergangsheim. Seine Erfahrungen beruhen auf der Praxis der Pflichtversorgung für chronisch psychisch kranke Menschen in Berlin-Reinickendorf seit 1992 und führen zu der Schlussfolgerung: »Jede Region muss sich für ›ihre‹ ›Forensiker‹ verantwortlich wissen« (ebd., S. 13). In Nordrhein-Westfalen wird das Modell der qualifizierten forensisch-psychiatrischen Nachsorge favorisiert, in dem forensische Spezialambulanzen im Überleitungsprozess von der forensischen Psychiatrie in die gemeindenahe Versorgung als Anlaufstellen für den Patienten fungieren (DÖNISCH-SEIDEL/HOLLWEG 2003). Für die Nachsorge wird von einem Personalschlüssel von 1 : 17,5 ausgegangen. Da die Kosten nur zu einem geringen Teil über die gesetzliche Krankenversicherung finanziert werden können, wird die Nachsorge durch einen Zuschuss des Landes NRW von ca. 10 Euro pro Tag und Patient getragen. Abgesehen von diesen zusätzlichen Kosten gegenüber dem Reinickendorfer Modell vernachlässigt das System der qualifizierten forensisch-psychiatrischen Nachsorge die Ebene der Übergabe an das gemeindenahe Versorgungsangebot.

Gerade in der verbindlichen Regelung der Versorgungsverantwortung sehen N. PÖRKSEN und W. SCHOLZ (2003) die entscheidende Ebene der Gemeindeintegration forensischer Patienten. Wir sehen die Integration forensischer Patienten in das Versorgungssystem des Gemeindepsychiatrischen Verbundes als effizienteste Variante. Sie wurde in die Vereinbarung des Verbundes im Landkreis Ravensburg und im Bodenseekreis aufgenommen.

Der Gemeindepsychiatrische Verbund

Ein System, das die Verpflichtung der gemeindeintegrierten Versorgung aller psychisch kranken Menschen einer Region ernst nimmt, muss die Trennung von ambulantem und stationärem Bereich aufgeben und einen Verbund aller ambulanten und stationären Einrichtungen mit dem Ziel der gemeinsamen Planung psychiatrischer Hilfen bilden. Um dies zu gewährleisten, sind die Erbringer folgender Leistungen einzubeziehen (dies entspricht auch den Empfehlungen eines personenzentrierten Ansatzes, s. KAUDER/APK 1997):
- sozialpsychiatrische Hilfen zur Selbstversorgung/Wohnen,
- sozialpsychiatrische Hilfen zu Tagesgestaltung und Kontaktfindung,
- sozialpsychiatrische Hilfen im Bereich Arbeit, Ausbildung und Beschäftigung,
- sozialpsychiatrische Grundversorgung,
- spezielle Therapieverfahren.

Neben den Leistungserbringern sind die Kostenträger sowie Vertreter der Kommunen bzw. Landkreise als politische Vertreter der Bürgerinnen und Bürger der Region wichtige Mitglieder des Verbundes. Der wichtigste Schritt in Richtung des Umbaus der Versorgungsstrukturen im Sinne einer gemeindenahen personenzentrierten Versorgung ist die verbindliche Vereinbarung der Kooperation aller Träger psychiatrischer Einrichtungen der Region. In dieser Kooperationsvereinbarung legen sich die Träger auf eine gemeinsame Versorgungsverpflichtung für chronisch psychisch kranke Menschen in der Versorgungsregion fest. Die Einigung auf eine Pflichtversorgung im komplementären Bereich wird erleichtert durch eine gute Kooperation mit der psychiatrischen Klinik, der die Pflichtversorgung für die Behandlung psychisch kranker Menschen obliegt. Die Umsetzung einer gemeinsamen Versorgungsverpflichtung erfordert jedoch regelmäßige Diskussionen und Regelungen, da die gemeinsame Verpflichtung in der Praxis die Autonomie der einzelnen Einrichtung partiell außer Kraft setzt.

Die Versorgungsregion Bodensee-Oberschwaben

Die Sozialstruktur der beiden Landkreise ist unterschiedlich. Der Landkreis Ravensburg umfasst eine Fläche von rund 1.600 qkm, zählt 275.000 Einwohner und ist damit der Landkreis mit der geringsten Bevölkerungsdichte in Baden-Württemberg. Es besteht ein bevölkerungsreiches Zentrum im Schussental mit den nahezu zusammengewachsenen Städten Ravensburg, Weingarten und Baienfurt und einer Gesamteinwohnerzahl von 80.000. Die Stadt Ravensburg weist kulturell und kommerziell ein Angebot auf, das die Bedeutung einer Stadt mit dieser Einwohnerzahl üblicherweise bei weitem übersteigt. Die ehemaligen Reichsstädte Wangen, Isny und Leutkirch – topographisch zum Allgäu gehörend – bilden den östlichen Teil des Landkreises. Erst mit der Kreisreform in den siebziger Jahren zum Landkreis Ravensburg gekommen, haben sie eine ausgeprägte eigene Identität, die von der Landschaft und dem Kulturkreis des Allgäus beeinflusst ist. Dieser Teil des Landkreises hat eine starke räumliche Ausdehnung und wird nach wie vor von der Landwirtschaft dominiert. Die Haltung der Menschen ist stark katholisch geprägt, das Vertrauen in Wunderheilungen bei einem Teil der Bevölkerung größer als das Vertrauen in die moderne Medizin. Der Anteil an eigenem Wohnraum ist sehr hoch. Die Region Ravensburg ist hingegen im Vergleich dazu städtisch, die Bevölkerung weist die für städtische Regionen übliche Heterogenität auf. Richtung Westen wird die Region wieder ländlicher. Der Arbeitsmarkt ist durch wenige Großbetriebe, eine Vielzahl mittelständischer Unternehmen und eine Häufung von Rehabilitationskliniken und Behinderteneinrichtungen geprägt.

Der Bodenseekreis umfasst eine Fläche von 665 qkm, zählt 203.000 Einwohner und ist damit verhältnismäßig dicht besiedelt. Die größte Stadt ist Friedrichshafen mit 50.000 Einwohnern; hier befindet sich auch der größte Teil der Arbeitsplätze in Großbetrieben, sodass ein beträchtlicher Teil Berufspendler aus der Region in Friedrichshafen selbst arbeiten. Der Schwerpunkt liegt auf produzierendem Gewerbe in den Bereichen Maschinen- und Fahrzeugbau, Elektrotechnik, Feinmechanik und Optik. Neben diesem industriellen Zentrum lebt der Bodenseekreis vor allem vom Tourismus, von der Landwirtschaft und von mittelständischen Betrieben. Die gesamte Region verfügt über ein heterogenes Arbeitsplatzangebot, die Arbeitslosigkeit ist mit 4 – 5 Prozent relativ niedrig. Keinen Arbeitsplatz zu haben ist – verbunden mit der schwäbischen Schaffer-Mentalität – stigmatisierend.

In der Versorgungsregion Bodensee-Oberschwaben, die die Landkreise Ravensburg und Bodenseekreis umfasst, wurde je Landkreis eine GPV-Vereinbarung zwischen allen Trägern psychiatrischer Einrichtungen und dem jeweiligen Landkreis abgeschlossen (wesentliche Inhalte zeigt die folgende Tabelle).

Abbildung 1: Vereinbarung des GPV Bodensee-Oberschwaben (Auszug)

1. Ziele des GPV

Ziel des Gemeindepsychiatrischen Verbundes ist es, den psychisch beeinträchtigten/erkrankten Menschen des Kreises die von ihnen benötigten Hilfen bereitzustellen. Die Einrichtung eines solchen Verbundes ergibt sich aus der Vielfalt der Träger der psychiatrischen Versorgungseinrichtungen, der Vielfalt der Kostenträger für diesen Personenkreis und der Notwendigkeit der Anpassung der jeweiligen Leistung an den häufig wechselnden Versorgungs- und Betreuungsbedarf bei den betroffenen Bürgern.

Die Mitglieder des GPV verpflichten sich, die knappen finanziellen Ressourcen so effizient, effektiv und verantwortungsbewusst als möglich einzusetzen und niemanden wegen Art und Schwere der Störung auszuschließen. Allgemeine konzeptionelle Leitlinie ist der personenzentrierte Ansatz im Sinne der Aktion Psychisch Kranke.

Die Bestimmungen des Bundessozialhilfegesetzes bzw. des Sozialgesetzbuchs XII werden durch diese Vereinbarung nicht berührt.

2. Zielgruppe

2.1 Zielgruppe sind alle Menschen mit psychischen Beeinträchtigungen, die Unterstützung zur Führung eines selbstständigen und eigenverantwortlichen Lebens brauchen und die ihren gewöhnlichen Aufenthalt im Landkreis Ravensburg haben oder in einer Einrichtung im Landkreis Ravensburg leben.

2.2 Eingeschlossen sind psychisch kranke erwachsene Menschen aus dem Landkreis Ravensburg, die außerhalb der Kreisgrenzen versorgt werden, sofern ihre Rückkehr in den Landkreis

Ravensburg vorgesehen ist, sowie psychisch kranke Menschen, bei denen enge soziale Bezüge im Landkreis Ravensburg bestehen (Näheres regelt die Geschäftsordnung der HPK).

2.3 Für chronisch psychisch kranke Menschen aus dem Maßregelvollzug des ZfP Weissenau ist bei der Entlassung die jeweilige Herkunftsregion zuständig. Nach sorgfältiger Abklärung mit dem Betroffenen und den Hilfeangeboten der Herkunftsregion, dass eine Rückkehr in die Herkunftsregion nicht sinnvoll und/oder möglich ist, kann eine Erbringung von Hilfen im Landkreis Ravensburg erfolgen.

2.4 Personen mit einer Suchterkrankung sind eingeschlossen, sofern sie zum Personenkreis der chronisch mehrfachgeschädigten Abhängigkeitskranken (CMA) gehören.

2.5 Patienten der Abteilung Gerontopsychiatrie des ZfP Weissenau sind eingeschlossen, sofern es sich um Personen handelt, die im System der Altenhilfe nicht adäquat versorgt werden können.

2.6 Weitere Personengruppen können nach Bedarf in die Vereinbarung aufgenommen werden.

2.7 Mit Schnittstellen wie z. B. zum Bereich geistig behinderte Menschen oder Kinder- und Jugendpsychiatrie wird eine Kooperation in geeigneter Form gepflegt.

3. Grundsätze

Der GPV macht sich zur Aufgabe, für den unter Absatz 2 beschriebenen Personenkreis eine wohnortorientierte Versorgung vorzuhalten und diese weiterzuentwickeln. Die Psychiatrie-Erfahrenen sollen individuell zugeschnittene Hilfen in ihrem Lebensfeld in Anspruch nehmen können und so wenig wie möglich auf einen Wechsel in ein künstlich geschaffenes Milieu zurückgreifen müssen. Die Weiterentwicklung der Versorgung im Landkreis Ravensburg wird als gemeinschaftliche Aufgabe von Landkreis, Leistungsträgern, Trägern psychiatrischer Einrichtungen, Psychiatrie-Erfahrenen, Angehörigen und Bürgerhelfer/innen betrachtet.

4. Gremien des Gemeindepsychiatrischen Verbundes

4.1 Arbeitsgemeinschaft GPV

4.2 Trägergemeinschaft GPV

4.3 Hilfeplankonferenz

4.1 Arbeitsgemeinschaft GPV

Die Arbeitsgemeinschaft GPV formuliert die Ziele des GPV in Bezug auf

- die Struktur der Versorgungsangebote,
- die Weiterentwicklung der Versorgungsangebote,
- Strukturen der Zusammenarbeit.

In der Arbeitsgemeinschaft GPV sind sowohl Angehörige und Betroffene vertreten als auch Träger/Anbieter von Versorgungseinrichtungen und Kostenträger (Landkreis, Krankenkassen, Rentenversicherungsträger). Aufgabe der Arbeitsgemeinschaft GPV ist es, die Verbesserung der Versorgung der betroffenen Bürger und die optimale Steuerung der Ressourcen zu initiieren. Grundlage ihrer Empfehlungen sind die Jahresberichte des Trägerverbundes und die Auswertung der gemeinsamen Dokumentation der Einrichtungen. Sie formuliert Aufträge an die Trägergemeinschaft zur Weiterentwicklung des Hilfeangebots und der Steuerung der Ressourcen.

Mitglieder in der Arbeitsgemeinschaft GPV sind:

- der Landkreis, vertreten durch den/die Sozialdezernent/in und den/die Psychiatriekoordinator/in, Koordinator/in der HPK,
- Interessenvertretungsgruppe der Psychiatrie-Erfahrenen mit max. 2 von ihnen benannten Vertreter/innen,
- Interessenvertretungsgruppe der Angehörigen psychisch Kranker mit max. 2 von ihnen benannten Vertreter/innen,
- Laienhelfer für psychisch Kranke mit 1 Vertreter/in,
- der/die Patientenfürsprecher/in,
- niedergelassene Nervenärzt(innen) mit 1 Vertreter/in,
- die Einrichtungsträger der Trägergemeinschaft mit je 1 Vetreter/in,
- Leistungsträger (z. B. Sozialhilfeträger, Krankenkassen, Agentur für Arbeit, Servicestelle nach SGB IX) mit je 1 Vertreter/in,
- 1 Vertreter/in der Liga der freien Wohlfahrtspflege,
- 1 Vertreter/in des Gesundheitsamts.

Die Arbeitsgemeinschaft GPV tritt an die Stelle des Arbeitskreises Psychiatrie und übernimmt dessen Aufgaben gemäß den Landesrichtlinien des Sozialministeriums Baden-Württemberg vom 12.12.2002. Der Vorsitz liegt bei der Sozialdezernentin/dem Sozialdezernenten des Landkreises. Die Arbeitsgemeinschaft GPV gibt sich eine Geschäftsordnung, die ihre Verfahrensweise regelt.

4.2 Trägergemeinschaft GPV

Die beteiligten Träger übernehmen gemeinsam die Pflichtversorgung für den in Absatz 2 definierten Personenkreis. In dem Gremium der Träger der psychiatrischen Einrichtungen des Kreises werden

- die Vorschläge der Arbeitsgemeinschaft GPV umgesetzt, soweit die Ressourcen bzw. die Kostenträger dies ermöglichen;
- mögliche Synergien zwischen den Trägern abgesprochen;
- neue/andere Organisationsstrukturen der psychiatrischen Versorgung geplant;
- der Landkreis fachlich beraten;
- den Hilfeplankonferenzen Leitlinie und Struktur vorgegeben;
- Jahresberichte erstellt, in denen die Entwicklung der psychiatrischen Versorgung in der Region sowie die Zusammenarbeit mit nichtprofessionellen Organisationen dokumentiert wird;
- Trägervorhaben abgestimmt.

Mitglieder in der Trägergemeinschaft sind alle Träger psychiatrischer Einrichtungen in der Region, einschließlich der psychiatrischen Klinik, Tageskliniken und der Psychiatrischen Institutsambulanz. Aufgenommen werden kann, wer sich über den Beitritt zu der Vereinbarung zur Einhaltung der Prinzipien des GPV verpflichtet. Für alle Entscheidungen des GPV gilt das Konsensprinzip.

4.3 Hilfeplankonferenz (HPK)

Die Träger der psychiatrischen Versorgungseinrichtungen übernehmen eine gemeinsame Versorgungsverpflichtung in den von ihnen angebotenen Leistungsbereichen und setzen diesen Anspruch in der HPK um. Keine Person des in Absatz 2 definierten Personenkreises soll gezwungen sein, Hilfen außerhalb der Versorgungsregion in Anspruch zu nehmen, vorbehaltlich der Finanzierung der Hilfen. Die Träger der Einrichtungen wirken zusammen, um die Versorgungsverpflichtung einzulösen.

Im Rahmen der HPK wird mit einer einheitlichen Hilfeplanung auf der Grundlage des Integrierten Behandlungs- und Rehabilitationsplans (IBRP) gearbeitet. Die Hilfeplanung und die Vorstellung in der HPK erfolgen unter Einhaltung datenschutzrechtlicher Vorschriften.

Die Einrichtungen und Dienste der Träger, die sich in der Trägergemeinschaft zusammengeschlossen haben, nehmen einen Klienten des definierten Personenkreises nur dann auf, wenn die individuelle Hilfeplanung in der Hilfeplankonferenz erörtert wurde und die Hilfeerbringung bestimmten Diensten und/oder Einrichtungen zugewiesen hat.

Die Verfahrensweise der Hilfeplankonferenz wird in einer Geschäftsordnung geregelt. Die Geschäfte der Hilfeplankonferenz werden von einer Koordinationsstelle geführt. Die Koordinationsstelle ist zeitlich mit dem Viertel-Deputat einer Vollzeitstelle angesetzt. Sie wird finanziert durch Umlage der beteiligten Leistungserbringer. Der für die Koordinationsstelle in Frage kommende Personenkreis setzt sich aus den Mitarbeiterinnen und Mitarbeitern der in der Trägergemeinschaft organisierten Dienste und Einrichtungen zusammen. Die Auswahl erfolgt durch die Trägergemeinschaft.

Gemeindeintegrierte Versorgung und Hilfeplanung

Die Hilfeplanung ist das Herzstück der Umgestaltung des psychiatrischen Versorgungsangebotes. Für die Mitarbeiterinnen und Mitarbeiter in Heimeinrichtungen der psychiatrischen Versorgung bedeutet sie eine radikale Veränderung des Denkens. Trotz Gesetzen und Qualitätsrichtlinien, die den Aspekt der Selbstbestimmung und Orientierung am individuellen Hilfebedarf betonen, bleibt die Heimversorgung in der Praxis auf die Fremdbestimmung des Bewohners fixiert. Nach wie vor gilt für weite Bereiche der Heimversorgung, was E. GOFFMAN (1981) als Effekt der »totalen Institution« beschrieben hat, die Unterwerfung des Einzelnen unter die Mechanismen der Einrichtung: Das Milieu der Institution erzeugt zwangsläufig die Normierung der Bewohner, die Tendenz zur Fremdbestimmung ist trotz der Reformierung der modernen Institutionen des Sozialbereichs wirksam. Der in einer Institution lebende Mensch erhält ein Etikett als »Bewohner« und seine gesamten Verhaltensweisen werden unter diesem Etikett bewertet. Wenn er ärgerlich ist, wird dieses Verhalten als mangelnde Impulskontrolle definiert, wenn er Streit mit seiner Partnerin hat, wird dies als Anlass für ein von den Heimmitarbeitern initiiertes klärendes Gespräch betrachtet. Die Etikettierung bewirkt, dass jegliches außergewöhnliche Verhalten eine Indikation für professionelles Eingreifen darstellt.

Eine Institution muss deshalb zwei Gegentechniken anwenden, um dem Mechanismus der totalen Institution zu entkommen:

1. die Entflechtung der Räumlichkeit von Bewohnern und Mitarbeitern;
2. die Trennung von Lebensbereichen, in denen der Bewohner Hilfen benötigt, von jenen Bereichen, in denen der Bewohner keine Hilfe benötigt.

Die Entflechtung der Räumlichkeit von Bewohnern und Mitarbeitern wird durch die Dezentralisierung des Heims in kleine Wohneinheiten erreicht.

Die Trennung von Lebensbereichen, in denen der Bewohner Hilfen benötigt, von den anderen Bereichen wird durch eine individuelle Hilfeplanung mit dem Bewohner selbst erreicht. Für eine Region verbindlich wird die Durchführung von Hilfeplanungen dann, wenn sie zur Voraussetzung für die Aufnahme in eine Einrichtung gemacht werden. Die Abstimmung zwischen Klinik und Einrichtungsträgern sowie zwischen den Trägern untereinander wird durch regelmäßige Hilfeplankonferenzen (HPK) sichergestellt.

Die Einführung solcher Hilfeplankonferenzen in einer Region wird von den Einrichtungen in der Regel mit Skepsis aufgenommen. Das formalisierte Verfahren wird anfangs als Bürokratisierung funktionierender Abläufe erlebt, die den Mitarbeitern zusätzliche Arbeit bereitet. Die Akzeptanz wächst mit der Zahl der besprochenen Fälle; es entwickelt sich eine gemeinsame Kultur, die die bedarfsgerechte Verteilung der Hilfen in der Region erleichtert. Schwierigkeiten werden in den Hilfeplankonferenzen deutlich, wenn eine Heimeinrichtung sich mit der Hilfeerbringung überfordert fühlt. In solchen Situationen tritt die gemeinsame Versorgungsverpflichtung zutage und zeigt, dass die Problemverschiebung auf andere Einrichtungen nicht mehr möglich ist. Die Verpflichtung zur trägerübergreifenden Lösung von Problemen erfordert aber auch die Festlegung von konkreten Regeln zur Handhabung der gemeinsamen Versorgungsverpflichtung (KONRAD/GNANNT-KRONER 2004).

Im Landkreis Ravensburg wurde zu diesem Zweck folgende Regelung in die Geschäftsordnung der Hilfeplankonferenz aufgenommen (siehe Abbildung).

Abbildung 2: Geschäftsordnung der Hilfeplankonferenz im GPV Ravensburg (Auszug)

6.1 Die beteiligten Dienste und Einrichtungen beachten bei der Falldiskussion den Grundsatz, dass keine Hilfe suchende Person im Sinne der Definition nach 4.1 auf Grund der Schwere ihrer Beeinträchtigungen von der Versorgung innerhalb des GPV ausgeschlossen werden darf. Vor der Kündigung eines Heim-, Werkstätten-, oder Betreuungsvertrags durch die Leistungserbringer bedarf es daher der Vorstellung des Klienten in der Hilfeplankonferenz, sofern nach Maßnahmebeendigung ein Hilfebedarf erkennbar weiter besteht.

6.2 Die Autonomie der beteiligten Leistungserbringer hinsichtlich Aufnahmeentscheidungen bleibt unberührt. Sie verpflichten sich, diese im Sinne des Absatzes 6.4 auszuüben und ihre Entscheidungen in der HPK zu begründen.

Die Einführung der Versorgungsverpflichtung, die konsequente Beschränkung auf die Region und das Instrument der HPK hat zur Folge, dass sich die Zusammensetzung der Klientel und die Gestaltungsmöglichkeiten der Einrichtungen grundlegend ändern, die strukturellen Schwächen des bisherigen Systems (insbesondere der Heimversorgung) deutlich werden und der wirkliche Bedarf an intensiven Hilfeangeboten sichtbar wird. Es ist dann nicht mehr möglich, freie Heimplätze an Klienten aus anderen Regionen zu vergeben, die in das Konzept der Einrichtung passen, »schwierige« Klienten aus der Region jedoch abzulehnen und auf Einrichtungen außerhalb der Region zu verweisen. Durch diesen Mechanismus wurde in den letzten Jahrzehnten einerseits die Entwurzelung chronisch psychisch kranker Menschen systematisch produziert, andererseits die Weiterentwicklung ambulanter Versorgungsstrukturen verhindert.

Die Verpflichtung, auch die schwierigsten Klienten vor Ort und zeitnah zu versorgen, führt in der Regel zu einem Anstieg der Nachfrage nach Heimplätzen. Als Folge der differenzierteren Sicht auf die wirklichen Hilfebedarfe entwickelt sich bei den Heimträgern gleichzeitig ein Gespür dafür, dass eine größere Anzahl von Klienten ambulant versorgt werden kann. Für die Heimträger wird damit eine radikale Neudefinition ihres Auftrags notwendig: Haben sie früher mit ihren Plätzen auf passende Klienten gewartet, müssen sie nun ihre Angebote so ausrichten, dass sie für die Klienten attraktiv sind. Ein wesentliches Kriterium ist dabei die gemeindenahe Versorgung, die mittels dezentraler stationärer Angebote sichergestellt werden kann. Somit zwingt der geschilderte Umbau des GPV mit Einbeziehung aller Einrichtungen und der gemeinsamen Versorgungsverpflichtung die Heimträger dazu, ihre Angebote zu dezentralisieren und zu flexibilisieren.

Kapitel 2
Dezentrale Heimversorgung – Idee, Konzeption und Umsetzung

Das Programm der Dezentralisierung stationärer Heimversorgung

Das Programm der dezentralen Heimversorgung ist nicht mehr und nicht weniger als die Verlagerung eines Heims oder von Teilen eines Heims in die Gemeinde, also die Auflösung einiger großer Wohneinheiten in eine Vielzahl von kleinen Wohngruppen. Das Heim wird nicht aufgelöst, sondern die Betreuung der Heimbewohner wird an einem Ort erbracht, der nicht künstlich geschaffen ist. Es geht also um die Verlagerung der Hilfen an Orte, »die auch genützt würden, wenn die Person keine besonderen Unterstützungsbedarfe hat« (STEINHART 2006). Die dezentralen Wohneinheiten sind Mietwohnungen in unterschiedlichen Nachbarschaften. Eine Konzentration der Wohneinheiten muss konzeptionell ausgeschlossen werden, da dies erneut zur Ghettobildung führen würde. Die dezentrale Heimversorgung arbeitet daher ausschließlich mit Mietwohnungen (siehe dazu besonders Kapitel 5). Immobilien machen immobil, eine spätere Umwidmung von – möglicherweise finanziell geförderten – Wohneinheiten ist meistens nicht möglich.

In der dezentralen Heimversorgung werden die Heimbewohner in die Gemeinde begleitet und dort eine Zeit lang »an die Hand genommen«. Der Schritt von drinnen nach draußen, von der »beschützten« und »beschützenden« Institution in den Stadtteil ist für manche chronisch psychisch kranke Menschen ein großer und mit Angst besetzter Schritt, der nur auf der Grundlage einer emotionalen Beziehung möglich ist. Die Beibehaltung des Heimstatus in der Phase einer umfassenden Änderung der Lebensumstände entspricht der besonderen Verletzlichkeit der chronisch psychisch kranken Bewohner.

Die dezentrale Versorgung ist ein Bestandteil des nichtklinischen gemeindepsychiatrischen Angebotes und geht von der Zielvorstellung aus, dass alle mobilen, nicht schwer pflegebedürftigen psychisch kranken Personen einer Region mit ihrer Behinderung inmitten der Gemeinde leben können. Mit der dezentralen Heimversorgung können mithin zwei sozialpolitische Ziele realisiert werden:

1. die Verkürzung der klassischen Heimversorgung – in dieser Hinsicht stellt sie die Alternative zu den in verschiedenen Bundesländern geförderten Programmen zur Enthospitalisierung psychisch kranker Langzeitpatienten dar, die teilweise nur zu einer Umhospitalisierung geführt haben;

2. die Vermeidung der klassischen Heimversorgung – in dieser Hinsicht stellt die dezentrale Heimversorgung ein Angebot der Eingliederungshilfe dar, mit der die Fähigkeiten des Klienten zum Leben in der Gemeinde erhalten werden können.

Abbildung 3: Wohn- und Pflegeheim

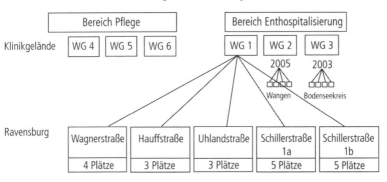

Die dezentralen stationären Wohneinheiten unterscheiden sich von Außenwohngruppen durch die Einbindung in das Ziel des vollständigen Umbaus der Heimversorgung. Außenwohngruppen sind üblicherweise Wohn- und Betreuungsangebote für weniger behinderte Menschen, bei denen davon ausgegangen wird, dass sie die vollstationäre Anbindung nicht (mehr) benötigen. Dezentrale Wohngruppen sind Wohn- und Betreuungsangebote für *alle* psychisch behinderten Menschen, unabhängig von der Schwere ihrer Erkrankung und der Ausprägung ihres Hilfebedarfs. Die Versorgung in einer kleineren, gesellschaftlich üblicheren Einheit ist nicht die Belohnung für die Stabilisierung des psychischen Zustandes, sondern wird gerade bei schwer psychisch Behinderten als Grundlage für die Stabilisierung des psychischen Zustandes betrachtet. Die dezentrale Heimversorgung ist auch keine Maßnahme zur Verbilligung der komplementären Versorgung. Sie kann nur dann zur Stabilisierung der Klientinnen und Klienten beitragen, wenn sie mit einem personenzentrierten Betreuungskonzept umgesetzt wird (siehe Kapitel 4).

Die dezentrale Heimversorgung funktioniert nach dem Prinzip »Alltag als Therapie« (nach HILDENBRAND 1991). Psychiatrische Kliniken und Heime sind eigene Welten, in denen andere Regeln gelten als in der Gemeinde. Um die wesentlichen Dinge des Tagesablaufs muss man sich nicht kümmern. Es gibt eine Großküche, die täglich ein reichhaltiges Frühstück, drei schmackhafte Menüs zum Mittagessen und ein abwechslungsreiches Abendbrot serviert. Die Wäscherei übernimmt das Waschen der Kleidung, der Reinigungsdienst putzt die Station. Bei Langzeitpatienten führt die Entlastung von den Verrichtungen des täglichen Lebens zum Verlernen der selbstverständlichsten Handgriffe; nach einer längeren Zeit in der psychiatrischen Anstalt richten sie nicht einmal mehr ihr eigenes Zimmer ein, sondern bewohnen einen sterilen, funktional eingerichteten Raum mit kahlen Wänden. Dies bedeutet nicht unbedingt, dass sie die Bewältigung des täglichen Lebens verlernen, sondern sie verlieren schlichtweg das Interesse am Alltag. Deshalb sind Trainingsmaßnahmen innerhalb der Institution zum Wiedererlernen lebenspraktischer Fähigkeiten meistens nutzlos. Sie werden nur von wenigen Klienten wirklich angenommen und haben daher keinen nachhaltigen Effekt. Eine amerikanische Untersuchung belegt, dass Fähigkeiten, die in der Institution trainiert werden, von den Klienten im Alltag draußen nicht angewandt werden können (DRAKE u. a. 1999).

In kleinen dezentralen Wohngruppen ist die Erledigung von hauswirtschaftlichen Verrichtungen alltäglich. Was sich die Bewohner in Trainings auf der Rehabilitationsstation oder im Heim nicht aneignen konnten, ist dort Notwendigkeit und wird zur Selbstverständlichkeit. Normalität und Selbstverständlichkeit erzeugen in der dezentralen Wohngruppe einen Druck, die alltäglichen Verrichtungen zu erledigen, und entlasten die Mitarbeiter davon, selbst Druck auszuüben. Ihre Unterstützung bei der Bewältigung des täglichen Lebens bekommt dadurch eine emotional positive Tönung und fördert den Lernprozess der Klienten.

Der Umstand, dass der Heimstatus nicht angetastet wird, erleichtert es dem Träger, den Schritt der Dezentralisierung zu realisieren. Insbesondere große Heimeinrichtungen können damit ein strategisches Ziel verfolgen, das die Attraktivität ihrer Einrichtung erhöht. Geeignet sind insbesondere psychiatrische Großheime, die aus den Langzeitstationen der psychiatrischen Klinik entstanden sind, sowie große Heime, in denen verschiedene Behindertengruppen betreut werden. Die Verlagerung in die Gemeinde kann von großen Heimen als Diversifizierung des Angebotes betrachtet werden und muss nicht als Infragestellung der Heimversorgung begriffen werden. Für Kostenträger und Einrichtungsträger ist es attraktiv, dass die dezentrale Heimversorgung budgetneutral umgesetzt werden kann. Die Voraussetzung für die Kostenträger ist, dass der Pflegesatz durch die Dezentralisierung nicht erhöht werden muss. Die Voraussetzung für den Einrichtungsträger ist, dass keine zusätzlichen Kosten auf ihn zukommen. Da die Mieten für die dezentralen Wohnungen zusätzliche Kosten sind, kann die Budgetneutralität nur dann gewährleistet werden, wenn die Kosten an anderer Stelle kompensiert werden. Bei Heimeinrichtungen mit zentraler hauswirtschaftlicher Versorgung (Großküche, Reinigungsdienst, Wäscherei) ist dies realisierbar, da der größte Teil der hauswirtschaftlichen Versorgung durch die Bewohner selbst mit individuell zugeschnittener Unterstützung durch das Betreuungsteam erledigt wird. So werden Kosten für die hauswirtschaftlichen Dienstleistungen real eingespart und die Kostenneutralität gewährleistet – und zwar unabhängig von der Tatsache, ob es sich um Eigenbetriebe handelt oder um »outgesourcte« Leistungen. Als Problem für den Einrichtungsträger bleiben die frei werdenden Räumlichkeiten. In unserem Fall konnte dieses Problem durch steigenden Raumbedarf der Klinik bzw. dem erhöhten Bedarf an Büroräumen kompensiert werden.

Das Ziel der dezentralen Heimversorgung für den einzelnen Bewohner ist das Leben in einer eigenen Wohnung mit ambulanter Betreuung je nach Bedarf. Auf diese Weise wird die Erstarrung der Heimversorgung aufgelöst. Das Heim wird zu einem personenzentrierten Hilfeangebot, das die Hilfen für den Bewohner so lange anbietet, wie er sie benötigt. Wenn er die Hilfen nicht mehr braucht, ist die Entlassung aus dem Heimstatus indiziert. Bei dieser Entlassung ist es hilfreich gerade für chronisch psychisch kranke Menschen, wenn sie ihr gewohntes Umfeld nicht verlassen müssen. In der Phase, in der sie weniger Hilfen erhalten, benötigen sie die Sicherheit, ihre Lebensgewohnheiten beibehalten zu können. Durch den Übergang vom Heimwohnen in die eigene Häuslichkeit arbeitet die dezentrale Heimversorgung zwangsläufig in Richtung Ambulantisierung der Gesamtversorgung (siehe dazu auch Kapitel 7).

Die Planung der Dezentralisierung eines Heimbereichs muss öffentlich und für alle Mitarbeiter zu einem wesentlichen strategischen Ziel des Heims erklärt werden. Die Dezentralisierung erfolgt sinnvollerweise in Etappen, bei denen in ca. zweijährigem Abstand die Wohngruppen sukzessiv ausgelagert werden. Die Auslagerung einer Wohngruppe in kleine Wohneinheiten in die Stadtteile kann nur mit ihren Mitarbeitern erfolgen, nicht gegen sie. Das mag banal klingen, jedoch tendieren in großen Einrichtungen auch die Mitarbeiter zum Erhalt des Bestehenden und fürchten umfassende Veränderungen. Die Diskussion um die Auslagerung der Heimversorgung ist nicht zuletzt deshalb so zeitintensiv und komplex, weil die Mitarbeiter nicht nur wegen ihrer eigenen Interessen, sondern auch stellvertretend für die Bewohner gegen die Auslagerung argumentieren. Bei psychiatrischen Langzeitpatienten ist dies eine schlüssige Argumentation, da die Angst vor Veränderungen ein wesentliches Symptom des Hospitalismus ist. Die Angst vor dem Auszug aus der Großinstitution ist nach unseren Erfahrungen immens, der Auszug selbst und das Zurechtfinden in der neuen Umgebung stellt in der Regel dennoch kein Problem dar.

Ein Team lässt sich von der Machbarkeit der Auslagerung seiner Wohngruppe überzeugen, wenn es mindestens in kleinen Punkten Ressourcen und Selbsthilfepotenziale erkennen kann. In großen Heimen mit zentraler Wirtschaftsversorgung bietet sich als erster Schritt der Verselbstständigung der Bewohner der Übergang zur Eigenversorgung in einem Teilbereich an. In Weissenau haben wir mit der Selbstversorgung der Wohngruppen beim Frühstück und beim Abendessen begonnen. Da sich der Aufwand mit Einkaufen, Anrichten und Spülen in Grenzen hielt, konnte bei den Mitarbeitern Akzeptanz erreicht werden. Nach einer Zeit der Erfahrung mit der Eigenversorgung in der Institution verliert die Perspektive des Verlassens der Institution ihren Schrecken; es werden sukzessive Vermutungen geäußert, die Selbstversorgung könnte besser funktionieren, wenn die Zwänge der Institution nicht mehr herrschten. Die Verlagerung der Wohngruppe wird auf diesem Weg eine nicht mehr vollkommen auszuschließende Perspektive. Gleichwohl gehen die Mitarbeiterinnen und Mitarbeiter davon aus, dass die Integration in die Gemeinde mitsamt ihren Ansprüchen an die Eigeninitiative der Bewohner nur von einem Teil der Bewohner bewältigt werden kann.

Die Frage, welche Bewohner ein solches Leben in einer dezentralen Wohngruppe bewältigen können, durchzieht den gesamten Prozess der Dezentralisierung. Er ist auch dann nicht abgeschlossen, wenn alle Wohngruppen dezentralisiert sind. Dann nämlich taucht die existenzielle Frage auf, ob alle neu angemeldeten Klienten adäquat versorgt werden können. Diese Sorge wird bestärkt durch die Aufnahmestationen der Kliniken, die das Problem haben, Patienten zeitnah in einer geeigneten Einrichtung unterzubringen. Die Zusammenarbeit mit der psychiatrischen Klinik ist im Prozess der Dezentralisierung nicht konfliktfrei. Das sich dezentralisierende Heim ist unabdingbar auf die Unterstützung der Klinik etwa in Form regelmäßiger Kriseninterventionen angewiesen. Die Klinik fühlt sich ihrerseits schnell als »Ausputzer« missbraucht.

Die Frage, welche Patienten in die dezentrale Versorgung aufgenommen werden und welche nicht (Ausschlusskriterien), ist ein verwirrendes Konglomerat verschiedener Themen:

1. Die Mitarbeiter sorgen sich ernsthaft um das Wohl der Bewohner (Überforderung, Suizidalität etc.).
2. Ein Teil der Mitarbeiter hat Ängste, wie die Arbeit aussehen wird, wenn man bestimmten Klienten immer allein begegnet (Aggressionen).
3. Es besteht ein hohes Bedürfnis nach Sicherheit. Das im klassischen Heimbereich suspendierte Bedürfnis nach einer Verlaufsprognose kehrt wieder zurück. Positiv gedeutet, ist dies ein Zeichen, dass das Element der Rehabilitation in den Betreuungsalltag zurückkehrt.

Die Realität zeigt, dass die Frage nach Einschluss und Ausschluss in keiner Phase des Dezentralisierungsprozesses zufrieden stellend beantwortet werden kann. Es existieren keine gesicherten Prognosekriterien, welche Klienten mit einem bestimmten Milieu zurechtkommen und welche nicht; vermutlich wird es solche Kriterien auch nie geben. Die Prognosen des Teams haben sich häufig als falsch erwiesen; Klienten, bei deren Integration in die Gemeinde größte Probleme erwartet wurden, hatten diese real nicht, während Klienten, bei denen ein hohes Ressourcenpotenzial vermutet worden war, sich durch kleinste Unregelmäßigkeiten irritierbar zeigten (siehe die Fallbeispiele von Frau Kalina und Frau Lieb in Kapitel 6). Klienten, die bei der Auslagerung der ersten Wohngruppe wegen der Bedenken des Teams auf eine zentrale Wohngruppe verlegt wurden, konnten zu einem späteren Zeitpunkt oder bei der Auslagerung der zweiten Wohngruppe ohne Probleme in eine dezentrale Wohnung integriert werden. Zu einem gewissen Grad zeigt sich hier, dass die erfolgreiche Integration von individuellen Konstellationen abhängt, die durch Faktoren wie Gruppengröße und -zusammensetzung, Aspekte der Nachbarschaft, Haltung des Betreuungspersonals u.a. bestimmt wird. Diese Erkenntnis kann in einer Phase der Dezentralisierung zu einem regelrechten Verlegungskarussell führen, in dem die Probleme nicht gelöst, sondern »mitverlegt« werden.

Der Umbau des Heimbereichs in Weissenau

Ausgangslage und Voraussetzungen des Umbaus (1980 bis 2000)
Anfang der achtziger Jahre war in der Weissenau die Enthospitalisierung offiziell bereits abgeschlossen. Im Zeitraum zwischen 1975 und 1982 waren ungefähr 500 Langzeitpatienten aus der Klinik in gemeindeferne Heime entlassen worden. Die entlassenen Personen wurden zum größten Teil als sozial angepasst beschrieben. In Weissenau verblieben ungefähr 100 »nicht heimfähige« Patienten im kostenrechtlichen Status eines Pflegefalls; sie galten als nicht entlassungsfähig auf Grund ihres auffälligen, sozial unangepassten, eigenwilligen und unkooperativen Verhaltens.

Im Jahr 1983 begannen erste Bemühungen der Enthospitalisierung im Sinne einer Integration in die Gemeinden und Stadtteile. Als ein Ziel für entlassene Patienten wurde die psychiatrische Familienpflege in Trägerschaft eines krankenhausnahen Vereins aufgebaut. Die Familienpflege erwies sich als geeignete Maßnahme für die Enthospitalisierung derjenigen Personen, die aus Regionen außerhalb des Versorgungsgebietes kamen und für die deshalb die Wiedereingliederung in die Herkunftsgemeinde keine Motivation darstellte. Die frei gewordenen Plätze wurden mit Patienten aus dem Versorgungsgebiet belegt, für die eine Entlassung in das häusliche Umfeld oder eine Wohnversorgung außerhalb des Klinikgeländes (noch) nicht denkbar erschien.

Ungefähr 40 Langzeitpatienten wurden bis 1994 in Gastfamilien entlassen, nur wenige mussten wieder langfristig aufgenommen werden. Ungefähr 15 Langzeitpatienten wurden in kleine Wohnheime in die Gemeinde entlassen. Die Enthospitalisierungsstationen entwickelten ein immer klareres Profil für die Betreuung schwierigster, schwer verhaltensauffälliger Patienten. Daher wurde 1993 der Schritt vollzogen, die letzten 10 Pflegefälle, die sich auf Grund ihrer psychischen Probleme noch auf gemischten Stationen mit Pflege- und Behandlungsfällen befanden, auf diese Stationen zu übernehmen. Die Übernahme verlief entgegen allen Erwartungen ohne größere Probleme und hatte drei weitreichende Konsequenzen:
1. Alle Pflegefälle des Hauses waren nun räumlich getrennt von den Behandlungsfällen auf so genannten Pflegefallstationen. Obwohl der Pflegefallbereich von einem Arzt des Krankenhauses geleitet wurde, stellte er kostentechnisch ein Heim dar.
2. Alle Stationen des Pflegefallbereichs wurden offen geführt. Die Übernahme schwierigster, lange Jahre auf geschlossenen Stationen behandelter Patienten brachte den Beweis, dass auch die Betreuung in einem wenig

restriktiven Setting möglich war. Gleichzeitig war dies nur möglich, weil die räumliche Nähe zu den Behandlungsstationen rasche und unkomplizierte Krisenverlegungen ermöglichte.

3. Der Pflegefallbereich bekam ein gegenüber den anderen stationären Einrichtungen für psychisch Kranke abgrenzbares Profil und definierte eindeutig seine Zuständigkeit: Es sollen ausschließlich Patientinnen und Patienten aufgenommen werden, die nicht mehr behandlungsbedürftig, aber noch nicht in der Lage sind, in den anderen komplementären Einrichtungen der Region zu leben. Dieser Bereich verstand sich fortan als Drehscheibe zwischen psychiatrischer Klinik und extramuralen Einrichtungen.

Seit 1995 ist der Langzeitbereich der Weissenau ein Heim für psychisch kranke Menschen nach SGB XI. Die Leistungen der Pflegekasse werden ergänzt durch einen zusätzlichen Betrag, den der Sozialhilfeträger für die im eigentlichen Sinne psychiatrische Betreuung übernimmt. Insgesamt ergibt dies derzeit (2006) einen Pflegesatz von rund 105 Euro in Pflegestufe 1. Etwas mehr als die Hälfte der Bewohner ist in eine Pflegestufe eingestuft.

Aufbruch der Hoffnungslosen – Die Bewohnerinnen und Bewohner

Im Reha-Bereich des Wohnheims wohnen jahrzehntelang hospitalisierte psychisch kranke Menschen, bei denen es nicht gelungen ist, sie dauerhaft in Familienpflege oder anderen Einrichtungen der Eingliederungshilfe zu integrieren, sowie jüngere chronische Patienten, die nach einer Odyssee im gesamten Netz der gemeindepsychiatrischen Versorgung als nicht mehr integrierbar gelten und für die das Heim als einziger Platz zum Leben angesehen wird. Die Nähe zum Krankenhaus wird vor allem bei den neuen chronischen Patienten als notwendige Bedingung für die Heimversorgung betrachtet; ihr psychischer Zustand gilt als zu instabil, um außerhalb des sehr beschützten Rahmens leben zu können. Diese Gruppe der »Hoffnungslosen« sind die Existenzgrundlage dieses kliniknahen Heims und wecken den Ehrgeiz von Heimleitung und jenem Teil der Mitarbeiter, die sich nicht mit der Verwahrung dieser Klientengruppe zufrieden geben wollen. Die meisten dieser Klienten können nicht mehr in andere Einrichtungen entlassen werden, da viele von ihnen dort schon »gescheitert« sind. Es ist also nur folgerichtig, wenn man in einer solchen Situation die Ärmel hochkrempelt und sich aktiv an den Umbau des Versorgungsangebotes macht.

Die fachliche Diskussion ist zwischenzeitlich durch die Konzepte »Personenzentrierung«, »Empowerment« und »Inklusion« geprägt. In dieser Situation wurde Ende der neunziger Jahre das Konzept der dezentralen stationären Versorgung entwickelt. Es stellt den Versuch dar, im Umfeld einer psychiatrischen Großinstitution die strukturellen Voraussetzungen zur Verwirklichung dieser inhaltlichen Konzepte zu schaffen. Die mittlerweile vorliegenden Erfahrungen bei der Umsetzung des Konzepts in Verbindung mit der parallelen Weiterführung zweier »klassischer« Wohnheime zeigen, dass die Dezentralisierung ein erfolgversprechender Weg dafür ist, Personenzentrierung und Empowerment auch praktisch durchzusetzen. Dies gilt sowohl in Bezug auf die Klienten als auch in Bezug auf die Institution und ihre Mitarbeiter.

Konzeptionelle Überlegungen und Umsetzungsphase

Zusätzlicher Raumbedarf der klinischen Versorgung des ZfP Weissenau machte den Weg frei, die dezentrale Heimversorgung zu beginnen. In der Planungsphase des Konzeptes verfügte das Wohn- und Pflegeheim des Zentrums über 120 Plätze, davon 60 in zwei Wohngruppen des Bereichs »Psychiatrische Altenpflege« und 60 in drei Wohngruppen des Bereichs »Enthospitalisierung«. Die Wohngruppen befanden sich alle auf dem Gelände des Zentrums. Die Gruppengröße im Bereich Enthospitalisierung betrug zwischen 20 und 26 Personen. Mit der Geschäftsführung wurde abgesprochen, eine Wohngruppe mit 20 Plätzen in Form von dezentralen Wohnangeboten in die Gemeinde auszulagern. Die Landesverbände der Pflegekassen in Baden-Württemberg konnten überzeugt werden, dieser für den SGB-XI-Bereich ungewöhnlichen Heimversorgung zuzustimmen.

Die bereits weiter oben erwähnten Erkenntnisse von DRAKE und Kollegen (1999), wonach in der Institution Gelerntes nicht auf die Lebenswelt übertragbar ist, leitete uns zu einer grundlegenden konzeptionellen Konsequenz: Die Hilfen bei der Bewältigung des Alltags werden in Wohnformen geleistet, in denen die Bewohner auch dann verbleiben können, wenn sie die Intensität des stationären Hilfeangebots nicht mehr benötigen. Da die dezentralen Wohnangebote mehr sein sollten als Außenwohngruppen für die »fitteren« Bewohner, verfolgte die Heimleitung die Strategie, das Hilfeangebot für alle Bewohner zu konzipieren. Anfangs erschien dieses Ziel einem Großteil der Mitarbeiter utopisch und war deshalb praktisch nicht vermittelbar. Wurden zu Beginn der Dezentralisierung die Bewohnerinnen und Bewohner noch nach Ausschlusskriterien ausgewählt, konnte nach knapp zwei Jahren Erfahrung mit der dezentralen Versorgung jener Schritt gegangen werden, die Auslagerung der anderen beiden Wohngruppen unter Einschluss aller betroffenen Bewohnerinnen zu beschließen. 2003 erfolgte dann die Auslagerung einer Wohngruppe nach Friedrichshafen (Bodenseekreis), im August 2005 wurde mit dem Auszug weiterer 20 Bewohnerinnen und Bewohner nach Wangen im Allgäu der Prozess der Dezentralisierung abgeschlossen.

Dabei stand jeder Schritt unter der Generalfrage: »Können alle Bewohner ohne den Schutz der Großinstitution bestehen?« Die Antwort wandelte sich kontinuierlich. Je länger und je mehr Hilfen dezentral geleistet wurden, desto geringer wurde in der Einschätzung der Mitarbeiter der Prozentsatz jener Bewohner, die auf den »Schutz« von Großgruppenwohnen angewiesen seien. Das ist zum einen darauf zurückzuführen, dass Befürchtungen hinsichtlich der Hilflosigkeit der Bewohner in der Gemeinde nicht eingetroffen sind, zum anderen ist es das Ergebnis der ständigen Anpassung des Betreuungsangebots an den realen Bedarf der Bewohner.

Das ursprünglich als Enthospitalisierungsprogramm erstellte Konzept für Menschen, die nicht dauerhaft in der stationären Einrichtung verbleiben sollten, hat sich mit zunehmender Erfahrung verändert:

1. In der Tat hat sich gezeigt, dass dezentrale vollstationäre Versorgung vielen langzeitig hospitalisierten Klienten den Übergang in die ambulante Versorgungsform ermöglicht hat.

2. Es hat sich weiter bewahrheitet, dass auch Klienten mit einem hohen Hilfebedarf – etwa psychisch schwerstbeeinträchtigte Menschen mit Verhaltensauffälligkeiten, einer zusätzlichen Suchtproblematik oder Selbst- und Fremdgefährdung in der Vorgeschichte – im Rahmen des dezentralen vollstationären Wohnens betreut werden und von diesem Angebot profitieren können (siehe Kapitel 6).

Diese Erfahrungen hatten zur Folge, dass zwischenzeitlich eine Konzeption formuliert wurde und praktiziert wird, mit der die Prinzipien der personenzentrierten Versorgung konsequent auf die dezentrale Heimversorgung angewandt werden; auf Ausschlusskriterien wird mittlerweile verzichtet, Entscheidungen über eine Heimaufnahme werden im Rahmen der Hilfeplankonferenzen personenzentriert anhand der individuellen Hilfeplanung getroffen. Die dezentrale Heimversorgung ist damit dem Modellstadium entwachsen und zu einem integralen Bestandteil einer personenzentrierten gemeindepsychiatrischen Versorgung geworden, in der eine Pflichtversorgung für alle chronisch psychisch kranken Menschen der Region praktiziert wird.

Die dezentrale Heimversorgung ist nach unserer Erfahrung der am ehesten gangbare Weg des Umbaus einer institutionellen Heimversorgung in eine gemeindeintegrierte Versorgung chronisch psychisch kranker Menschen.

Durch sie kann das System der Heimversorgung zudem in das Gemeindepsychiatrische Verbundsystem einbezogen werden. Voraussetzung für diese Integration ist jedoch, dass bei der Dezentralisierung der Auftrag einer guten Heimversorgung nicht auf der Strecke bleibt: die Versorgung der schwierigsten, verletzlichsten psychisch Kranken. Im Rahmen dieses Buches wollen wir daher zeigen, dass die dezentrale Betreuung auch jene Klientinnen und Klienten erreicht, bei denen die Hoffnung auf eine Integration in der Gemeinde zuvor schon aufgegeben worden war: die so genannten Systemsprenger. In Kapitel 6 soll dieser Nachweis erbracht werden.

Kapitel 3
Der Kampf gegen die Hoffnungslosigkeit

Die aktivierende Betreuung chronisch psychisch kranker Menschen kann als ständiger Kampf gegen die Hoffnungslosigkeit beschrieben werden. Hoffnungslosigkeit ist allerdings – das muss immer wieder betont werden – kein Zustand, sondern eine Zuschreibung, sie entsteht in der Interaktion zwischen Betroffenem und Professionellen. Die Diagnose der Schizophrenie etwa beinhaltet in ihrer traditionellen Lesart bereits den prognostischen Pessimismus; die Kraepelin'sche Definition der Dementia Praecox beherrscht bis heute das Denken von Fachleuten und dementsprechend auch die Öffentlichkeit. Die wiederholte Aufnahme in eine psychiatrische Klinik sowie die Probleme, sich in beruflichen und sozialen Bezügen zurechtzufinden, verstärkt die Befürchtung aller Beteiligten, mit lebenslanger Krankheit konfrontiert zu sein. Das Herausfallen aus sozialen und beruflichen Zusammenhängen sowie die Einschaltung professioneller Hilfen wie den Sozialpsychiatrischen Dienst besiegeln meist das Schicksal, als Individuum gekennzeichnet zu werden, das auf Grund der Erkrankung kein normales Leben mehr führen kann. In dieser Phase vollzieht sich – sozialadministrativ konsequent – der Übergang von der Erkrankung zur Behinderung, ein Vorgang, den die meisten Betroffenen und ihre Angehörigen ignorieren, auch wenn er bei der Beantragung von Hilfen auf allen Formularen gekennzeichnet ist.

Von nun ab vollzieht sich ein eigenartiges Paradoxon zwischen Betroffenem und Professionellen. In der Anfangsphase der Behinderung wehrt sich der Kranke gegen die Annahme von Hilfen. Früher, als die Chronifizierung der psychischen Erkrankung noch die langfristige Hospitalisierung in der psychiatrischen Anstalt bedeutete, trat dieser Prozess deutlicher zutage. Die Patienten wehrten sich dagegen, in der Anstalt bleiben zu müssen, fragten oft täglich nach ihrer Entlassung und entwickelten vielfältige Aktivitäten, um dem Arzt ihre Entlassungsfähigkeit zu demonstrieren. Sehr anschaulich und gut nachvollziehbar hat dies Gustav Mesmer beschrieben, der als Langzeitpatient von 1929 bis 1964 in verschiedenen psychiatrischen Einrichtungen lebte und durch die Erfindung von Flugapparaten als Ikarus vom Lautertal bekannt wurde (MESMER 1999). Das psychiatrische System sah eine Entlassungsfähigkeit auf Grund der Krankheitssymptomatik jedoch nicht als gegeben und versuchte den Patienten davon zu überzeugen, dass er noch in der psychiatrischen Anstalt bleiben müsse. Mit zunehmendem Schwinden der akuten Symptomatik und der Integration in die Arbeitsangebote der Anstalt ließ das Interesse an der Entlassung offensichtlich nach, zumindest fragten die meisten Patienten nicht mehr danach. Zu diesem Zeitpunkt entwickelte aber auch das psychiatrische System keine Gegenstrategie mehr, sodass aus der chronischen Erkrankung eine jahrzehntelange Hospitalisierung in der Anstalt wurde.

Heute verlaufen diese Prozesse auf Grund der Diversifizierung der psychiatrischen Angebote weniger durchschaubar. Geblieben ist die Ungleichzeitigkeit zwischen Betroffenem und psychiatrischem System. Die Frage, welche Hilfe der Klient zu welchem Zeitpunkt benötigt, bestimmt nicht unwesentlich die Beziehung beider Seiten und beeinflusst damit die Zuschreibung der Prognose. Uneinigkeit führt seitens der Professionellen zur Zuschreibung von Hoffnungslosigkeit. Wehrt sich der Betroffene nachhaltig gegen diese Zuschreibung, wird er zum »Systemsprenger«. Die Vervielfältigung der Angebote hat nicht dazu geführt, dass alle chronisch psychisch kranken Menschen entsprechend ihren Bedürfnissen versorgt werden können; die Eingrenzung der Möglichkeiten und die »Produktion von Hoffnungslosigkeit« ist immer noch ein wesentliches Element der Versorgung dieser Personengruppe.

Der Auftrag eines Heims, das sich nicht auf die Verwahrung chronisch Kranker beschränkt, besteht also im Kampf gegen die Hoffnungslosigkeit. Dieser Kampf richtet sich zunächst einmal gegen die Selbstaufgabe des Betroffenen. Diese Selbstaufgabe ist ein schwer zu änderndes Symptom des Hospitalismus, das nicht allein durch gute Empowerment-Konzepte, sondern vor allem durch Hartnäckigkeit und Geduld angegangen werden kann – und muss. Der Klient braucht vor allem Zeit, um sich aus dem Konglomerat aus Pathologie und Zuschreibung von Unveränderlichkeit befreien zu können. Bei der Begleitung auf diesem langwierigen Weg gibt es ständige Störungen, die dadurch zustande kommen, dass durch gezielte Interventionen versucht wird, die Zeitachse abzukürzen. Institutionen der medizinischen Versorgung haben keine Zeit für langwierige Prozesse mehr, sie suchen bei unlösbar aussehenden Problemen nach Interventionen, die die Probleme schlagartig und endgültig lösen. Im Falle behinderter Menschen mit starken Verhaltensauffälligkeiten wird diese Lösung oft in Einschränkungen der Verhaltensmöglichkeiten und in einer verstärkten Kontrolle gesehen – bis hin zur geschlossenen Unterbringung. Dem psychisch kranken Klienten wird damit gleichzeitig die Möglichkeit genommen, Erfahrungen mit anderen Verhaltensweisen zu machen, womit der Prozess der Selbstaufgabe verstärkt wird. Oft genug entpuppen sich deshalb auch solche Lösungen als Illusion. Die dezentrale Versorgung muss den praktischen Beweis erbringen, dass chronisch psychisch kranke Menschen unter Verzicht auf eine Großinstitution versorgt werden können, auch wenn die Probleme unlösbar aussehen und ohne dass existenziell bedrohliche Situationen für die Klienten entstehen. Zur Einführung wollen wir an drei Beispielen zeigen, wie das funktioniert hat.

Als Erstes die Gretchenfrage der Gemeindepsychiatrie: Wie haltet ihr es mit sehr lang hospitalisierten, alten Menschen?

Anton Deutelmoser – 60 Lebensjahre in der Psychiatrie

Der 89-jährige Anton Deutelmoser, seit 1947 ununterbrochen vollstationär in psychiatrischen Einrichtungen betreut, lebt seit Mai 2000 mit vier weiteren Klientinnen und Klienten in einer Doppelhaushälfte. Er bewohnt ein nach Süden gelegenes Zimmer im Erdgeschoss mit Zugang zur Terrasse. Das Bad ist im Obergeschoss, im Erdgeschoss gibt es lediglich eine Toilette.

In der Krankenakte von Herrn Deutelmoser finden sich seit seiner Aufnahme auffällig viele Eintragungen, die mit mangelhafter Körperhygiene und seinem »strengen« Geruch zu tun haben – gelegentlich ist in diesen Eintragungen sogar von aggressiven Durchbrüchen die Rede. Noch als über 80-Jähriger ist die tägliche Auseinandersetzung um das Waschen, Rasieren und Kleiderwechseln im zentralen Wohnheim ein Dauerthema der Übergaben. Mit der Dezentralisierung ändert sich dies fast schlagartig (und ein zweijähriger Prozess kann in so einem Fall wie »plötzlich« wirken): Er scheint die Zuwendung und Fürsorge der Pflegedienstmitarbeiterinnen anlässlich der Morgentoilette fast zu genießen, auch gewöhnt er sich verhältnismäßig rasch daran, täglich die Unterwäsche zu wechseln. Herr Deutelmoser ist ein zufriedener und ausgeglichener alter Herr, der seinen bescheidenen Lebensabend genießt.

Ab etwa der Jahreswende 2003/4 beginnt sich sein Gesundheitszustand zu verschlechtern, zunehmende rheumatische und Herzbeschwerden haben zur Folge, dass er das Haus fast nur noch zum Zwecke von Arztbesuchen verlässt. Mitte März 2004 findet sich folgender Eintrag in der Dokumentation:

»Herr Deutelmoser ist heute Abend in seinem Zimmer umgefallen. Er hat sich dabei nicht verletzt, über Schmerzen klagt er nicht. Er wusste nicht, wie es passiert war. Eine Mitbewohnerin hörte ihn fallen und war ihm beim Aufstehen behilflich. Anschließend informierte sie die Rufbereitschaft.«

Dieses Ereignis hat Diskussionen im Team zur Folge, ob Herr Deutelmoser weiterhin dezentral wohnen könne; Befürchtungen werden insbesondere dahingehend geäußert, dass er wegen allgemeiner Schwäche und Gebrechlichkeit stürzen oder unbemerkt eine Herzschwäche erleiden könne. Besonders riskant sei dies nachts, da dann ca. zwölf Stunden kein Personal anwesend sei. Solange die Diskussion *über* statt *mit* dem Klienten geführt wurde, war sie auf die Ängste der Mitarbeiter und deren Mutmaßungen über Herrn Deutelmoser fokussiert und konnte deshalb keine an dessen Bedürfnissen orientierten Lösungsvorschläge hervorbringen. Eine entscheidende Wendung der Diskussion brachte das personenzentrierte Vorgehen. Zunächst wurde der Klient befragt, der sich laut Dokumentation eindeutig äußerte:

»Herr Deutelmoser möchte weiterhin in seiner Wohnung verbleiben, er fühlt sich hier am richtigen Platz, obwohl er selbst bemerkt hat, dass er nicht mehr so selbstständig ist. Er möchte auf gar keinen Fall auf eine Pflegestation im ZfP, dort sei es ihm zu unruhig und zu laut. Er möchte auch nicht ständig Personal um sich haben.«

Dieses eindrucksvoll deutliche Statement des Klienten konnte von jedem Mitarbeiter anlässlich der täglichen Hausbesuche persönlich im Gespräch überprüft werden; diese konnten sich ferner davon überzeugen, inwieweit er sich seiner Situation und der Risiken bewusst ist. Herr Deutelmoser machte dadurch deutlich, dass er bereit war, selbst Verantwortung für sich zu tragen. Es war nun möglich, zusammen mit ihm den tatsächlichen Hilfebedarf festzustellen und abzuschätzen, ob die notwendigen Hilfen im Rahmen der dezentralen Versorgung zu erbringen und inwieweit weitere Hilfen im unmittelbaren sozialen Umfeld zu erschließen waren und welche Risiken er auf sich zu nehmen hatte. Im Ergebnis konnte er weiterhin in seiner Wohnung verbleiben. Im Juli erlitt er einen Schwächeanfall in Folge eines Infektes und wurde für zwei Wochen auf eine Pflegestation verlegt. Ende September war dies erneut für die Dauer einer Woche notwendig. Jedes Mal betonte Herr Deutelmoser, dass er unbedingt wieder zurück in seine Wohnung wolle. Dokumentationseintrag am 5. Oktober 2004:

»Habe Herrn Deutelmoser heute um halb zwei von der Pflegestation abgeholt. Er freut sich sehr, zurück in seine Wohnung zu kommen. Es geht ihm sehr gut, kann mit dem Stock problemlos laufen.«

Und Mitte Mai 2005 findet sich in der Dokumentation dieser Eintrag:

»Gegen 11 Uhr 50 rief eine Mitbewohnerin von Herrn Deutelmoser auf dem Rufbereitschaftshandy an. Sie teilte geschockt mit, dass Herr Deutelmoser im Flur seiner Wohnung gefallen sei. Meine Kollegin Frau S. und ich fuhren sofort hin und fanden Herrn Deutelmoser auf dem Boden liegend. Ein Mitbewohner war bei ihm und hatte ihn in eine stabile Seitenlage gebracht. Die Mitbewohnerin, die uns angerufen hatte, hatte bereits die Rettungsleitstelle angerufen und einen Notarzt angefordert.«

Wie sich herausstellte, war die Ursache für den Sturz ein lebensbedrohliches Kammerflimmern. Herr Deutelmoser erholte sich zwar vorübergehend, er war aber nun so pflegebedürftig, dass er nicht mehr in seiner Wohnung versorgt werden konnte, sondern im Anschluss an den Krankenhausaufenthalt auf eine Pflegestation des Wohnheims verlegt werden musste. Dort verstarb er im August 2005.

Gerd Steinhauser – gibt es doch das Richtige im Falschen?

Die Geschichte von Herrn Steinhauser greift ein wichtiges Tabuthema auf: Ist es möglich, dass ein chronisch psychisch kranker Mensch in einem Heim in Würde leben und sterben kann, auch wenn er zusätzlich an einer lebensbedrohlichen körperlichen Erkrankung leidet und sein Verhalten nicht den Erfordernissen der Erkrankung unterordnen will? Die Geschichte von Herrn Steinhauser ist gewissermaßen der Praxisteil zu den Überlegungen über das Spannungsfeld zwischen Autonomie und Fürsorge in Kapitel 1.

Herr Steinhauser wurde 1940 geboren. Seine Eltern betrieben ein Steuerberatungsbüro, die Großmutter eine Bäckerei mit Café. Nach einer kaufmännischen Ausbildung leitete er das Café der Großmutter und arbeitete im Betrieb der Eltern mit, den er mangels akademischer Ausbildung aber formal nicht übernehmen konnte. Nach einem Unfall mit Hirnblutung (Treppensturz) wurde Herr Steinhauser früh berentet und Anfang der neunziger Jahre »wegen verwahrlostem Zustand bei Alkoholabhängigkeit« zehn Monate lang stationär behandelt. 1992, also im Alter von 52 Jahren, zog er in ein Seniorenzentrum. Ende 1997 kam er in unser Wohn- und Pflegeheim.

Der Arztbrief, den er aus der Suchtabteilung der psychiatrischen Klinik mitbrachte, enthielt folgende diagnostischen Angaben:

»Alkoholabhängigkeit mit mehrfachen Folgeschädigungen:
- hepatische Enzephalopathie Grad III,
- Leberzirrhose,
- chronische Pankreatitis mit diabetischer Stoffwechsellage,
- Verdacht auf Cardiomyopathie mit Herzrhythmusstörungen,
- Polyneuropathie,
- kognitive Leistungsminderung.
- Cholezystolythiasis (Gallensteine),
- Zustand nach Schädel-Hirn-Trauma mit Subduralhämatom 1987,
- mehrfach bedingtes organisches Psychosyndrom«.

Sowohl im Arztbrief als auch in der persönlichen Übergabe wurde darauf hingewiesen, dass Herr Steinhauser ein sehr eigenwilliger und wenig krankheitseinsichtiger Mensch sei. Außerdem sei er somatisch schwerst vorgeschädigt. Alkoholkonsum sowie Verstöße gegen diverse Diätvorschriften könnten akute Lebensgefahr zur Folge haben. Die stationäre Behandlung war aus Sicht der behandelnden Ärztin nur bedingt erfolgreich gewesen, eine Entlassung in das Seniorenheim nicht möglich, da ihm dort gekündigt worden war. Die Aufgaben des Betreuungsteams im Wohnheim wurden im Entlassbrief des Krankenhauses wie folgt formuliert:

»Die suchtspezifische und verhaltensorientierte Therapie gestaltete sich schwierig wegen Bagatellisierungstendenz und Abwehr, Kritik- und Urteilsschwäche sowie Selbstüberschätzung. Wegen sekundären Diabetes mellitus auf 12 BE und wegen hepathischer Enzephalopathie auf 35 g Eiweiß täglich eingestellt, erwischten wir Herrn Steinhauser immer wieder beim Dazuessen. Schlagartig und spontan konnte Herr Steinhauser auf Fragen antworten, wir taten jedoch gut daran, die entsprechenden Aussagen zu überprüfen und mussten Herrn Steinhauser Grenzen setzen. Wir mussten Herrn Steinhauser mehrmals mit dem gescheiterten Entlassversuch als auch der endgültigen Kündigung des Altenheimes konfrontieren, damit er verinnerlichen konnte, dass er wohnsitzlos sei. In Selbstüberschätzung vermeinte er eine eigene Wohnung mit seiner Partnerin beziehen zu können. Eine eng strukturierte Betreuung ist wegen mehrfach bedingtem hirnorganischen Psychosyndroms als auch wegen der somatischen Versorgung unumgänglich.«

Es wurde allerdings auch auf andere Seiten seiner Persönlichkeit hingewiesen:

»Auf der anderen Seite ist Herr Steinhauser ein freundlicher und netter
Patient, der uns durchaus auch seine Dankbarkeit zeigen wollte. Er rea-
lisierte, dass es ihm körperlich durchaus schon einige Male sehr schlecht
ergangen war, und bemühte sich, seinen Stationsposten ordentlich nachzukommen, wusch seine Wäsche selbstständig, las täglich die Zeitung,
machte seine Abrechnungen.«

Die erste Eintragung in der Dokumentation des Wohnheims 1997 lautet:

»Herr Steinhauser wurde vom Personal der Station 21 und in Begleitung
seiner Partnerin Frau Meyer zur Aufnahme gebracht. Beim Einräumen
seines Zimmers machte er keinen Handschlag, sondern forderte seine
Freundin auf, das alles zu tun. Er fragte gleich, wie oft sie ihn besuchen
könne und wie lange er Ausgang habe. Bitte schnell eine Regelung zwecks
Ausgang und Besuchszeiten treffen.«

Herr Steinhauser präsentierte sich auch im Heim als Bewohner, der sehr
auf die Wahrung seiner Autonomie bedacht war und sich nur widerwillig
Vorschriften unterwarf. Als ehemaliger »Chef eines großen Steuerberatungs-
büros« war er es, der die Anweisungen erteilte, sodass es ihm sehr schwer
fiel, sich von – womöglich auch noch jungem und weiblichem – Krankenpflegepersonal »herumkommandieren zu lassen«, das habe er nicht nötig.
Gelegentlich »drohte« er damit, ins Hotel zu ziehen.
Herr Steinhauser aß gerne deftige schwäbische Hausmannskost und trank
auch gerne mal ein Bier. Im Heim war er auf Anraten der behandelnden Ärzte
und in Absprache mit dem gesetzlichen Betreuer strengsten Diätregelungen
unterworfen – er musste kohlehydrat- und eiweißarm essen, eine Herausforderung für die Großküche – und wurde regelmäßig und »engmaschig« mittels
Alkohol- und Blutzuckerkontrollen überwacht. Bei Verstößen drohte ihm
wegen akuter Gesundheitsgefährdung die Verlegung auf eine geschlossene
Akutstation. Trotzdem genehmigte er sich regelmäßig »Leberkäswecken« oder
Zwiebelkuchen, wurde zuweilen beim Kauf von Bier beobachtet oder versuchte Alkoholika oder gekochte Kartoffeln auf sein Zimmer zu schmuggeln.
Da Herr Steinhauser sehr redegewandt war, gelegentlich außerordentlich
charmant sein konnte und über »Umgangsformen« verfügte, beeindruckte
er die Mitarbeiter öfter mit einfallsreichen Ausreden:

»Herr Steinhauser ›schleicht‹ auf die Station mit zwei schwer gefüllten Stofftaschen, aus einer der Taschen sind Geräusche von Glasflaschen zu hören. Es werden drei Flaschen Bier gefunden, in der anderen Tasche sind Backwaren. Herr Steinhauser erklärt, die Sachen für eine Bekannte, die gehbehindert ist, besorgt zu haben. Verweigert zunächst Alkotest. Später gelingt es uns, ihn zur Alkoholkontrolle zu überreden, Ergebnis: 0,28‰. Er gibt zu, auf dem Weihnachtsmarkt einen Glühwein getrunken zu haben. Will dies auch wieder tun.«

Immer wieder machte er ähnlich wie im letzten Beispiel deutlich, dass er sich der Risiken bewusst ist:

»Herr Steinhauser spült im Waschbecken des WCs Geschirr. Darauf angesprochen erwidert er, er habe nur Salat gegessen, der vom Mittagessen übrig geblieben sei. Außerdem habe er mit seinem Leben bereits abgeschlossen, sein Testament sei gemacht, deshalb müssten wir uns gar keine Gedanken darüber machen, was und wie viel er isst.«

Oder:

»Herrn Steinhauser dabei ertappt, wie er die Suppe von Herrn Sch. klauen wollte. Es war ihm sichtlich unangenehm, er meinte: ›Schwamm drüber.‹ Als ich ihn darauf hinwies, dass Essen außerhalb der Diät ihm sehr schaden könne, meinte er, dass er sich mit dem Tod auseinander gesetzt hätte.«

Mit großer Beharrlichkeit bemühte sich Herr Steinhauser, seinen Tagesablauf nach seinen Vorstellungen einzurichten und seine Gewohnheiten beizubehalten. Er war viel unterwegs, um Behördenangelegenheiten zu regeln, Arzttermine wahrzunehmen, seinen Anwalt aufzusuchen oder bei der Bank finanzielle Angelegenheiten zu erledigen. Mit großer Wahrscheinlichkeit war vieles davon Fassade oder gar bloße Fantasie. Aber es war wohl vor allem der Versuch, zumindest vor sich selbst den Anschein eines geordneten bürgerlichen Lebens aufrechtzuerhalten, und im Rahmen des in einem psychiatrischen Wohn- und Pflegeheim Möglichen ist ihm das auch gelungen. Zu dieser Fassade gehörte auch die Art und Weise, wie er die Beziehung zu seiner Partnerin darstellte. Er bestand darauf, dass wir sie mit Doppelnamen »Frau Meyer-Steinhauser« ansprächen. Eines Tages berichtete er, dass sie beim Standesamt seiner Heimatstadt gewesen seien und dort geheiratet hätten. Drei Tage danach dokumentierte eine Kollegin:

»Habe heute Frau M. zu ihrer Hochzeit gratuliert. Sie meinte, Herr Steinhauser glaube nur, dass sie geheiratet hätten, dies sei in Wirklichkeit nicht der Fall, er sei ihr viel zu krank und zu bestimmend. Sie hätten im gleichen Altenheim gewohnt und sie würde sich nur ein wenig um ihn kümmern.«

Nach Möglichkeit versuchte er, Vorschriften und Auflagen, die wir ihm machten, zu umgehen. So sollte er beispielsweise nicht ohne Wissen unserer Heimärztin andere Fachärzte aufsuchen, weshalb seine Krankenversichertenkarte vom Stationspersonal verwahrt wurde. Trotzdem suchte Herr Steinhauser die Ärzte auf, die er wollte und wann er dies wollte. Dieses Verhalten hatte hauptsächlich zwei Arten von Konsequenzen: Einerseits erreichte er dadurch immer wieder Kompromisse und konnte seine Vorstellungen und Bedürfnisse partiell durchsetzen, auf der anderen Seite veranlasste es uns, immer neue und strengere Regeln zu formulieren, die dem Zweck dienen sollten, Herrn Steinhauser gleichsam vor sich selbst zu schützen. Da seine Partnerin sich ebenfalls nicht kooperativ zeigte, wurde sie in die Regelungen einbezogen. Es wurden feste Besuchstage und -zeiten vereinbart, Taschenkontrollen und Zimmerkontrollen durchgeführt. Trotzdem finden sich in der Dokumentation fast regelmäßig Eintragungen wie diese:

»Als wir Zimmerkontrolle machten, aß Herr Steinhauser gerade ein Brötchen, da es zum Abendessen nur Brei gegeben habe, den er nicht möge.«

»Zimmerkontrolle: ein halbes Zopfbrot und Brötchen gefunden. Dies gehöre seiner Frau. An die Vereinbarung, dass diese kein Essen mitbringt, halten sie sich nicht.«

»Herrn Steinhausers Zimmertüre war abgeschlossen, als ich ihm die Morgenmedikamente bringen wollte. Öffnete lange nicht und wollte mich dann nicht hereinlassen. Frau M. war anwesend, obwohl es nicht vereinbart war. Sie gab zu, dass sie hier geschlafen hat.«

»Frau S. (eine Mitarbeiterin) berichtet, Herrn Steinhauser in der Weststadt mit einem süßen Kuchenstückchen gesehen zu haben. Blutzuckerwert nach zweimaliger Messung 260 mg/dl. Heimärztin informiert.«

Die Auseinandersetzung mit Herrn Steinhauser spitzte sich so weit zu, dass der gesetzliche Betreuer androhte, ihn bei weiteren Verstößen gegen die Vereinbarungen – insbesondere die das selbstgefährdende Verhalten betreffenden – in einer geschlossenen Heimeinrichtung unterbringen zu lassen.

Herr Steinhauser signalisierte durch seine Reaktion auf diese Drohung, worauf er Wert legte und worauf nicht: im Zweifel für die Hausmannskost und gegen die Diät, für die Autonomie und gegen die Unterwerfung. Er machte einfach weiter wie bisher und änderte sein Verhalten nicht.

Diese Episode veranlasste die Heimleitung, eine »Ad-hoc-Ethikkommission« (mit verschiedenen beteiligten Personen und Teammitgliedern) einzuberufen, um zu entscheiden, ob eine geschlossene Heimunterbringung notwendig sei. Sie kam zu dem Schluss, dass Herrn Steinhausers Wunsch, auf der Station zu verbleiben, Priorität gegenüber dem Bedürfnis der professionellen Betreuer habe, die ärztlichen Anordnungen mit dem Mittel einer partiellen Freiheitsberaubung durch Unterbringung in einem geschlossenen Heim durchzusetzen. Diese Entscheidung war Ausdruck und zum Teil eine Vorwegnahme des in der Einrichtung gerade beginnenden Paradigmenwechsels vom institutionszentrierten zum personenzentrierten Arbeiten. Der Wille des Klienten wurde nun in seiner Wertigkeit den Bedürfnissen der Institution gleichgestellt, Herr Steinhauser war nun – zumindest in der Theorie – nicht mehr Objekt unserer Behandlung und Fürsorge, sondern Verhandlungspartner geworden.

Trotz dieser Änderung der Sichtweise war sich das Team im Vorfeld der Dezentralisierung einig, dass Herr Steinhauser nicht an dem Projekt teilnehmen könne. Die Befürchtungen, die zu diesem Beschluss führten, bezogen sich im Wesentlichen auf die dann nicht mehr gewährleisteten Kontrollen. In den dezentralen Wohnungen würde nicht ständig Personal anwesend sein. Herr Steinhauser könne dann noch mehr tun, was er wolle, und sei gar nicht mehr kontrollierbar. Es wurde auf Erfahrungen aus dem Altenheim verwiesen, wo Herrn Steinhauser wegen Verwahrlosungstendenzen und Alkoholmissbrauch gekündigt worden war. Er selbst nahm diese Entscheidung gelassen hin:

> »Herr Steinhauser bedauert, sich an neues Personal gewöhnen zu müssen, ist mit einem Umzug auf eine andere Wohngruppe einverstanden, wenn er ein Einzelzimmer erhält und die bisherigen Regelungen bezüglich der Besuche seiner Frau beibehalten werden.«

Etwa sechs Monate nach seiner Verlegung auf eine zentral verbleibende Wohngruppe durchlitt Herr Steinhauser eine schwere somatische Krise. Da die behandelnden Ärzte mit seinem baldigen Ableben rechneten, wurde er bereits in einem Hospiz angemeldet. Wider Erwarten erholte sich Herr Steinhauser und erreichte wieder einen relativ stabilen Gesundheitszustand.

Ob und wie sich diese existenzielle Erfahrung auf das Verhalten von Herrn Steinhauser ausgewirkt hat, wissen wir nicht. Im folgenden Zitat aus einem Verlaufsbericht der Wohngruppe vom Juli 2001 erkennen wir Typisches von Herrn Steinhauser wieder. Allerdings werden auch Verhaltensweisen betont, die überraschen:

»Mitarbeitern gegenüber ist er meist freundlich und offen und bemüht sich auch in Konfliktsituationen um einen höflichen Umgangston. Immer wieder kam es in den vergangenen Monaten zu Auseinandersetzungen und Diskussionen wegen der konsequenten Zimmer-, Alkohol- und Blutzuckerkontrollen, die auf Grund der völlig fehlenden Krankheitseinsicht regelmäßig durchgeführt werden. In diesen Auseinandersetzungen gelingt es Herrn Steinhauser aber stets, sich adäquat zu verhalten.«
»Herr Steinhauser benötigt nach wie vor einen sehr engen und hoch strukturierten Betreuungsrahmen, um den Status quo zu erhalten. Eine Wohnperspektive außerhalb dieses Rahmens ist daher nicht vorstellbar.«

Im Verlaufsbericht vom März 2002 wird von einer dauerhaften somatischen Stabilisierung berichtet; außerdem werde Herr Steinhauser als umgänglicher und entspannter erlebt als zuvor, ohne dass sich an seinen grundsätzlichen Einstellungen und Verhaltensweisen Nennenswertes verändert habe:

»Die im letzten Bericht beschriebenen Diskussionen über die Notwendigkeit der Alkohol- und Blutzuckerkontrollen wurden von seiner Seite deutlich weniger – er hatte sich wohl in sein Schicksal gefügt. An seiner völlig fehlenden Krankheitseinsicht änderte sich allerdings nicht das Geringste ... Weiterhin problematisch, jedoch insgesamt deutlich entspannter ist der Bereich Ernährung. Nachdem die Heimärztin das morgendliche ›Brötchenverbot‹ deutlich lockerte, konnte er die Diätregeln leichter akzeptieren und hielt sich in der Regel auch daran. Nur das zweite Frühstücksbrötchen war ihm so wichtig, dass es darüber fast täglich zu einem erbitterten Streitgespräch kam. Die weiterhin regelmäßig durchgeführten Blutzuckerkontrollen ergaben keine schwer wiegenden Folgen für seine Zuckerwerte, sodass er nun offiziell auch ein zweites Brötchen zum Frühstück bekommt und es sich nicht mehr heimlich besorgen muss.«

Den Anstoß für eine erneute Diskussion über die Aufnahme in eine dezentrale Wohneinheit und die zwischenzeitlich erfolgte Verlegung dorthin gaben jedoch eher bevorstehende strukturelle Veränderungen:

»Auf Grund dieser doch sehr erfreulichen Stabilisierung von Herrn Steinhauser und der geplanten Auslagerung der zentralen Wohngruppe nach
Wangen mit vorgesehener Umstrukturierung in dezentrale Wohnungen
wurde erneut eine Verlegung von Herrn Steinhauser in eine dezentrale
Wohnung in Ravensburg diskutiert. Im März 2002 zog Herr Steinhauser
in die Wielandstraße. Der Wechsel verlief zum Erstaunen aller bisher
völlig problemlos.«

Dass das Team der dezentralen Wohngruppe nun der Aufnahme zustimmen
konnte, war der Tatsache zu verdanken, dass mittlerweile alle Teammitglie-
der Erfahrungen im Management von verschiedenen problematischen Situationen gemacht hatten, Sicherheit und Selbstvertrauen waren gefestigt,
die Bereitschaft und Fähigkeit, Verantwortung zu tragen, weit entwickelt.
Dezentralisierung bedeutete für die Pflegedienstmitarbeiter in der Praxis
zunächst, dass sie den Klienten in erster Linie als Person und nicht mehr
als Repräsentanten einer Institution gegenübertraten. Sie verstanden sich
nunmehr als Gast in der Wohnung des Klienten; sie hatten an der Tür zu
klingeln und zu warten, bis man ihnen öffnet. Sie traten dem Bewohner
nun auch allein gegenüber, ohne Kollegen im Rücken oder ohne den Rück-
zugsraum des Stationszimmers.

Damit waren auch die Voraussetzungen dafür erfüllt, dass sich Herr Steinhauser als Partner erleben konnte, mit dem über seinen Hilfebedarf verhandelt wurde. Für ihn bedeutete bereits die »normale« Adresse einen Gewinn
an Lebensqualität; er war nun nicht mehr einer von 20 Heimbewohnern
und hatte nicht mehr ständig Krankenpflegepersonal, Sozialarbeiter und
Psychologen um sich, sondern diese waren Gast in seiner Wohnung. Es
ist leicht nachvollziehbar, dass dies mit seinem Selbstbild weit besser zu
vereinbaren war als das Dasein als »Heiminsasse« und zu einer deutlichen
Entspannung der Situation im Sinne eines gegenseitigen Arrangements bei-
trug. Unter diesen Voraussetzungen konnten dann auch im Rahmen der
dezentralen Struktur wichtige Elemente des »hoch strukturierten Betreuungs-
rahmens« – ein wirksames Management der Zuckererkrankung, Kontrolle
des Alkoholkonsums, Sicherstellung regelmäßiger Arztbesuche – konstruktiv
gehandhabt werden.

Im Übrigen war der weitere Verlauf im Rahmen des dezentralen Wohnens,
wie zu erwarten, natürlich nicht »völlig problemlos«, denn Herr Steinhauser
hatte sich nicht vom Saulus zum Paulus gewandelt. Wesentlicher war, dass
sich bestimmte Einstellungen und Werte der Mitarbeiter auf Grund der
Praxis des dezentralen Wohnens verändert hatten.

Somit waren jene Bedingungen geschaffen, die Herrn Steinhauser ermöglichten, ein »normales Leben« zu führen. Er ging gerne einkaufen und machte dabei ein Schwätzchen mit der Bäckersfrau oder der Metzgereiverkäuferin. Da er beim Einkaufen seine Kontakt- und Kommunikationsbedürfnisse in idealer Form realisieren konnte, übernahm er auch Einkäufe für andere, immobile Bewohnerinnen und Bewohner der Seniorenwohnanlage, in der er zuvor gewohnt hatte. Seine Freundin – von ihm in der Regel als seine Frau vorgestellt –, die ebenfalls in der Seniorenwohnanlage lebte, war häufig bei ihm zu Besuch. Mit ihr zusammen ging er jeden Tag zum Mittagessen in das Casino des Zentrums für Psychiatrie und zelebrierte mit ihr die gemeinsame Mahlzeit. Gelegentlichen Besuchern, wie der Heimleitung, präsentierte er die Wohngemeinschaft als seine Wohnung, ohne dabei die anderen Bewohner zu verletzen. Mitarbeitern und Besuchern erzählte er gerne über seine Heimatstadt, deren Entwicklung er immer noch in der Presse verfolgte, sowie über seine beruflichen Aktivitäten in der Vergangenheit.

Ende des Jahres 2004 verschlechterte sich der Gesundheitszustand von Herrn Steinhauser dramatisch. Grund war ein lange bekanntes, aber nun rasch wachsendes Leberkarzinom. Auch nach einem Krankenhausaufenthalt in der zweiten Januarhälfte wollte Herr Steinhauser in seiner Wohnung verbleiben, obwohl er sehr schwach war und ohne Hilfe nicht mehr sicher mobil war. Zusammen mit Herrn Steinhauser erörterten sein gesetzlicher Betreuer, der zuständige Familienrichter und die behandelnde Ärztin die Versorgungssituation in der Wohnung. Sie kamen zu dem gemeinsamen Schluss, dass Herr Steinhauser dort trotz der Risiken weiter verbleiben sollte. Er hatte verfügt, dass keine lebensverlängernden Maßnahmen angewandt werden sollten und er bei Versagen der Vitalfunktionen nicht reanimiert werden wolle.

Einen Tag vor seinem Tod konnte Herr Steinhauser das Bett nicht mehr verlassen, die Versorgung in der Wohnung war nun nicht mehr möglich, da auch seine Freundin sich überfordert fühlte. Mit seiner Einwilligung wurde er auf eine psychiatrische Altenpflegestation verlegt, wo er am nächsten Morgen verstarb.

Bedauerlicherweise konnte er sich mit seiner Familie, die seine Erkrankung als Affront gegen sich erlebt und sich über das von ihm angerichtete finanzielle Desaster geärgert hatte, nicht versöhnen. Herr Steinhauser hat sicherlich unter dieser Situation gelitten, die Thematisierung jedoch immer vermieden. In gewissem Sinn hatte ihm das dezentrale Wohnen ermöglicht, die Illusion einer heilen Welt aufrechtzuerhalten, was ihm zumindest zeitweise Trost in dieser nicht mehr heilbaren persönlichen und familiären Situation gab.

Die Fallgeschichte von Herrn Steinhauser zeigt exemplarisch, auf welche Weise Lernprozesse und Einstellungsänderungen der Mitarbeiter praktisch zu entscheidenden Qualitätsverbesserungen der Betreuung führen:

- Im Herbst 1999 wurde Herr Steinhauser im Vorfeld der Dezentralisierung seiner Wohngruppe auf eine weiterhin zentral geführte Wohngruppe verlegt, weil er einer der wenigen Bewohner war, die sowohl innerhalb des Teams als auch bei der verantwortlichen Leitung unwidersprochen als ungeeignet für das Projekt galt.

- Im Jahr 2002 zog Herr Steinhauser zu zwei Mitbewohnern in eine dezentrale Wohnung, nachdem die Kollegen der zentralen Wohngruppe einen Versuch angeregt hatten.

- Nachdem Herr Steinhauser verstorben war, wurde seine Aufnahme in die dezentrale Wohngruppe als Glücksfall bewertet, weil er seine verbliebenen Lebensjahre nicht in einem »Heim« hatte verbringen müssen. Im Rückblick bestand weitgehend Einigkeit darüber, dass Herr Steinhauser »eigentlich« auch schon zu Beginn der Dezentralisierung hätte teilnehmen können, denn verändert hatte sich weniger Herr Steinhauser als vielmehr die Einstellungen der Mitarbeiter.

Was als Kampf um »richtig« und »falsch«, zwischen Autonomie und Entmündigung begonnen hatte, konnte sich zu einem produktiven und für alle Beteiligten vorteilhaften Bündnis entwickeln.

Wolfgang Rossbach – geschlossene Unterbringung unvermeidlich?

Die folgende Fallgeschichte berichtet von Wolfgang Rossbach. Er ist einer der wenigen Klienten unserer Region, die in den letzten Jahren wegen ihrer besonderen Problematik – Suchtmittelabhängigkeit und Psychose – zeitweise in einer geschlossenen Heimeinrichtung untergebracht waren. Klienten mit psychotischer Störung und Suchtmittelabhängigkeit gelten deshalb als schwer betreubar, weil eine Intervention auf das jeweilige Problem eine Intervention bezüglich des anderen Problems konterkariert, ähnlich wie bei dem pharmakologischen Phänomen der »Wechselwirkung«, bei dem eine Substanz die Wirkung einer anderen aufhebt oder in unerwünschter Weise verstärkt. Während bei psychotischen Erkrankungen eher empathisch und kompensatorisch vorgegangen wird, erfordert die Suchtproblematik Konfrontation und Eindeutigkeit der Ziele. Im Unterschied zu einem geschlossenen Heim verzichtet die dezentrale, personenzentrierte Betreuung weitgehend auf Restriktionen, sondern setzt auch hier auf Verhandeln und auf gegenseitige Vereinbarungen. Von den Mitarbeitern ist bei der Betreuung ein hohes Maß an Flexibilität und Konfliktregulierung gefordert.

Als knapp 30-Jähriger war Wolfgang Rossbach nach einem Suizidversuch erstmals in der Suchtabteilung einer psychiatrischen Klinik behandelt worden. Diagnostiziert wurden eine Polytoxikomanie (aktuell vorwiegend Konsum von Alkohol und Cannabis, zeitweise auch LSD, Heroin und Kokain sowie diverse Psychopharmaka) und Verdacht auf exogene Psychose. Er wurde damals nach wenigen Tagen wieder entlassen. Er lebte in der Folgezeit von Arbeitslosen- und Sozialhilfe und erhielt finanzielle Unterstützung von seiner Mutter. Wegen verschiedener Diebstähle und Sachbeschädigungen wurden Geldstrafen und eine achtmonatige Gefängnisstrafe gegen ihn verhängt. Drei Jahre später – kurz nach Verbüßung seiner Haftstrafe – wurde er erneut in die psychiatrische Klinik aufgenommen. Zu den Aufnahmeumständen wird berichtet:

»Herr Rossbach wurde mit dem DRK vom Elisabethen-Krankenhaus zu uns gebracht. Dort war er von der Polizei eingeliefert worden, nachdem er in alkoholisiertem Zustand seine Wohnung demoliert hatte. Er berichtet, dass er nicht fähig sei zu sterben, weil seine Adern sich von selbst schließen würden. Er höre leise Stimmen, Tutanchamun sei in seinem Körper als Nummer 701, er stehe unter Strom. Er berichtet, dass er ein Rädchen im Uhrwerk sei. Er habe Verantwortung für verschiedene Geschehnisse auf Erden, er höre den Rasen reden, jeder Grashalm habe Stimmen.«

Die behandelnde Psychiaterin stellte in einem Bericht die Diagnosen:
- Verdacht auf paranoid-halluzinatorische Schizophrenie,
- bekannte Polytoxikomanie,
- Alkoholmissbrauch, eventuelle Abhängigkeit, fraglich sekundärer Konsum als Reaktion auf psychotisches Erleben.

Es wird weiter von hohem Leidensdruck durch das Wahnerleben und die von Herrn Rossbach so erlebte Unwirksamkeit der Medikamente berichtet. Er wird schließlich wegen der anhaltenden psychotischen Symptomatik mit Leponex behandelt. Der Bericht schließt:

»Da Herr Rossbach schwer krank ist, eine längerfristige Behandlung stattfinden muss und die gesamte soziale Situation unklar ist, erfolgte die Verlegung auf die Reha-Station.«

Vier Monate später wurde Herr Rossbach entlassen. Dem Abschlussbericht ist zu entnehmen, dass die Behandlung nicht besonders erfolgreich war:

»Gegen Ende seines Aufenthaltes auf der Station zeigte sich bei Herrn Rossbach eine zunehmende Unfähigkeit, sich an Absprachen und Regeln zu halten. So überzog er regelmäßig den Ausgang, ging nicht in die Arbeitstherapie und weigerte sich auch, ein Drogenscreening machen zu lassen, nachdem wir Verdacht geschöpft hatten, dass er Drogen nehmen könnte. Da Herr Rossbach letztendlich auch nicht mehr bereit war, mit uns zusammenzuarbeiten, entließen wir ihn.«

Noch am selben Tag wird Herr Rossbach aber wieder aufgenommen, nachdem er freiwillig in Begleitung von drei Rettungssanitätern in angetrunkenem Zustand auf der Akutstation erschienen war. Er wurde nun gerichtlich untergebracht, eine gesetzliche Betreuung wurde beantragt und eingerichtet. Die nächste Entlassung erfolgte ein halbes Jahr später, unmittelbar nach Ablauf der Unterbringung. Dem Entlassbericht an die weiterbehandelnde Psychiaterin ist ein Postskriptum angefügt:

»Leider kam es in der Zwischenzeit – ca. zwei Wochen nach Entlassung des Patienten – zu einer erneuten Aufnahme. Wie wir vom gesetzlichen Betreuer erfuhren, hatte sich der Patient nicht bei Ihnen [der weiterbehandelnden Psychiaterin] gemeldet, keine Medikamente eingenommen und jeden Tag mindestens eine Flasche Wein konsumiert.«

Herr Rossbach wird danach zweimal für je sechs Monate gerichtlich untergebracht. Während dieser Behandlungsphase wird wegen der massiven Eigengefährdung die Unterbringung in einer geschlossenen Heimeinrichtung außerhalb des Versorgungsgebiets vorbereitet. Aus therapeutischer Sicht klingt dies so:

»Trotz ausführlicher ärztlicher Gespräche konnte der Patient nicht vom Sinn einer absoluten Abstinenz überzeugt werden. Er entwickelte keinerlei Zukunftsperspektiven und wünschte sich lediglich ein Zimmer oder eine Wohnung, wenn möglich in einem Einzelappartement, in dem er mit Alkohol in den Tag hineinleben könnte ... Auf Grund der Schwere der Erkrankung bei Komorbidität von Sucht- und Psychoseerkrankung bestünde in diesem Fall eine deutliche Eigengefährdung. Es wurde daher die Unterbringung in einem geschlossenen Pflegeheim eingeleitet.«

Anschließend wurde Herr Rossbach in ein geschlossenes Heim verlegt. Fast zwei Jahre danach kam es dann erneut zu zwei stationären psychiatrischen Behandlungen. In einem Krisengespräch wurde dem gesetzlichen Betreuer die Kündigung des Heimvertrages mitgeteilt. Dies wurde damit begründet, »dass sich die Persönlichkeit des Herrn Rossbach verändert hätte. Er habe keine Ziele, Motivation, Pläne und keine Perspektive. Er engagiere sich nur, um an Alkohol zu kommen. Seine Antriebslosigkeit bei Heimaufnahme habe sich in aggressives, konfrontatives Verhalten gewandelt, mit dem er Bewohnern und Mitarbeiterinnen Angst machen könne. Er mische die Station auf, benutze andere, um für ihn an Alkohol zu kommen, und animiere zum Mittrinken. Er verkaufe Zigaretten und bringe schwächere Mitbewohner in Schulden.« (Zitate aus einem Schreiben des Betreuers)

Nach der Kündigung des Heimvertrags verbrachte Herr Rossbach weitere zweieinhalb Monate in der psychiatrischen Klinik. Da es nun keine »geeignete« Heimeinrichtung mehr für ihn gab, wurde er anschließend zunächst auf der damals noch existierenden zentralen Wohngruppe unseres Heimes aufgenommen. Im Rahmen der Vorbereitungen zur Dezentralisierung dieser Wohngruppe in das Allgäu bezog Herr Rossbach dann ein Dreivierteljahr später ein Zimmer in einer dezentralen Wohnung in Ravensburg. In Absprache mit ihm und seinem gesetzlichen Betreuer wurde vereinbart, dass Herr Rossbach seinen anteiligen Barbetrag täglich morgens unter der Voraussetzung ausbezahlt bekäme, dass der Alkoholtest negativ ausfällt. Auch das Geld für den Lebensmitteleinkauf (er versorgt sich bis auf das Mittagessen selbst) erhält er wöchentlich in zwei Teilbeträgen. Eine weitere Vereinbarung besagte, dass Herr Rossbach das von ihm häufig verlangte Schlafmittel Ximovan nur nach erfolgtem Alkoholtest mit Ergebnis nicht über 0,5 Promille erhalte.

In den ersten Wochen seines Aufenthaltes sind überwiegend Einträge dokumentiert, in denen es um seine Anwesenheit in der Wohnung zu den verabredeten Zeiten und um die Einhaltung anderer Vereinbarungen geht:

21.6.: »Herr Rossbach nicht zur vereinbarten Zeit in der Wohnung. Rücksprache mit der zentralen WG ergibt, dass dies dort auch öfter vorkam. Meist trinkt er dann, ist aber gegen 22 Uhr wieder da. Laut der dort behandelnden Heimärztin kann er eine Tablette Ximovan zur Nacht in Eigenverwaltung haben; geht damit zuverlässig um.«

22.6.: »Habe mit Herrn Rossbach gesprochen, dass er bitte regelmäßig um 17 Uhr 30 zu Hause sein solle. Wenn er etwas vorhabe, solle er bitte einem Mitarbeiter Bescheid sagen.«

22.6.: »Visite: Falls Herr Rossbach abends (zwischen 17 Uhr 30 und 18 Uhr) nicht da ist und nicht anruft, wird ab 20 Uhr die Polizei informiert.«

23.6.: »Herrn Rossbach über die neue Regelung informiert; er fand dies furchtbar lächerlich. Hat gerade gekocht.«

25.6.: »Herr Rossbach war auch um 20 Uhr nicht in der Wohnung, habe dann Polizei verständigt und ihn als abgängig gemeldet. Herr Rossbach hat dann um 21 Uhr 30 auf dem Rufbereitschaftshandy angerufen. Heute Morgen hat er gemeint, er sei noch in der Stadt gewesen, um etwas zu trinken, und hat die Zeit vergessen. Heute 0,00 Promille beim Alkotest.«

Es folgen später nur noch Eintragungen, in denen lapidar festgestellt wird, dass Herr Rossbach nicht da war, aber sich auf dem Rufbereitschaftshandy gemeldet hat. Herr Rossbach verweigerte nicht einmal den Alkoholtest (auch im weiteren Verlauf wird kein solcher Fall bekannt), akzeptiert ohne Proteste die Verweigerung des Taschengeldes oder des Schlafmittels bei positivem Test. Allerdings kreist die gesamte Betreuung in dieser Zeit um das Thema Alkohol, insbesondere das Trinken von Alkohol in der Wohnung. Später kommt der Missbrauch von Medikamenten hinzu. Es entsteht der Eindruck, dass sein gesamtes Leben von der Suchthematik bestimmt wird und die Mitarbeiter mit dieser Fixierung mitgehen. Die Fixierung auf die Defizite hat sich offensichtlich aus dem Kontext der stationären Behandlung in das Wohnheim hinübergerettet. Dabei hätte man bereits aus den Entlassberichten auch etwas über wichtige Ressourcen von Herrn Rossbach erfahren können. In dem Entlassbrief der Klinik findet sich auch folgende Aussage:

»Herr Rossbach sieht der Heimunterbringung positiv entgegen, er würde ja ansonsten ›in der Gosse landen‹.«

Auch weitere Dokumentationseinträge aus der Anfangsphase des Heimaufenthaltes belegen, dass Grundregeln im Sinne einer Behandlungsvereinbarung mit ihm verhandelbar sind. Der Verhandlungsprozess beginnt aber oft nonverbal: Herr Rossbach vermittelt uns durch sein Verhalten seine Position. Indem wir ihm durch Nachfragen deutlich machen, dass wir diese verstehen und als Verhandlungsgrundlage begreifen, werden verbale Verhandlungen und verbindliche Abmachungen möglich. Dies wird bereits bei der Aufnahme in die dezentrale Wohngruppe deutlich:

15. 6.: »Ich wollte heute mit Herrn Rossbach auf die WG 201 gehen, um einen Termin für den Umzug auszumachen. Herr Rossbach lag im Bett und sagte, es ginge ihm schlecht und er wolle nicht umziehen. Es gehe ihm schon länger schlecht, er wolle aber nicht darüber reden. Ich halte in der Situation einen Umzug nicht für günstig und vereinbare mit WG 201, dass wir uns Anfang nächster Woche wieder melden.«

16.6.: »Als ich Herrn Rossbach heute fragte, wie es ihm geht, schlug er vor, heute auf die WG 201 zu gehen, um einen Termin für den Umzug auszumachen. Er wird am Freitag, den 18. Juni, vormittags umziehen.«

Im weiteren Verlauf reproduziert sich dieses Muster:

11.8.: »Herrn Rossbach darauf angesprochen, warum er so oft nicht zum Mittagessen im Tagestreff erscheint. Er meint, dass er ungern mit vielen anderen Menschen essen würde, es seien schon fast Ängste. Auf der zentralen Wohngruppe habe er sein Essen deshalb meist mit aufs Zimmer genommen. Möchte das Geld für das Mittagessen ausbezahlt bekommen.«

6.9.: »Herr Rossbach saß schlafend in seinem Zimmer und hatte eine Flasche Bier auf dem Tisch stehen. Als ich ihn durch Antippen am Oberarm wecken wollte, um ihm einen Termin mitzuteilen, wurde er sehr aggressiv. Ich habe ihn nicht zu berühren.«

22.9.: »Wollte heute mit Herrn Rossbach Hilfeplanung nach IBRP besprechen. Als ich ihn nach Problemen fragte, wurde er gleich lauter und sagte, dass er darüber auf keinen Fall mit mir reden würde. Er wollte sich nicht erklären lassen, wofür die Hilfeplanung gut sei, machte auf mich einen sehr aggressiven Eindruck, war zu keinem Gespräch mehr bereit.«

27.9.: »Herr Rossbach roch heute Abend nach Alkohol und setzte sich nur zögerlich zu uns an den Tisch. Als ich ihn im Gespräch etwas fragte, meinte er, ich solle ihn nie wieder etwas fragen.«

8.10.: »Gespräch mit Herrn Rossbach und der Koordinierenden Bezugsperson wegen der Weigerung, über die Hilfeplanung zu sprechen. Er findet an seinem Verhalten nichts Besonderes, er sei eben nicht immer ›gleich gut drauf‹. Wenn er unwirsch oder aufbrausend reagiere, sei das gleich wieder vergessen. Neues Hilfeplangespräch wird vereinbart.«

Am Abend des 10. November 2004 fand ein Mitarbeiter Herrn Rossbach in der Wohnung am Boden liegend, ansprechbar, aber »wie im Dämmerzustand«:

»Er machte den Eindruck, völlig betrunken zu sein. Ich half ihm auf und in sein Zimmer. Er hatte versucht, sich etwas zu essen zu machen, hatte eine Herdplatte auf höchster Stufe angeschaltet und war dabei umgefallen. Er wirkte wie in einem Dämmerzustand. Nach telefonischer Absprache trafen eine Kollegin und ich uns um 19 Uhr 15 in der Hauffstraße, um abzuklären, wie es Herrn Rossbach geht, und ob er über Nacht in der Wohnung bleiben könne. Herr Rossbach hatte zwischenzeitlich erneut versucht, sich etwas zu essen zu machen. Der Herd lief wieder auf höchster Stufe, das Essen lag im Wohnzimmer auf dem Boden (erneuter Sturz), Herr Rossbach war in seinem Zimmer und die Mitbewohner machten sich große Sorgen um ihre Sicherheit (Wohnung könnte abbrennen). Die Kollegin und ich sprachen mit Herrn Rossbach. Er war immer noch wie im Dämmerzustand, sprach unverständliche Sachen (›Sie legen sich mit Mächten an, die sie nicht verstehen können, aber ich‹) und konnte sich nicht aufrecht halten. Er kippte immer wieder auf die linke Seite. Nach Absprache mit der Ärztin vom Dienst brachten wir ihn auf die Suchtaufnahmestation des ZfP, wo ihn sich die AvD-Ärztin anschaute. Es stellte sich heraus, dass Herr Rossbach 1,23 Promille Alkohol im Blut hatte und zusätzlich zehn Ximovan-Schlaftabletten genommen hatte.«

Am nächsten Tag berichtet Herr Rossbach, dass er den Alkohol und die Schlaftabletten nicht in suizidaler Absicht genommen habe, sondern »um gut drauf zu kommen«. Er erklärt uns, wie es sich mit den Göttern und Dämonen verhält, die ihn seit Jahren quälen, und dass er in uns Mitarbeitern der Wohngruppe zeitweise Werkzeuge dieser Götter und Dämonen sieht. Es falle ihm in letzter Zeit schwerer, die Dämonen abzuwehren. Herr Rossbach blieb auf eigenen Wunsch 14 Tage in der Klinik.

Nach der Entlassung aus der Klinik wurde folgender Vorfall berichtet:

»Herr Rossbach hat mich in der Wohnung heute um 18 Uhr ganz normal begrüßt. Er hat seine Medikamente gerichtet. Auf die Frage, ob er Toilettenpapier gekauft habe, sagte er, er habe nicht genug Geld dabeigehabt. Ich bot ihm mehr Geld an, doch er weigerte sich, Toilettenpapier zu kaufen. Er legte Herrn Mezger das Geld auf den Tisch und sagte, er solle gehen. Dieser meinte, er sei nicht dran, da es immer im Wechsel gehe und Herr Rossbach für den Einkauf zuständig sei. Herr Mezger beklagte sich auch lautstark gegenüber Herrn Rossbach, dass dieser einen ihm zugeteilten Dienst nicht erledige. Herr Rossbach sagte daraufhin, das ginge ihm am ... vorbei. ›Ich stehe über euch und bin mir zu fein dafür.‹ Ich sagte ihm, dass in einer Wohngruppe jeder Dienste zu erledigen habe, da ansonsten das Zusammenleben nicht funktionieren würde. Er beschimpfte mich, verstummte plötzlich und sprach kein Wort mehr mit mir. Er starrte mich mit erhobenem Kopf und weit aufgerissenen Augen nur noch an, bis ich etwa drei Minuten später die Wohnung verließ.«

Kurz vor Weihnachten nahm Herr Rossbach erneut mehrere Tabletten Ximovan ein und trank dazu Alkohol. Er wurde erneut stationär aufgenommen, die Krisenintervention dauerte dieses Mal knapp drei Monate. Nach dem Klinikaufenthalt erklärt er, nicht mehr in die Tagesstätte zu gehen, weil er dort vermehrt Stimmen höre, die ihn nach unten ziehen. Nach einem weiteren Vorfall, bei dem er nach vermutlicher Einnahme von Medikamenten und Drogen in Verbindung mit Alkohol die Treppe heruntergestürzt ist, kommt er Anfang Mai wiederum für sieben Tage in die Klinik. Dies war sein letzter Klinikaufenthalt. Anschließend verlegen sich die betreuenden Mitarbeiter auf die Beobachtung der Befindlichkeit von Herrn Rossbach. Die Kontrolle des Suchtmittelmissbrauchs tritt in den Hintergrund; dafür werden psychotische Symptome genau beobachtet und registriert. Ende Juni finden sich folgende Einträge:

20.6.: »Herr Rossbach hinsichtlich seines Alkoholverbotes in der Wohnung nochmals aufgeklärt. Er meinte, dies würde doch nichts machen, er wäre ja auch nicht aggressiv. Herr Rossbach macht einen guten Eindruck.«
24.6.: »Herr Rossbach gibt keine wahnhaften Gedanken an. Er hat schon zwei Flaschen Bier getrunken, ist aber gesprächsbereit und kooperativ.«
28.6.: »Herrn Rossbach geht es gut, er will heute noch zum Marienplatz, um zu schauen, was dort so los ist.«
29.6.: »Herrn Rossbach geht es wunderbar. Er ist schon gerichtet und möchte noch in die Stadt.«
29.6.: »Herr Rossbach hatte einen schönen Tag, er war in der Stadt und hat sich beim Gänsbühl auf eine Bank gesetzt und hat die Leute beobachtet; wir unterhalten uns auch noch übers Abendessen.«
30.6.: »Gespräch mit Herrn Rossbach und seinem gesetzlichen Betreuer. Dieser ist mit Herrn Rossbachs positiver Entwicklung bezüglich seines Drogenkonsums und seiner stabilen Verfassung zufrieden. Es wurden einige wichtige Punkte thematisiert wie Alkoholkonsum in der Wohnung, Freizeitbeschäftigung, haushaltsspezifische Aufgaben, Belastbarkeit und Umgang mit persönlichem Kontakt nachmittags und abends.«
1.7.: »Er sagt selbst, es gehe ihm richtig gut.«

Im weiteren Verlauf treten die Aspekte des normalen Lebens in den Vordergrund.

15.8.: »Herr Rossbach wollte zunächst nicht in den Gemeinschaftsraum zu einem gemeinsamen Gespräch kommen. Als ich ihm die Medizin gebe, kommt er mit in die Küche, und ich spreche die Küchendesinfektion an, worauf er sagt, das wolle er mal probieren. Auf die Frage, welchen Dienst er eventuell an Herrn Richter abgeben möchte, vereinbaren wir mit diesem, dass er vorerst mal Wohnzimmer- und Flurreinigung übernimmt. Dass Herr Richter den Plastikmüll wegbringen wird, findet Herr Rossbach gut, weil es ihm damit immer sehr schlecht gegangen sei.«

23.8.: »Herr Rossbach beteiligte sich am Gespräch und war sehr freundlich, schmunzelte häufig über die Äußerungen seines Mitbewohners Herrn Richter. Er nahm das Angebot, dass Herr Richter kochen möchte, gerne an und wünschte sich ein chinesisches Gericht. Herr Rossbach möchte sich eine Schildkröte halten und fragte, ob dies in der Wohnung möglich sei. Herr Rossbach erledigt die Küchendesinfektion und erhält dafür drei Euro. Unterschrift auf der Liste und Auszahlung am Monatsende.«

13.9.: »Zwischen seinen Mitbewohnern ist Herr Rossbach der ruhende Pol. Streit findet er nicht so gut und hält sich raus. Putzgeld von einem Euro wöchentlich will er nächstes Mal zahlen, also dann zwei Euro. Sagt, das müsse auch grundsätzlich mit der Menge seines Taschengeldes abgestimmt werden. Er macht einen sehr entspannten und freundlichen Eindruck.«

Die Betreuung kreist seither einerseits um die Hilfe bei den alltäglichen Verrichtungen, bei der zum Teil entschlossenes Eingreifen erforderlich ist, andererseits um die Unterstützung bei seinen persönlichen Neigungen, insbesondere bei der Anschaffung und der Pflege von Haustieren.

15.1.: »Herr Rossbach ist guter Dinge, richtet Medikamente und bespricht mit mir das Reinigungsprocedere des Vogelkäfigs. Nachdem wir uns einen ›Schlachtplan‹ überlegt haben, werden wir diese Woche die Säuberung in Angriff nehmen. Herr Rossbach äußert Bedenken bezüglich des ersten Freiflugs, grundsätzlich ist Herr Rossbach im Vergleich zu den vergangenen zwei Wochen wieder offener und weniger wortkarg. Er meint, es sei gut, dass die Feiertage vorüber seien.«

22.1.: »Nachdem Herr Rossbach der Aufforderung zur Reinigung der Küche immer noch nicht nachgekommen ist, weise ich ihn erneut darauf hin, seinem Amt etwas gewissenhafter nachzukommen. Erhält Aufforderung zur Körperpflege.«

Das Beschützen fokussiert auf Defizite

In Fällen wie denen von Herrn Steinhauser und Herrn Rossbach wird den Mitarbeitern des Heims von den Vorbehandlern mehr oder weniger explizit der Auftrag erteilt, den Klienten vor sich selbst und die Gesellschaft vor ihm zu schützen. Die zitierte Begründung für die Kündigung des geschlossenen Heimplatzes ist ein Beispiel dafür. Von den Heimmitarbeitern wird der Auftrag so verstanden:»Wenn ihr nicht aufpasst, säuft er sich zu Tode und zieht noch andere mit ins Elend!« Entsprechend steht nun zunächst das Beschützen im Vordergrund, denn wer will schon diese Verantwortung auf sich laden. Das Beschützen fokussiert die Beziehung jedoch auf die Defizite. Im besonderen Fall der Doppeldiagnose bewirkt es zudem, dass der Klient die Mitarbeiter in sein Wahnsystem einbezieht, sich folglich unserem Einfluss zu entziehen versucht und so einen Teufelskreis in Gang setzt.

Die Geschichte von Herrn Rossbach zeigt, dass die Vorraussetzungen für eine konstruktive und gleichberechtigte Beziehung durch zwei Betreuungselemente geschaffen wurden:

- die Rückgabe der Verantwortung an den Klienten, die dadurch ermöglicht wird, dass Maßregelung durch Verhandelungen ersetzt wird,
- die Abkehr von der Fixierung auf die Defizite des Klienten.

In diesem neu geschaffenen Rahmen konnten Hilfe- und Unterstützungsmaßnahmen verhandelt werden. Auf diesem »Kanal« war Herr Rossbach von Anfang an zu erreichen, wenn er sagt, dass er Hilfe brauche, da er sonst in der Gosse lande. Wenn der Klient sich in seinen Bedürfnissen ernst genommen fühlt, ist es durchaus nachvollziehbar, dass er mit weniger Selbstsedierung in Form von Suchtmitteln auskommt. Eine geschlossene Heimeinrichtung kann diesen Weg nicht gehen. Das Verhältnis von Institution und Klient ist ein Zwangsverhältnis, das den Klienten Regeln unterwirft, die einzuhalten er nicht in der Lage ist. Dadurch gerät er immer tiefer in den skizzierten Teufelskreis und die Institution in ihrer Fixierung auf Disziplinarmaßnahmen verliert das Ziel aus den Augen,»die psychisch kranke Person zu befähigen, in einem so weit wie möglich normalen sozialen Kontext den bestmöglichen Gebrauch von ihren verbliebenen Fähigkeiten zu machen« (BENNET 1975, zitiert nach KAUDER/APK 1997) und ihr dadurch zu einem Optimum an Lebensqualität zu verhelfen.

Kapitel 4
Mitarbeiter und Betreuungspraxis

Das Rollenverständnis der Mitarbeiter in der dezentralen Versorgung

Die Art und Weise, wie die Mitarbeiter den Klienten begegnen, ändert sich in der dezentralen Versorgung fundamental. Die Präsenzzeiten werden wesentlich kürzer. Daraus entsteht der Eindruck, dass man den Klienten nicht mehr unter Kontrolle hat. Auf der psychiatrischen Station oder einer größeren Wohngruppe gehen die Mitarbeiterinnen und Mitarbeiter davon aus, dass sie die Situation »im Griff haben« und beim Verlassen der Gruppe ein anderer Mitarbeiter kommt, dem sie die Situation anvertrauen können. Wenn man die psychiatrische Betreuung auf der Ebene der Kontrolle diskutiert, findet in der dezentralen Betreuung ein realer Kontrollverlust statt. Dieser Kontrollverlust führt zu einer Verunsicherung der beruflichen Identität – wobei er bei den einzelnen Berufsgruppen je nach Funktion variiert. Da der Kontrollverlust auf der Ebene der Präsenz konzeptionell gewollt ist, müssen die Mitarbeiter auf der Ebene des professionellen Selbstverständnisses Kontrolle zurückgewinnen. Das heißt, sie müssen ihr professionelles Selbstverständnis neu definieren.

Das professionelle Selbstverständnis muss sich in folgenden Qualitäten ändern:

- Fremdbestimmung des Klienten muss der Selbstbestimmung weichen.
- Die Behandlung des Klienten muss der Verhandlung mit dem Klienten Platz machen.
- Dauerpräsenz muss durch intensive Auseinandersetzung mit dem Klienten ersetzt werden.
- Kontrolle des Klienten muss dem Vertrauen weichen, und dies gilt insbesondere für die Nachtzeiten.

- Das Gespräch über den Patienten muss durch das Gespräch mit dem Klienten ersetzt werden.
- Die Bestimmung aller Lebensbereiche des Klienten muss der gezielten Förderung in bestimmten, mit dem Klienten abgesprochenen Lebensbereichen weichen.
- Die Rolle des Hausherrn muss durch die Rolle des Gastes ersetzt werden.
- Die Fixierung auf professionelle Hilfen muss überwunden werden und zur Einbeziehung nichtprofessioneller Hilfen führen.

Die Qualitäten der Betreuung, die in der dezentralen Heimversorgung gefordert sind, unterscheiden sich nicht von den Qualitäten der ambulanten Betreuung. Ihre Umsetzung kompliziert sich jedoch durch den Umstand, dass in der dezentralen Heimversorgung die Grundsätze des Heimgesetzes gelten (siehe weiter unten). Die Mitarbeiter sind damit gezwungen, die Widersprüche zwischen den Grundsätzen einer personenzentrierten Betreuung und den Restriktionen des Heimgesetzes auszuhalten. Von ihnen ist somit ein hohes Maß an Rollenflexibilität und Risikobereitschaft gefordert. Dies kann in einer größeren Organisation beim Durchschnitt der Mitarbeiter nicht erwartet werden.

Verantwortung kontra Selbstbestimmung

Die Tatsache, dass die Bewohnerinnen und Bewohner in einer stationären Einrichtung leben, veranlasst die Mitarbeiter oft, sich für viele Belange des einzelnen Bewohners verantwortlich zu fühlen und schnellstmöglich für Probleme eine Lösung zu erarbeiten.

In den helfenden Berufen ist der Problem-Lösungs-Ansatz dominant. Das Problemlösen ist sehr stark von medizinischen Herausforderungen beeinflusst. Hier kommt der Mitarbeiter in die Lage, dass er die Verantwortung für das Wohl und Weiterkommen des Bewohners trägt. Bewusst oder unbewusst lauert über dem Mitarbeiter die Keule der Rechtfertigung gegenüber Angehörigen, Wohngruppenleitung, Heimleitung, gesetzlichen Betreuern, Arzt etc. Somit signalisiert er dem Bewohner: Ich weiß, was gut für dich ist – was auch heißen könnte: »Du weißt es selbst nicht!« In den Hintergrund tritt dann, die Selbstständigkeit, die Selbstbestimmung und die Selbstverantwortung des Bewohners zu wahren und zu fördern.

Zudem steht der Mitarbeiter mit dem Bewohner in einer pflegerischen und therapeutischen Beziehung. Eine entscheidende Voraussetzung für eine solche Beziehung ist die Empathie, die als unverzichtbare Schlüsselqualifikation in allen helfenden Berufen angesehen wird und als wichtiges Motiv helfenden Verhaltens gilt. Die Fähigkeiten dafür, eine einfühlende Beziehung aufbauen zu können, wird zwar während und nach der Ausbildung jederzeit gefordert, wird aber kaum vermittelt und noch weniger trainiert.

Auf Grund der Vernachlässigung der Empathiediskussion und der mangelnden Herausbildung einfühlender Kompetenz in der Arbeit werden empathische Beziehungen zum Bewohner eher verhindert als gefördert. Die Mitarbeiter können somit beim Umgang mit dem Bewohner verunsichert und verängstigt sein. Dadurch werden Vermeidungsstrategien angewendet. Diese können zum Beispiel sein: floskelhafte Kommunikation, Konzentration auf das, was man kann, Rückzug auf bewohnerferne Tätigkeiten, funktionales Vorgehen bei der gemeinsamen Erstellung des Hilfeplans und anderes mehr.

Eine große Herausforderung der Vorgesetzten ist es, den Mitarbeitern zu vermitteln, wie sie von der Problemlösung *für* den Bewohner zu einer Lösung gemeinsam *mit* dem Bewohner finden. Das Problem zu lösen birgt die Gefahr von Eigenaufträgen der Mitarbeiter. Sie richten ihre Aufmerksamkeit auf ihre eigenen Aufträge bzw. auf Aufträge anderer Institutionen wie Nachbarn, Betreuer, Behandlungsstationen, Angehörige etc. Der Bewohner wird mit seiner Hilfsbedürftigkeit und mit seinen Defiziten konfrontiert. Möglicherweise investiert er eigene Energien und Strategien, die Hilfen zu ignorieren oder sie zu diffamieren. Dies kann zu Konflikten zwischen Mitarbeiter und Bewohner führen. Marker hierfür sind häufige Diskussionen in Team- oder Fallbesprechungen. Unsere Erfahrung zeigt, dass spätestens zu diesem Zeitpunkt die Wohngruppenleitung eingreifen und das Signal geben muss, die Hilfeplanung zusammen mit dem Bewohner zu überprüfen.

Wichtig ist auch, den Fokus weniger auf die Probleme als vielmehr auf die Stärken (Ressourcen) der Bewohner und die Selbstbefähigung zu richten. Das Konzept des Empowerments stellt dem in der sozialen Arbeit immer noch sehr verbreiteten defizitorientierten Blickwinkel eine Ausrichtung auf die Potenziale und Ressourcen der Menschen entgegen. Im Vordergrund dieses Ansatzes steht die Stärkung (noch) vorhandener Potenziale und die Ermutigung zum Ausbau dieser Möglichkeiten. Empowerment versucht also, Menschen bei der (Rück-)Gewinnung ihrer Entscheidungs- und Wahlfreiheit, ihrer autonomen Lebensgestaltung zu unterstützen und sie zur Weiterentwicklung zu motivieren. Soweit es sich um die Arbeit beispielsweise mit alten Menschen, Menschen mit Behinderungen oder psychisch Erkrankten handelt, kann Empowerment bis zu einem höchstmöglichen Maß an Autonomie führen und die Betroffenen immer wieder motivieren, über erlebte und selbst gesetzte Grenzen hinauszugehen (KNUF u.a. 2006).

Seitens der Leitung müssen diese Aspekte in der täglichen Arbeit mit einfließen, um die Mitarbeiter aufmerksam zu machen, wobei anfänglich oft Überzeugungsarbeit geleistet werden muss, weil die Mitarbeiter die Rückmeldung geben: Bei unseren chronisch kranken Bewohnern geht dies nicht! Natürlich aber ist es notwendig, in kleinen und behutsamen Schritten den Einzelnen zu befähigen, seine Ressourcen auszuschöpfen und zu erweitern. Oft wird der Fehler gemacht, zu viel Verantwortung auf einmal an die Bewohner zu übertragen. Und es bewahrheitet sich die Selbstprophezeiung: Das habe ich doch gleich gewusst!

Die Betreuungstätigkeit in der dezentralen Heimversorgung wird für den einzelnen Mitarbeiter erleichtert, wenn die Einrichtung über ein personenzentriertes Betreuungskonzept verfügt (das von uns erarbeitete Konzept dazu findet sich im Anhang dieses Buches).

Rollenverständnis in Verbindung mit dem personenzentrierten Ansatz

Trotz einer differenzierten Konzeption zur Förderung der Eigenverantwortung bleibt für die Mitarbeiter weiterhin das Problem bestehen, wie sie die Betreuung der Klienten konkret gestalten. Im Gegensatz zu der traditionellen Tätigkeit der Helferberufe, die die Ausführung der Hilfeleistung zunehmend in der Anwendung eines festgelegten Wissenskanons mit eindeutig definierbaren Standards betrachten, erfolgt die Hilfeleistung im Rahmen des personenzentrierten Ansatzes schwerpunktmäßig in Form der Beziehungsarbeit.

Eine Einrichtung ist bei der Umsetzung des personenzentrierten Ansatzes somit vor ein elementares Problem gestellt: Es wird meistens davon ausgegangen, dass Beziehungsarbeit eine menschliche Grundkonstante ist und daher weder ausreichend gelehrt und gelernt noch in eine Systematik gefasst werden muss. In den verschiedenen Ausbildungszweigen der Sozialberufe wird der traditionelle Wissenskanon gelehrt, den die Mitarbeiter einer dezentralen Wohngruppe so nicht anwenden können.

Die Umsetzung des personenzentrierten Ansatzes in einer Einrichtung, die sich fundamental umstrukturiert, wird daher an der Veränderung des Berufsverständnisses und der Einübung einer systematisierten Beziehungsarbeit ansetzen müssen. Paradoxerweise gelingt dies nicht durch Auflösung der Hierarchien, wie dies ein gefühlsbetontes Verständnis von Beziehungsarbeit nahe legen könnte, sondern eher durch die konsequente Nutzung von Führungsinstrumenten. K. Dörner (2004) hat die Notwendigkeit der Führungsfunktion eingeklagt, indem er den moralischen Imperativ an die Heimleiter aufgestellt hat, die Auflösung ihres Heims sukzessive zu betreiben. Die Forderung an die Heimleitung, die örtliche Integration der Heimbewohner aktiv zu betreiben, ist ein unverzichtbarer Schritt. Er muss jedoch flankiert sein von Maßnahmen, die den Mitarbeiterinnen und Mitarbeitern konkrete Ressourcen für eine personenzentrierte Betreuung an die Hand geben, aber auch korrigieren, wenn die Grundsätze einer solchen Betreuung nicht eingehalten werden. Nach unserer Erfahrung müssen diese Maßnahmen auf der Achse Heimleitung-Wohngruppenleitung-Basispersonal organisiert sein. Auf die unverzichtbare fachliche Strukturierung der Leitungskräfte im Rahmen eines personenzentrierten Betreuungsansatzes hat auch M. Rosemann (2003) bei der Abschlusstagung der Modellprojekte zur »Implementation des personenzentrierten Ansatzes in der psychiatrischen Versorgung« hingewiesen.

Heimleitung

Der Heimleitung obliegt die zentrale Aufgabe, Zuversicht zu verbreiten. Angesichts des zunächst für die Mitarbeiter unerreichbar erscheinenden Ziels, Langzeitpatienten in die Gemeinde zu integrieren, ist die Unbeirrbarkeit der Heimleitung eine wesentliche Voraussetzung für das Erreichen dieses Ziels. Die wenigsten Heimleiter können dabei auf den »Dörner-Effekt« zählen. Die charismatische Eigenschaft, als sozialpsychiatrische Legende den Prozess der Enthospitalisierung als Selbstverständlichkeit zu vollziehen, dürfte den meisten Heimleitern abgehen. Sie sind daher gezwungen, immer wieder die Machbarkeit des Projekts zu betonen, und dürfen sich auch von persönlichen Anfeindungen der Mitarbeiter nicht von ihrem Ziel abbringen lassen. Wenn ein Heimleiter darauf besteht, dass auch jene Klienten, die 30 oder 40 Jahre ohne Unterbrechung im psychiatrischen Langzeitbereich und/oder dem Heim gelebt haben, nimmt ein Teil der Mitarbeiter ihm das übel. Die Gemeindeintegration von jüngeren Klienten wird noch akzeptiert, bei älteren Menschen wird der Vorwurf der Inhumanität aber oft unverblümt geäußert.

Die Heimleitung kann diese Anfeindungen nur dann bewältigen, wenn sie die Kolumbus-Position einnimmt: Das Schiff segelt auf den Weiten des atlantischen Ozeans, Land ist nicht in Sicht, die Vorräte gehen zur Neige, die Mannschaft beginnt zu murren, Meuterei liegt in der Luft. Kolumbus begegnet dem, indem er überzeugend äußert, dass es genau auf dem eingeschlagenen Weg nach Indien geht. Letztlich ist es nicht so wichtig, an dem Ziel anzukommen, das man sich gesetzt hat, wenn das Ziel, an dem man wirklich ankommt, den ursprünglichen Vorstellungen entspricht.

Neben der emotionalen Komponente hat die Heimleitung für die korrekte Umsetzung der Konzeption zu sorgen. Personenzentrierte Betreuung ist Beziehungsarbeit. Beziehungsarbeit erhält aber leicht den Geruch der Beliebigkeit. Die Heimleitung muss die Konzeption der personenzentrierten Betreuung so weit konkretisieren, dass es nicht der Interpretation des einzelnen Mitarbeiters überlassen bleibt, wie er seine Beziehungsarbeit gestaltet. Die Erstellung einer Konzeption unter Federführung der Heimleitung ist deshalb unerlässlich.

Damit ist jedoch erst das Grundgerüst erstellt. Zur Umsetzung im Betreuungsalltag müssen die einzelnen Schritte der Betreuung festgelegt und in der täglichen Arbeit kontrolliert werden. In diesem Umsetzungsschritt ist die Heimleitung auf die Wohngruppenleitung angewiesen.

Wohngruppenleitung

Die Stellung der Wohngruppenleitung ist arbeitspsychologisch als Sandwich-Position gekennzeichnet. Der Druck kommt aus beiden Richtungen. Die Heimleitung erwartet, dass die Konzeption umgesetzt wird, die Basisarbeiter erwarten, vor den – meist als zu hoch erlebten – Anforderungen der Heimleitung geschützt zu werden. Wenn sich die Wohngruppenleitung zu stark an den Bedürfnissen der Basisarbeiter orientiert, bekommt sie Ärger mit der Heimleitung. Wenn sie pflichtbewusst versucht, die Anforderungen der Heimleitung umzusetzen, verliert sie die Legitimation bei den Basisarbeitern.

Die Wohngruppenleitung benötigt zur Bewältigung ihrer schwierigen Aufgabe folgende Voraussetzungen:

- Transparenz seitens der Heimleitung: Es muss eindeutig abgesprochen sein, wohin der Zug gehen soll und welche Stationen er anfahren soll.
- Klare und ehrliche Informationen an die Basisarbeiter sind zwingend.
- Es bedarf des Mutes, die Mitarbeiter nicht nur zu stützen, sondern sie auch sachlich zu kritisieren, wenn sie die Grundsätze der personenzentrierten Betreuung nicht umsetzen.
- Nötig ist eine klare Kompetenzaufteilung, wenn es sich um eine duale Leitung handelt.
- Unerlässlich ist die Fähigkeit, als Modell im Hinblick auf die Umsetzung der personenzentrierten Betreuung zu fungieren.

Unabdingbar ist es, dass die Wohngruppenleitung sowohl gegenüber der Heimleitung als auch gegenüber dem Team ständig die Legitimation des Handelns sicherstellt. Es müssen auf beiden Ebenen regelmäßige Besprechungen stattfinden, in denen die Inhalte der personenzentrierten Betreuung thematisiert werden. Wichtig ist dabei, nicht alles überall zu besprechen, sondern eine gezielte Auswahl der Problemebenen zu wählen. In der Besprechung mit der Heimleitung sind die Kooperation mit den anderen Einrichtungen der komplementären psychiatrischen Versorgung sowie der psychiatrischen Klinik die zentralen Themen. In der Teambesprechung steht die zielgerichtete Umsetzung der Hilfeplanung mit den einzelnen Klienten im Vordergrund.

Hemmend für die Neudefinition des Arbeitsfeldes und der Berufsidentitäten wirkt sich auf der Ebene der Wohngruppenleitung das Harmoniestreben des Sozialbereichs aus. »Jeder macht alles richtig, nur eben auf seine Weise«, so lautet meistens das Motto, das in Geheimschrift an die Teamzimmer geschrieben ist. Vorgaben zu machen fällt schwer, offene Kritik an der Arbeit mit den Klienten zu üben ist ein Tabu. Die Wohngruppenleitungen geben zu der Betreuungsarbeit ihrer Mitarbeiter nahezu ausschließlich positive Rückmeldungen. Nach dem Grundsatz »Hauptsache, der Mitarbeiter macht überhaupt etwas mit dem Klienten« werden die Inhalte oft ausgeblendet. Nach den Gesetzen der Lernpsychologie führt dies zu einer Verstärkung falscher Betreuungsansätze, die sich in Übergaben und Teambesprechungen fortpflanzen und nach einer bestimmten Zeit kaum mehr zu korrigieren sind.

Unbedingt nötig für die Wohngruppenleitungen ist es daher, dass sie ihre Rolle als Leitungskräfte aktiv annehmen, sich in ihren Leitungsfunktionen weiterqualifizieren und von der Heimleitung aktive Unterstützung in ihrer korrektiven Rolle gegenüber den Basisarbeitern erhalten. Die Heimleitung wird zeitweise modellhaft einspringen müssen, muss jedoch darauf achten, der Wohngruppenleitung nicht in den Rücken zu fallen.

Basisarbeiter

Die Mitarbeiterinnen und Mitarbeiter sind mit einer Arbeit konfrontiert, die sie nicht gelernt haben oder die dem von ihnen Gelernten in verschiedenen Qualitäten widerspricht. Hier unterscheiden sich die Berufgruppen voneinander:

Gesundheits- und Krankenpflegepersonal: Dies hat in der Ausbildung eine der personenzentrierten Betreuung völlig entgegengesetzte Ethik des Helfens vermittelt bekommen. Umsorgen des Patienten ist der zentrale Grundsatz, nicht die Eigenverantwortlichkeit des Klienten zu fördern. Zielführend für eine personenzentrierte Betreuung ist, dass die Krankenpflege handlungs- und entscheidungsorientiert ist und endlose Diskussionen vermeidet.

Heilerziehungspflegepersonal: Diese Mitarbeiter haben in der Ausbildung eine pädagogisch orientierte Ethik des Helfens vermittelt bekommen. Die Konzepte des Helfens setzen am Alltag an und stimmen dadurch mit den Hilfekonzepten des personenzentrierten Ansatzes überein. Die pädagogische Orientierung ist in der Heilerziehungspflege jedoch oft normativ. Diese Orientierung erschwert den Vorgang des Aushandelns mit dem Klienten. Außerdem arbeitet die Heilerziehungspflege wenig mit Planungsinstrumenten und systematischer Dokumentation.

Sozialarbeiter und Psychologen: Sie haben in der Ausbildung eine Ethik der reflexiven Helferbeziehung vermittelt bekommen. Für das Aushandeln von Hilfeplanungen und die Stärkung der Eigenverantwortlichkeit ist dies eine günstige Voraussetzung. Die reflexive Haltung begünstigt bei chronisch psychisch kranken Menschen jedoch zur Lähmung in der Umsetzung von Hilfen.

Unabhängig von individuellen Unterschieden müssen sich alle Mitarbeiter Grundkompetenzen personenzentrierten Arbeitens aneignen:

- Fähigkeiten zur Durchführung einer individuellen Hilfeplanung mit dem Klienten und ggf. mit seinen Angehörigen bzw. wichtigen Personen seines früheren sozialen Umfeldes unter Anwendung eines Hilfeplaninstruments. Eine Grundlage dafür ist die Schulung des personenzentrierten Ansatzes und eine ständige Begleitung in der Praxis.
- Kenntnisse in Gesprächstechniken, die den Mitarbeiter in die Lage versetzen, Ziele und Perspektiven mit dem Klienten auszuhandeln. Hierzu bietet sich an, dass ein Psychologe des Heims Kurse durchführt.
- Formulierungen von Hilfeplänen und konkreten Einzelmaßnahmen sind nötig, sodass die spezifischen Hilfeleistungen durch die Dienst habenden Mitarbeiter ohne aufwändige mündliche Übergabe erbracht werden können. Diese Fähigkeit muss durch praktisches Üben unter Supervision der Leitung angeeignet werden.
- Fähigkeiten zur Erbringung von spezifischen Hilfeleistungen unter Berücksichtigung der festgelegten Ziele für die einzelnen Klienten sind erforderlich. Um dies leisten zu können, müssen »Touren« (Einsatzpläne) festgelegt werden; jedem Einsatz müssen die individuellen Hilfepläne der einzelnen Klienten beigelegt werden.
- Instrumentarien zur Kontrolle von Qualität und Effizienz der von den Kollegen erbrachten Hilfeleistungen und ggf. Anpassung des Hilfeplans

an die Betreuungsrealität. Das Instrument dieser Qualitätskontrolle ist eine regelmäßige Vorstellung des Klienten durch die Koordinierende Bezugsperson in einer Fallbesprechung im Rahmen der Teamsitzung. Bei der Fallbesprechung obliegt der Leitung die Aufgabe, die Mitarbeiter zu coachen.

- Schließlich ist die Trennung von Zuständigkeiten nötig. Die Mitarbeiter müssen lernen, dass sie als Koordinierende Bezugsperson nicht für alles zuständig sind, was mit und um den Klienten geschieht, sondern nur für diejenigen, für die Hilfeleistungen vereinbart wurden. Sie sind nicht verantwortlich für Lebensbereiche, in denen der Klient unvernünftig handelt oder sich nicht entscheiden kann; für diese Bereiche ist ggf. der gesetzliche Betreuer zuständig. Ebenso liegen nicht restlos alle Hilfeleistungen in ihrem Aufgabenbereich, sondern es gibt auch nichtprofessionelle Hilfeangebote, ärztliche Angebote, Tagesstättenangebote etc. Die Notwendigkeit der Trennung von Zuständigkeiten tritt in der dezentralen Betreuung deutlicher zutage als im traditionellen Heim. Handlungspraktisch geht es hier um den Prozess der laufenden Auftragsklärung. Die Auftragsklärung ist eine der schwierigsten Herausforderungen für die Mitarbeiter und muss daher laufend in den Teambesprechungen sowie in der Supervision bearbeitet werden.

Für den Umgang mit den Stärken und den Schwächen der verschiedenen Berufsgruppen muss die Leitung unterschiedliche Strategien entwickeln. Für die pflegerischen Mitarbeiter, die in ihrer Ausbildung weniger auf eine reflexive Helferbeziehung und die Förderung der Eigenständigkeit der Klienten vorbereitet wurden, ist eine sozialpsychiatrische Weiterbildung ein gutes Gerüst für die personenzentrierte Arbeit.

Standards der Heimversorgung im dezentralen Wohnen

Für Heime gilt, auch wenn sie dezentral organisiert sind, das Heimgesetz. »Heime im Sinne dieses Gesetzes sind Einrichtungen, die dem Zweck dienen, ältere Menschen oder pflegebedürftige oder behinderte Volljährige aufzunehmen, ihnen Wohnraum zu überlassen sowie Betreuung und Verpflegung zur Verfügung zu stellen oder vorzuhalten, und die in ihrem Bestand von Wechsel und Zahl der Bewohnerinnen und Bewohner unabhängig sind und entgeltlich betrieben werden.«

In dem Heimgesetz werden detailliert Anforderungen an den Heimträger gestellt:

- Die Würde sowie die Interessen und Bedürfnisse der Bewohner vor Beeinträchtigung zu schützen.
- Die Selbstständigkeit, die Selbstbestimmung und die Selbstverantwortung zu wahren und zu fördern.
- Eine angemessene Qualität der Betreuung der Bewohner, auch soweit sie pflegebedürftig sind, in dem Heim selbst oder in angemessener anderer Weise einschließlich der Pflege nach dem allgemein anerkannten Stand der medizinisch-pflegerischer Erkenntnisse sowie die ärztliche und gesundheitliche Betreuung zu sichern.
- Die Eingliederung behinderter Menschen zu fördern.
- Den Bewohnern eine nach Art und Umfang ihrer Betreuungsbedürftigkeit angemessene Lebensgestaltung zu ermöglichen und die erforderlichen Hilfen zu gewähren.
- Die hauswirtschaftliche Versorgung sowie eine angemessene Qualität des Wohnens zu erbringen.
- Sicherzustellen, dass für pflegebedürftige Bewohner Pflegeplanungen aufgestellt und deren Umsetzung aufgezeichnet werden.
- Einen ausreichenden Schutz der Bewohner vor Infektionen zu gewährleisten und sicherzustellen, dass von den Beschäftigten die für ihren Aufgabenbereich einschlägigen Anforderungen der Hygiene eingehalten werden.
- Sicherzustellen, dass die Arzneimittel bewohnerbezogen und ordnungsgemäß aufbewahrt und die in der Pflege tätigen Mitarbeiter mindestens einmal im Jahr über den sachgerechten Umgang mit Arzneimitteln beraten werden.
- Zu gewährleisten, dass die Zahl der Beschäftigten und ihre persönliche und fachliche Eignung für die von ihnen zu leistende Tätigkeit ausreicht.

Exemplarisch soll hier auf die Anforderungen eingegangen werden, die die dezentrale Organisation am stärksten berühren.

Beschäftigte Mitarbeiter im dezentralen Wohnen

In dezentralen Wohngruppen sind ausschließlich Pflegefachkräfte mit den Ausbildungen Gesundheits- und Krankenpfleger sowie Heilerziehungspfleger teilweise mit zusätzlicher Weiterbildung als Fachkrankenpfleger oder einer sozialpsychiatrischen Zusatzausbildung einsetzbar.

Auf Grund der Anforderung, die Verrichtungen der Grundpflege, Behandlungspflege und der psychiatrischen Pflege in den dezentralen Wohnungen ohne Möglichkeit der Rücksprache mit Kollegen erbringen zu müssen, können ausschließlich Pflegefachkräfte eingesetzt werden.

Zur Sicherung des Nachwuchses ist es sinnvoll, Auszubildende der Heilerziehungspflege und der Gesundheits- und Krankenpflege im dezentralen Heimbereich auszubilden. Dies ist die einzige Möglichkeit, die spezifische Betreuungsphilosophie zu vermitteln, die in den Lehrplänen dieser Ausbildungen nicht vorkommt. Für die erforderlichen Aufgaben liegen Stellenpläne vor. Für die Einarbeitung neuer Pflegekräfte ist ein detailliertes Einarbeitungskonzept unabdingbar.

Ständige Anwesenheit einer Pflegefachkraft

Die ständige Anwesenheit einer Pflegefachkraft ist nur für SGB-XI-Einrichtungen eine zwingende Vorschrift. Diese Vorschrift kann auf Grund der dezentralen Lage der Wohnungen nicht umgesetzt werden.

Für den Personenkreis der chronisch psychisch kranken Menschen ist die ständige Präsenz einer Fachkraft allerdings auch keine Voraussetzung für die Sicherung der Qualität von Pflege und Betreuung. Im Gegenteil: Die ständige Präsenz konterkariert den Ansatz der Eigenverantwortung der Bewohner. Demgegenüber ist die ständige Erreichbarkeit eines Mitarbeiters eine wesentliche Voraussetzung für die dezentrale Betreuung. Ein wichtiges Element für den Bewohner müssen gemeinsam getroffene Absprachen sein, die verlässlich von den Mitarbeitern eingehalten werden. Die Bewohner müssen darüber informiert sein, wann welcher Mitarbeiter in die Wohnung kommt. Über zeitliche Verspätungen haben die Bewohner informiert zu werden. Den Bewohnern muss die Möglichkeit verschafft werden, jederzeit einen Mitarbeiter über Telefon zu erreichen. Dazu ist jede Wohnung mit einem Telefon auszustatten. Am Telefon müssen die wichtigsten Telefonnummern, etwa die Nummer der Rufbereitschaft, eingespeichert und einfach bedienbar sein.

Die Erreichbarkeit der Mitarbeiter in der dezentralen Heimversorgung muss einer Prüfung der Heimaufsicht standhalten. Gegebenenfalls befragen die Prüfer gezielt die Bewohner nach der Erreichbarkeit der Rufbereitschaft. Dabei wird es keine Katastrophe sein, wenn ein Bewohner völlig selbstverständlich behauptet, dass er nicht wisse, wie er die Rufbereitschaft erreiche. Wenn sichergestellt ist, dass alle anderen Bewohner in der Lage sind Hilfe über das Telefon anzufordern.

Betreuung während der Nacht

Durch die Hilfeanforderung in Form der Rufbereitschaft wird die Selbstständigkeit der Bewohnerinnen und Bewohner gefördert, die für ein Leben in häuslicher Umgebung unabdingbar ist. Mit der Heimaufsicht muss vorab eine Regelung getroffen werden, in welcher Zeit der Einsatzort – also die Wohnung – erreichbar sein muss. Bei SGB-XI-Einrichtungen sind hier schwierige Auseinandersetzungen zu erwarten, da die Heimaufsichten in der Regel von einer völligen Hilflosigkeit pflegebedürftiger Heimbewohner ausgehen. In Ravensburg war es möglich, eine Zeitgrenze zu vereinbaren, nach der die am weitesten entfernte Wohnung innerhalb von 15 Minuten erreichbar sein muss. Je nach dem Hilfebedarf des einzelnen Bewohners muss die erforderliche Leistung durch ein Gespräch am Telefon oder durch den Einsatz des zuständigen Mitarbeiters durchgeführt werden.

Die Dokumentation der Kontakte während der Nachtbereitschaft, die Uhrzeit und der Grund des Anrufes sowie die Angabe, ob ein Einsatz in der Wohnung stattgefunden hat oder nicht, ist unabdingbar. Das dezentrale Heim steht unter besonderem Beweisdruck, dass diese Form der Nachtbetreuung eine Gewähr für die Sicherheit der Bewohner bietet.

Für den Zeitraum von 2001 bis 2005 wurde für eine Region exemplarisch eine Auswertung der Kontakte während der Rufbereitschaft vorgenommen. Es wurde unterschieden, ob ein Einsatz in der Wohnung erforderlich war oder ob das Problem telefonisch gelöst werden konnte (siehe Abbildung).

Abbildung 4: Auswertung der Kontakte während der Rufbereitschaft (2001–2005)

	2001	2002	2003	2004	2005
Anzahl der belegten Plätze	20,9	20,4	25,8	27,8	30
Anrufe	109	159	131	117	138
Einsätze	23	36	18	9	23
Telefonische Lösung	86	123	113	108	115

Statistisch zeigt sich, dass die Häufigkeit der Einsätze in Relation zu der telefonischen Problemlösung tendenziell abnimmt. Die Fähigkeit der Bewohner, die Probleme mit Hilfe einer telefonischen Unterstützung in den Griff zu bekommen, steigt demnach ebenso wie die Kompetenz der Mitarbeiter, telefonische Hilfestellung zu leisten.

Anfänglich waren die Einsätze zumeist mit der Gabe von Bedarfsmedikation verbunden. Mit der Zeit lernten die Mitarbeiter, mit den Bewohnern gemeinsam andere Lösungen zu erarbeiten. Im Jahr 2005 waren zum Beispiel nur vier Einsätze zu verzeichnen, bei denen eine Bedarfsmedikation verabreicht werden musste. Inhaltlich ist festzustellen, dass kein einziger Einsatz zur Leistung von Grundpflege erfolgt ist.

Die Aufbewahrung der Medikamente

Die Aufbewahrung der Medikamente muss in einem abgeschlossenen Schrank, in jeder Wohnung, vorgenommen werden. Dies vereint die bewohnerbezogene Lagerung von Medikamenten einschließlich Bedarfsmedikation mit der Erfordernis eines raschen Zugriffs und der relativen Sicherheit. Die Bewohner sollten eigenständig oder unter Anleitung des Mitarbeiters die Medikamente in einer Wochendosette richten. Die regelmäßige Überprüfung der Lagerung und Aufbewahrung durch eine Apotheke empfiehlt sich. Zudem müssen auch im dezentralen Wohnen die Mitarbeiter über Lagerung und Aufbewahrung von Medikamenten von einer pharmazeutischen Fachkraft einmal jährlich geschult werden.

Für Notfälle ist in jeder Wohnung ein Erste-Hilfe-Schrank frei zugänglich zu installieren. Für die Überprüfung und Auffüllung ist gesetzlich ein pflegerischer Mitarbeiter vorgeschrieben. Die Schulung von Erste-Hilfe-Maßnahmen ist gesetzlich vorgeschrieben.

Die Telefonnummern für Feuer und Notfall sind als Kurzwahltaste zu speichern.

Angemessene Qualität des Wohnens

Konzeptionell unabdingbar ist, dass jeder Bewohner über ein Einzelzimmer verfügt. Außerdem müssen die Wohnungen über:
- eine Einbauküche mit Wohn- und Essbereich oder separatem Wohnzimmer,
- ein Badezimmer mit integrierter oder separater Toilette,
- einen Abstellraum, integriert in der Wohnung oder im Keller, sowie
- eine Waschmaschine und einen Wäschetrockner verfügen.

Insgesamt sind die Vorschriften der Heimmindestbauverordnung einzuhalten (siehe auch Kapitel 5).

Sicherstellung der hauswirtschaftlichen Versorgung

Die dezentrale Wohnform bringt durch die weitestmögliche Übernahme der Haushaltstätigkeiten durch die Bewohner selbst bereits ein deutliches Mehr an vorgegebener Tagesstruktur als die zentralen Wohngruppen. Das heißt, abhängig vom Hilfebedarf übernimmt der Bewohner mit Hilfe des Mitarbeiters die hauswirtschaftliche Versorgung in der Wohnung, die ansonsten in einer typischen zentralen Heimversorgung komplett von professionellen Diensten übernommen wird.

In einem dezentralen Heim, das auf der Grundlage eines personenzentrierten Konzeptes arbeitet, gibt es daher keine standardisierte, zentrale Essensversorgung in der Wohnung, sondern es werden unterschiedliche Varianten der Essensversorgung angeboten: Entweder werden in der Wohnung gemeinsam Mahlzeiten zubereitet oder der Bewohner hat die Möglichkeit, in den Tagesstätten ein Mittagessen zu sich zu nehmen, oder aber der Bewohner möchte das Geld zur freien Verfügung und versorgt sich selbst. Das Gleiche gilt für die Reinigungsarbeiten in »seiner« Wohnung. Fühlt sich der Bewohner überfordert bzw. ist er auf Grund seines körperlichen Zustandes nicht in der Lage, dann wird ein Reinigungsdienst beauftragt. Zudem werden die Wohnungen in einem Turnus von einer externen Reinigungsfirma grundgereinigt.

Für die Reinigung der Wäsche steht in der Wohnung eine Waschmaschine und ein Wäschetrockner bereit. Der Bewohner erhält entsprechend seinem Hilfebedarf Unterstützung.

Hygiene

Die Hygiene ist im dezentralen Wohnen ein Dauerthema. Durch die veränderten Bedingungen eines Wohngemeinschaftslebens wurden spezielle und praktikable hygienische Maßnahmen mit der Hygienefachkraft erstellt (siehe auch Kapitel 5).

Der Schwerpunkt liegt in der Küchenhygiene. Durch die Möglichkeit für den Bewohner, sich selbst jederzeit Mahlzeiten zuzubereiten, besteht eine hohe Akzeptanz, die Küche auch tatsächlich in Anspruch zu nehmen – mit oder ohne Mitarbeiter. Zur Verhinderung von infektiösen Durchfallerkrankungen werden regelmäßige desinfizierende Reinigungen und Kontrollen durchgeführt. Wegen der Teilnahme der Bewohner bei der Zubereitung von Mahlzeiten müssen die Mitarbeiter sich jährlich einer Belehrung des Infektionsschutzes unterziehen.

Die hygienischen Standards bei der Grund- und Behandlungspflege können auch unter diesen Bedingungen gut eingehalten werden.

Dokumentation

Die Dokumentation sollte ein individuelles Bild des Bewohners widerspiegeln und alle Elemente, wie sie in den gemeinsamen Grundsätzen und Maßstäben nach § 80 SGB XI vereinbart wurden, berücksichtigen. In der Praxis wird die Dokumentation im dezentralen Bereich über ein computergesteuertes System mit Laptops vor Ort vorgenommen. Das heißt, der Mitarbeiter kann jegliche Informationen abrufen bzw. eintragen. Der Laptop wird in die einzelne Wohnung mitgenommen. Die Mitarbeiter verfügen jeweils über ein persönliches Kennwort, das nach den Vorgaben des Datenschutzes in regelmäßigen Abständen geändert werden muss.

Bei steigender Anzahl der Wohnungen und der häufigen Mobilität des Mitarbeiters reduziert sich der Einsatz des Laptops. Durch die ständige Einwahl über die Telefonleitung ist das Prozedere für die Mitarbeiter zu lästig. Inzwischen sehen wir es als sinnvoll an, dass die Mitarbeiter sich vorab über die Dokumentation informieren und im Anschluss an ihre »Tour« durch die Wohnung alle Informationen per Computer im Büro dokumentieren.

Die individuelle Hilfeplanung muss bei Veränderungen aktualisiert und evaluiert werden.

Anforderungen an Schichtdienst und Dienstplangestaltung

Grundsätzlich ist zu überlegen, welche Richtlinien vorgegeben werden müssen. Wenn es um eine Einrichtung nach dem SGB XI handelt, sind bestimmte Vorgaben unabdingbar, zum Beispiel dass der geschriebene Dienstplan eine bestimmte Form aufweisen muss (Name der Einrichtung, Zeitpunkt der Gültigkeit und Wohngruppe, vollständige Namen, Qualifikation und Regelarbeitszeit des Pflegepersonals, zweifelsfreie Sollplanung und tatsächlich geleistete Dienste sowie Ausfallzeiten, Legenden für Dienstzeiten mit Abkürzungen, Zeiten für Teambesprechungen und Übergabezeiten).

Grundsätzlich ist vorab zu überprüfen, wie viele Bewohner zu betreuen sind, welche Hilfen wann erbracht werden müssen, welches Personal bzw. welche Qualifikation zur Verfügung gestellt werden muss. Zudem sollte die Besetzung während der Werktage und am Wochenende annähernd gleich sein.

Auf Grund der Betreuung der Bewohner in verschiedenen dezentralen Wohnungen sollte neben dem Dienstplan zusätzlich ein Einsatzplan – auch »Tourenplan« genannt – erstellt werden. Der Einsatzplan wird jeweils für die kommende Arbeitswoche erstellt. In der Praxis steht hierfür eine Stecktafel zur Verfügung. Auf ihr werden die Mitarbeiter den unterschiedlichen Wohnungen zugeordnet, je nach Früh- und Spätschicht. Die Einteilung erfolgt entsprechend dem individuellen Hilfebedarf des einzelnen Bewohners und der Entfernung der einzelnen Wohnungen voneinander.

Neben der Betreuung in der Wohnung werden in dem Plan organisatorische oder administrative Aufgaben mitarbeiterbezogen zugeordnet. Täglich findet zu den Überschneidungen der Dienstzeiten eine Übergabe vom Frühdienst zum Spätdienst statt. Im wöchentlichen Rhythmus findet eine Team- und Fallbesprechung statt (siehe Erläuterungen in der Konzeption im Anhang), die Heimleitung ist im zweiwöchentlichen Turnus anwesend.

Der Betreuungsschlüssel im pflegerischen Bereich sollte 1:3,3 nicht unterschreiten. Eine optimale Planung ist bei einer Bewohneranzahl von zwanzig gewährleistet. Unterhalb dieser Grenze ist eine wirtschaftliche und organisatorisch gleich bleibende Besetzung sehr schwer einzuhalten. Bei einer Bewohnerzahl von zwanzig halten wir derzeit eine direkte Betreuung von 1:2,5 (Pflege, Sozialarbeit, Psychologe, Tagesstätte) vor. Hier lohnen sich Überlegungen, mit anderen Einrichtungsträgern Betreuungskooperationen zu schließen. Unsere Erfahrungen zeigten, dass eine Kernarbeitszeit von 6 Uhr 45 bis 20 Uhr ausreichend ist. An dieser Kernzeit sind die Arbeitszeitmodelle von vier bis acht Stunden ausgerichtet. Der höchste Arbeitsanfall ist am Morgen und am Abend.

Tagesstruktur und Beschäftigung

Häufig benötigen Menschen mit Behinderungen auch Unterstützungsleistungen, um den Tag zu strukturieren und den Alltag zu gestalten, wenn sie etwa auf Grund ihrer psychischen Behinderung nicht am Arbeitsleben teilhaben können oder wollen. Es ist wichtig, psychisch erkrankten Menschen die Wahlmöglichkeit anzubieten, wie sie ihren Tag strukturieren möchten, anstatt ausschließlich auf herkömmliche Angebote der psychiatrischen Landschaft wie Arbeitstherapie, Beschäftigungstherapie und WfbM zu verweisen. Zu berücksichtigen ist dabei, in welcher Form von Tätigkeiten sich der Bewohner in seinem Umfeld beschäftigen will. Offensichtlich sind die Erfahrungen mit der Bedeutung der Arbeit für die Enthospitalisierung psychisch kranker Langzeitpatienten unterschiedlich. Während die Gütersloher Erfahrungen zu dem Resumee führten, dass die flexible Einbindung in Arbeitsprozesse entscheidend für die Integration der Langzeitpatienten in die Gemeinde seien, sind unsere Erfahrungen weniger eindeutig. Ein Teil der Klienten hat sich psychisch stabilisiert, nachdem bei ihnen nicht mehr der Versuch gemacht wurde, sie in Arbeitsprozesse zu zwängen.

Trotz unterschiedlicher Erfahrungen sehen wir wie in Gütersloh das entscheidende Moment darin, psychisch erkrankten Menschen individuell angepasste Arbeits- und Beschäftigungsangebote anzubieten. Aus dieser Erkenntnis folgt der Grundsatz: Nicht der Klient muss für die Arbeits- und Beschäftigungsangebote passen, sondern die Angebote müssen passgerecht gemacht werden. Jeder Klient soll eine Beschäftigung finden, die von ihm als sinnvoll und wertvoll erlebt wird. Der Klient will und soll spüren, dass er und die Arbeit, die er leistet, notwendig sind. Angebote für eine sinnvolle Tagesstruktur können Tagesstätten sein. Passend für chronisch psychisch kranke Menschen sind allerdings nicht jene Tagesstätten, in denen die Klienten regelmäßig mindestens halbtags anwesend sein müssen, sondern solche, die nach dem Prinzip der Niederschwelligkeit funktionieren. Die Tagestätte sollte gut erreichbar sein und so wenig wie möglich »institutionell«. Als Milieu sollten sie die verschiedenen Bedürfnisse des Alltags integrieren: Kontaktpflege, Arbeit, Beschäftigung, Mittagessen, Hobbypflege. Die Arbeits- und Beschäftigungsangebote sollten so gestaltet sein, dass jeder ein seinen Neigungen und Fähigkeiten entsprechendes Angebot findet. Zeitliche Vorgaben wie Mindestzeiten für Anwesenheit oder Arbeitstätigkeit sollten nicht gemacht werden; für die geleistete Arbeit soll eine unmittelbare Geldauszahlung erfolgen.

In der Region Ravensburg wird derzeit noch kein Gemeindepsychiatrisches Zentrum (GPZ) vorgehalten. Vor der Dezentralisierung beschränkten sich die Angebote der Tagesstätte auf einen Cafébetrieb und auf niederschwellige Industriearbeit, wie zum Beispiel Eintüten von Gegenständen. Es zeigte sich, dass ein größerer Teil der Bewohnerinnen und Bewohner keinen Zugang zu diesen Arbeiten hatte, und ebenso, dass die Aufträge für niederschwellige Industriearbeit rückläufig waren, sodass zeitweise keine regelmäßige und tägliche Arbeit angeboten werden konnte. Nun, was tun? Um einen Zugang zu sinnvoller und wertschätzender Arbeit zu bekommen, war es hilfreich, zum einen auf die Bewohner einzugehen, was sie als nützliche und sinnvolle Arbeit ansahen, zum anderen überlegten wir, welche Arbeiten ohne Abhängigkeit von anderen Zulieferern angeboten werden könnten. Also: Welche Dienstleistungen können psychisch erkrankte Menschen erbringen?

Eine Dienstleistung war der Aufbau von Boten- und Kurierdiensten innerhalb der Einrichtung. Der Botendienst erledigt Aufträge von einzelnen Wohngruppen wie Brötchendienst, Abholen von Geldbeträgen von der Bank, Anlieferung von Materialien. Beim Abholen von Geldbeträgen von der Bank herrschte seitens der Mitarbeiter größte Skepsis: Was passiert, wenn der Bewohner das Geld gleich ausgibt? In solchen Fällen bietet es sich an, als Heimleitung und Wohngruppenleitung das Signal zu setzen, die Verantwortung für Missgeschicke zu übernehmen. Die anfänglichen Bedenken und Sorgen der Mitarbeiter haben sich jedoch nicht erfüllt. So ist inzwischen der Geldbotengang ein selbstverständlicher Auftrag. Es werden Geldbeträge von mehreren hundert Euro von der Bank abgeholt und an die Auftraggeber (zum Beispiel die Wohngruppen der psychiatrischen Altenpflege) übergeben. Außerdem wurde der Cafébetrieb ausgebaut. Es wurde werktags ein Mittagessen für die dezentral betreuten Klienten des ambulanten Betreuten Wohnens zubereitet und angeboten. Hier entstanden Arbeitsplätze bei den Vorbereitungen wie Einkäufe und bei der Zubereitung der Mahlzeiten. Auf Grund der Steigerung der Arbeitsleistung einzelner Bewohner konnte ein Teil der niederschwelligen Arbeitsplätze in WfbM-Plätze umgewandelt werden, und zwar ohne den Nebeneffekt, dass der Psychiatrieerfahrene seinen gewohnten Arbeitsplatz wechseln musste.

Tagesstätten mit niederschwelligen Arbeitsangeboten werden von Klaus Dörner zu Recht als künstliche Welt bezeichnet. Trotzdem benötigen die von uns betreuten Menschen ein Angebot an wertschätzender Arbeit. Elementar wichtig und überlegenswert ist, weshalb es überhaupt Tagesstätten gibt. Der Verzicht auf Tagesstätten funktioniert allerdings nur dann, wenn vor der Chronifizierung dem drohenden Verlust des vorhandenen Arbeitsplatzes begegnet werden kann. Das heißt, dass nicht die Behandlung der psychischen Krankheit isoliert betrachtet werden darf, sondern dass das Lebensumfeld – insbesondere die Arbeit des Klienten – stark mitberücksichtigt werden muss (Inklusion).

Im Zuge der fortgeschrittenen Entwicklung der gemeindepsychiatrischen Versorgung wurden in den letzten Jahren im Bodenseekreis Gemeindepsychiatrische Zentren als gemeinnützige GmbHs unter Beteiligung des Landkreises und der jeweiligen Stadt, in dem das GPZ seinen Sitz hat, aufgebaut. Durch die guten Erfahrungen mit der Vernetzung und Kooperation der verschiedenen Träger der psychiatrischen Versorgung hat das Land Baden-Württemberg die Förderung der Sozialpsychiatrischen Dienste an den Aufbau von GPZs in den Landkreisen gekoppelt. Hier vereinigen sich ambulante Angebote von unterschiedlichen Trägern in Bezug auf Arbeit und Beschäftigung sowie ambulante Hilfsangebote wie psychiatrische Institutsambulanzen, Soziotherapie, ambulant-psychiatrische Pflege, Tagesklinik. Die Gemeindepsychiatrischen Zentren übernehmen die Kontaktstellenfunktion vieler unterschiedlicher Leistungen.

Die Zentren waren mit ihren Angeboten anfänglich auf psychiatrieerfahrene Menschen eingestellt, die in der Regel nicht diese langjährige Hospitalisierung in einer Einrichtung hinter sich hatten und bei denen sich der Hilfebedarf des Einzelnen auf ambulante Versorgungsstrukturen beschränkte. Die Arbeits- und Beschäftigungsangebote waren dieser Klientel angepasst. Es stellte sich dann die Frage, wie die Klienten der dezentralen Heimversorgung in die Gemeindepsychiatrischen Zentren integriert werden können. Dies gelang durch den Zusammenschluss von unterschiedlichen Trägern, die sich in einem GPZ vereinen, sowie dem Synergieeffekt, der auf der personellen Ebene die Möglichkeit entfaltet, eine Vielfalt von Angeboten für Klienten mit unterschiedlichstem Hilfebedarf hervorzubringen.

Zu bemerken ist, dass eine sinnvolle und von Wertschätzung getragene Tagesstrukturierung und Beschäftigung gleichwertig zum dezentralen Wohnen gesehen werden muss. Ohne diese Komponente ist die Dezentralisierung nicht denkbar.

Kapitel 5
Die Wohnräume und die Organisation
der Wohngemeinschaften

Die Beschaffung von Wohnraum

Über ein Konzept zur dezentralen Heimversorgung zu verfügen ist die eine Seite, die tatsächliche Beschaffung von geeignetem Wohnraum zur Umsetzung dieses Konzepts die andere. Die Vorgabe eines solchen Konzepts sollte sein, ausschließlich mit Mietwohnungen zu arbeiten. Der Kauf von Wohnungen, obgleich aus Sicht der Finanzförderung attraktiv, ist mit dem offenen Betreuungskonzept nicht vereinbar. Immobilien machen immobil. Eine als stationärer Bereich geförderte Wohnung kann nicht als ambulant betreute Wohngemeinschaft verwendet werden. Die Klientinnen und Klienten müssten aus der Wohnung ausziehen, wenn sie einen Schritt in Richtung größerer Selbstständigkeit machen wollen und können. Auch die Fixierung auf die Nutzung vorhandener Immobilien birgt die Gefahr, Sachzwänge über wesentliche konzeptionelle und therapeutische Überlegungen zu stellen. Die Wohnungssuche im Rahmen der Dezentralisierung stellt das Heim bei der Auslagerung einer Wohngruppe somit vor drei Probleme:

1. Es müssen mehrere Wohnungen für denselben Zeitpunkt gefunden werden.
2. Die Zeit für die Wohnungssuche ist knapp bemessen, da man nicht zu früh mit der Suche anfangen kann.
3. Vermieter haben häufig große Vorbehalte, an eine Einrichtung zu vermieten, die psychisch kranke Menschen betreut.

Die Kontaktaufnahme bei der Wohnungsbeschaffung ist Sache der Heimleitung. Die Auslagerung einer Wohngruppe wird dadurch als ein wichtiges Projekt des Heims vermittelt. Die weiteren Kontakte werden am besten von der Wohngruppenleitung übernommen, denn diese kann besser einschätzen, welche Wohnungstypen für die verschiedenen Bewohnergruppen benötigt werden. Mit der Anmietung von Wohnungen sind verschiedene Erfahrungen verbunden. Sie betreffen die Suche selbst, die kommunalpolitische Kooperation sowie den Umgang mit Vermietern.

Da der Weg der privaten Wohnungssuche eher selten erfolgreich ist, sollte man zwar Makler beauftragten und auch selbst den lokalen Wohnungsmarkt in der Zeitung beobachten, aber dieser Weg ist zeitaufwändig und meistens wenig ergiebig. Selbst wenn Kontakte zu Vermietern zustande kommen, Besichtigungen angeboten und Verhandlungen geführt werden, so werden letztlich selten Mietverträge abgeschlossen. Die Bedenken der privaten Vermieter, was bei der Beherbergung von psychisch kranken Menschen passieren könnte, sind oft nicht auszuräumen. Die Vermieter denken dabei meist in der Kategorie forensischer Patienten oder auch randalierender Jugendlicher. Selbst mit Hilfe engagierter Makler können sie oft nicht von der sozialen Verträglichkeit der Klientinnen und Klienten überzeugt werden.

Die Zusammenarbeit mit städtischen Behörden ist hingegen eher Erfolg versprechend. Hier sollte in der Hierarchie bei oberen Rängen eingestiegen werden, in mittleren Städten getrost beim Oberbürgermeister. Es hat sich in vielen Fällen als wichtig herausgestellt, die politisch Verantwortlichen von der Sinnhaftigkeit des Projektes zu überzeugen. Dies kann auf unterschiedlichen Ebenen gelingen: Einmal passt es vielleicht zum sozialen Image der Stadt, ein anderes Mal werden die neu in die Stadt ziehenden Bewohner als zusätzliche Konsumenten betrachtet. Unsere Erfahrungen jedenfalls sind eindeutig: Die jeweilige Stadtverwaltung gab immer massive Unterstützung bei der Wohnungssuche, was in allen Fällen dazu führte, dass innerhalb von drei bis fünf Monaten die notwendige Zahl an Plätzen erreicht war.

Neben städtischen Wohnungsbaugesellschaften sind genossenschaftliche Gesellschaften ebenfalls potenzielle Partner für die Anmietung geeigneter und ökonomisch erschwinglicher Wohnungen. Für die Anbahnung der Zusammenarbeit gilt dasselbe wie für die Stadtverwaltung. Die genossenschaftliche Wohnungsgesellschaft muss von der Gemeinnützigkeit der Vermietung an ein psychiatrisches Heim überzeugt werden und sie muss die Sicherheit bekommen, dass Mitarbeiter bei Konflikten in dem Mietgebäude zur Vermittlung zur Verfügung stehen.

Nicht verschwiegen werden darf schließlich, dass bei der erfolgreichen Anmietung von Wohnungen der Zufall oder, etwas positiver ausgedrückt, der passende Augenblick eine Rolle spielt.

Letztlich wird jede neue Anmietung leichter. Am schwierigsten ist es, Stadtverwaltung und Vermieter bei der ersten Dezentralisierung davon zu überzeugen, dass chronisch psychisch kranke Menschen keine lärmenden, pöbelnden oder in sonstiger Weise Konflikte produzierende Bewohner sind. Beim ersten Mal muss noch mit der Kraft der fachlichen Autorität operiert werden. Bei den weiteren Auslagerungen kann auf Erfahrungen verwiesen werden und es wirkt sehr vertrauensbildend, wenn man das Angebot macht, sich bei jener Stadtverwaltung zu erkundigen, in deren Stadt die vorhergehende Auslagerung stattfand.

Anforderungen an den Wohnraum

Da Dezentralisierungen am Ende wohl doch immer unter einen zeitlichen Druck geraten, kann man bezüglich Lage und Ausstattung der Wohnungen nicht besonders wählerisch sein. Es gilt, pragmatisch zu bleiben. In unserem eigenen Fall führt es aber immerhin dazu, dass wir mit 20 Bewohnerinnen und Bewohnern Wohnungen beziehen konnten.

Dazu gehörten:

1. ein modernes Doppelhaus mit je fünf Bewohnern in jeder Hälfte, Erstbezug, Lage in einer kleinteiligen Nachkriegssiedlung mit Reihenhausbebauung, zwei nahe liegende Bushaltestellen zum Zentrum für Psychiatrie;
2. eine 4-Zimmer-Wohnung für drei Bewohner im Wohnblock mit fünf weiteren Parteien. Lage in der Vorstadt, gemischtes, vielschichtiges Wohngebiet, fünf Busminuten vom Stadtzentrum;
3. eine geräumige 5-Zimmer-Altbauwohnung (über Kleingewerbebetrieb) für vier Bewohner, Lage am Rand der Kernstadt, ruhiges, zentrales Gewerbe- und Wohngebiet;
4. eine 4-Zimmer-Wohnung für drei Bewohner im Altbau-Wohnblock mit fünf weiteren Parteien, Stadtrandlage mit hohem Ausländeranteil.

Bei der Suche sollte man darauf achten, dass Bushaltestellen und Einkaufsmöglichkeiten in unmittelbarer Nähe sind (maximal fünf Gehminuten), sodass die Bewohner bestimmte Besorgungen möglichst unabhängig von Hilfen erledigen können. Alle Wohnungen wurden vor dem Bezug mit Einbauküchen inklusive Geschirrspüler sowie Waschmaschine und Trockner ausgestattet.

Vor der Wohnungssuche wurden fachlich fundierte Ideale aufgestellt:

- Innenstadtlage mit guter Erreichbarkeit von Cafés, Läden und kulturellen Angeboten,

- nahe Busverbindung zur Tagesstätte und beschützten Werkstatt,
- keine Häufung mehrerer Wohnungen mit psychisch kranken Menschen in einem Haus (zur Vermeidung von »Ghettobildung«),
- keine große Entfernung der Wohnungen voneinander (zur Vermeidung langer Wege),
- nicht mehr als vier Bewohner in einer Wohnung, möglichst keine ungerade Bewohnerzahl,
- Möglichkeit des Einzelwohnens,
- Wohnungen im Erdgeschoss oder 1. Stockwerk,
- direkter Zugang zu einem Garten oder Gartenteil,
- große, helle Räume, Gemeinschaftsraum, geräumige Küche,
- tolerante Nachbarschaft.

Bei der Wohnungssuche mit zeitlichem Druck stellt man schnell fest, dass die Einhaltung von Maximalansprüchen nicht haltbar ist. Die Realität des Wohnungsmarktes zwingt zu einer pragmatischen Haltung, die weniger die Klienten als die Mitarbeiter an den Rand der Schmerzgrenze bringt. Allerdings kann die Realität auch ein heilsames Mittel für das Team sein, sich von den Wunschvorstellungen zu verabschieden und sich dem tatsächlichen Bedarf der Klienten zuzuwenden. Das Team stellt dabei fest, dass verschiedene Klienten unterschiedliche Arten des Wohnraums brauchen. Aus dieser Überlegung entstehen dann Prioritätenlisten, nach denen die vorhandenen Wohnungen aufgeteilt werden können. Letztlich dürfte es immer gelingen, für alle Klientinnen und Klienten angemessene Wohn- und Lebensräume zu finden.

Hinsichtlich der Belegung der Wohnungen müssen zuweilen Zugeständnisse gegenüber den Kostenträgern gemacht werden. Obwohl in unserem Fall die Betreuung in kleinsten Einheiten gut funktioniert hat, bestanden die Kostenträger doch auf einer Mindestbelegung mit vier Bewohnern je Einheit. Insbesondere das Einzelwohnen konnte von Seiten des Kostenträgers nicht als stationäres Angebot akzeptiert werden. Diese Einschränkung ist bedauerlich, da gerade die Vielfalt der Wohneinheiten und möglichen Konstellationen ein wichtiges therapeutisches Mittel darstellt. Ein Entgegenkommen der Kostenträger bestand schließlich darin, dass als Wohneinheit, für die die Mindestbelegung von vier Klienten gilt, auch nahe beieinander liegende Wohnungen definiert werden konnten. Dadurch ergab sich die Möglichkeit, Appartements in einem Personalwohnheim für das Einzelwohnen zu nutzen, oder zwei kleine, nebeneinander liegende Wohnungen für zwei Paareinheiten.

Ein nicht unwesentlicher Aspekt bei der Auswahl und Ausstattung der Wohnungen sind die finanziellen Ressourcen. Neben jenen des Einrichtungsträgers sollten auch die finanziellen Möglichkeiten der Bewohner in diese Überlegungen einbezogen werden. In unserem Konzept der Dezentralisierung war von vornherein der Aspekt des Übergangs ganzer Wohngemeinschaften in ambulantes Betreutes Wohnen vorgesehen, was angesichts der kostspieligen Ausstattung mancher Wohnungen die Frage der Finanzierbarkeit *nach* dem Übergang an die Bewohner selbst aufwarf. Bei der Anmietung und Ausstattung der Wohnungen sollte dieser Aspekt von Beginn an mit einbezogen werden, das heißt konkret: einen Kompromiss zu finden zwischen dem Standard eines Heims und dem Standard eines Empfängers von Sozialhilfe.

Da es sich beim dezentralen Wohnen um ein vollstationäres Angebot handelt, sind auch die Anforderungen der Heimmindestbauverordnung zu beachten. Dabei handelt es sich insbesondere um Mindestgrößen, um die Ausstattung von Bewohnerzimmern und Gemeinschaftsräumen sowie um Vorschriften des Feuer- und Unfallschutzes. Da die Heimmindestbauverordnung das Wohnen in ganz gewöhnlichen Wohnungen nicht vorsieht, müssen Ausnahmeregelungen mit den zuständigen Aufsichtsbehörden vereinbart werden. Wichtig ist, dies im Vorfeld zu erledigen, da manchmal bauliche Maßnahmen mit erheblichem finanziellem Aufwand erforderlich sein können.

Für die Größe der Bewohnerzimmer schreibt die Heimmindestbauverordnung zwölf Quadratmeter vor. Für die moderne Kleinfamilie konzipierte Wohnungen mit überwiegend kleinen Zimmern und einem überproportional großen Wohnbereich sind für eine Wohngemeinschaft Erwachsener nicht nur unter diesem Aspekt alles andere als ideal. Erfahrungsgemäß werden großzügige Wohnräume von Heimbewohnern wenig genutzt; angemessener sind Wohnungen mit großer Küche, in die ein Essplatz integriert werden kann. Rauchmelder in allen Räumen sollten selbstverständlich sein.

Heimspezifisch erforderlich sind auch komplexe Schließanlagen für Haus- und Wohnungstüren ebenso wie für die Türen der Bewohnerzimmer sowie von Büro- und Medikamentenschränken in den Wohnungen. Durchdachte Schließsysteme helfen, die Anzahl der notwendigen Schlüssel in Grenzen zu halten. Dabei ist zu beachten:

1. Mitarbeiter im Schichtdienst brauchen Schlüssel für alle Haus- und Wohnungstüren.
2. Bewohnerzimmer, Bäder und Toiletten müssen von außen zugänglich sein, auch wenn von innen abgeschlossen wurde *und* der Schlüssel steckt.

3. Ein einheitliches Schließsystem für Büro- und Medikamentenschränke in den Wohnungen hilft ebenfalls, die Anzahl unterschiedlicher Schlüssel in Grenzen zu halten.

Bewährt hat sich, wo realisierbar, ein System, bei dem man zumindest für die Wohnungsabschlusstür und die Zimmertüren einen einzigen Generalschlüssel benötigt; in größeren neuen Wohnanlagen ist die Einbeziehung der Haustür meist nicht möglich, weil dies mit den hauseigenen Systemen nicht kompatibel ist. Als Faustregel kann gelten, die Zahl der benötigten Schlüssel möglichst gering zu halten. In der Praxis wird man nicht umhinkommen, Kosten und Nutzen in ein vernünftiges Verhältnis zu bringen und dabei auch zu bedenken, dass Bewohner recht häufig Schlüssel verlieren. Also sollten sich auch die Kosten für anzufertigende Nachschlüssel in Grenzen halten.

Milieu und Nachbarschaft – hält die Gemeinde die psychisch behinderten Menschen aus?

Hier sind drei Aspekte zu unterscheiden: Zunächst bedeutet die dezentrale Heimbetreuung chronisch psychisch kranker Menschen für die Klienten eine Konfrontation mit der »Normalität«. Mit dem Anspruch der Inklusion wird zudem die Forderung nach einer Integration oder zumindest doch Duldung der Abweichenden in die Gemeinde hineingetragen. Stellvertretend für die Klienten stellen sich deshalb die Mitarbeiter die Frage: »Wie werden die Menschen in der Nachbarschaft auf die Bewohner und ihre Betreuungspersonen reagieren?«

Erwartungsängste der Mitarbeiter

Das Unbekannte und Ungewisse erzeugt bekanntlich Spannungen und Ängste. In Teambesprechungen vor der Dezentralisierung ist die Angst der Bewohner vor der Normalität ein häufiges Thema, insbesondere werden psychische Auffälligkeiten und krisenhafte Entwicklungen regelmäßig auf diese Ängste zurückgeführt. Das Schlagwort von dem »schützenden Rahmen« der Einrichtung, den die Bewohnerinnen und Bewohner mit der Dezentralisierung aufgeben würden, fällt in diesem Kontext häufig. In Bezug auf Mitarbeiterinnen und Mitarbeiter war von Angst und »schützendem Rahmen« weniger die Rede, dennoch finden durchaus psychodynamische Projektionen statt.

Die Fragen, die im Zusammenhang mit der Haltung der Nachbarschaft relevant sind, beziehen sich also nicht nur auf die Bewohner, sondern – vermutlich sogar primär – auf uns Mitarbeiter, weil wir davon ausgehen müssen, dass wir nicht nur als beliebige Elemente des Systems, sondern als dessen Repräsentanten gesehen werden. Das heißt: Die Mitarbeiterinnen und Mitarbeiter stellen sich zumindest insgeheim Fragen wie diese:

1. Werden sich die Nachbarn belästigt oder bedroht fühlen? Wie viel Abweichung hält »die Gemeinde« aus?
2. Wie wird sie sich wehren? Individuell oder kollektiv, mit Beschwerden und Eingaben oder mit Abgrenzung oder gar Aggression?
3. Werde ich als Mitarbeiter für das Verhalten der Heimbewohner verantwortlich gemacht? Was kommt auf mich zu, wenn ich von der Nachbarschaft als konkrete Person wahrgenommen werde und keinen »schützenden Rahmen« um mich habe? Bin ich dem gewachsen?
4. Wie halte ich den Spagat aus zwischen der Erwartung der Nachbarn, dass ich mich gegenüber den Bewohnern fürsorglich und/oder disziplinierend verhalte, und meinem Konzept, in dem Begriffe wie Autonomie, Selbstverantwortung und Empowerment im Vordergrund stehen?
5. Wird meine Arbeit respektiert oder werde ich als Störer des nachbarschaftlichen Friedens wahrgenommen?
6. Wie ertrage ich die Spannung, die dadurch entsteht, dass ich selbst Teil der Gemeinde bin und deshalb selbst vor der Frage stehe, ob ich Menschen, die so sind und sich so verhalten wie meine Klienten, in meiner eigenen Nachbarschaft tolerieren könnte?

Der Ausweg aus diesen Konflikten scheint darin zu bestehen, Public-Relations-Maßnahmen zu entwickeln, die zum Ziel haben, die künftigen Nachbarn umfassend über das Projekt zu informieren. Dadurch soll Vorurteilen und Ängsten gegenüber psychisch kranken Menschen entgegengewirkt, Konfliktfelder möglichst früh erkannt und entschärft werden. Wir hatten sogar die Hoffnung, Verbündete für unser Projekt zu gewinnen, etwa im Sinne von Nachbarschaftshilfe. So schienen uns Besuche in den Häusern der Nachbarschaft bereits im Vorfeld des Einzugs empfehlenswert. Die Nachbarn des Doppelhauses, in dem zehn unserer Klienten wohnen würden, luden wir sogar zu einem Richtfest ein, bei dem wir über das Projekt informierten.

Im Rückblick allerdings bewerten wir diese Anstrengungen eher skeptisch, denn der personelle und finanzielle Aufwand stand in keinem vernünftigen Verhältnis zum Nutzen. Die meisten Nachbarn interessierten sich nicht besonders für das Projekt als solches. Sie nahmen zur Kenntnis, was wir ihnen erzählten, und waren zufrieden, wenn wir in ihren Augen glaubhaft machen konnten, dass von »unseren« Bewohnern keine Gefahr ausgehen würde und wir im Falle von Störungen oder Belästigungen jederzeit erreichbar seien, um Abhilfe zu schaffen. Menschen, die sich explizit gegen eine Integration psychisch behinderter Menschen in die Gemeinde aussprechen und die es durchaus gab, haben wir mit unseren Maßnahmen nicht erreicht. Wir waren hauptsächlich mit drei Varianten der Reaktion konfrontiert:

- offene Ablehnung, Weigerung, überhaupt mit uns zu sprechen (»Wir kaufen nichts!«),
- Desinteresse (»Nett, dass Sie mit uns gesprochen haben, auf Wiedersehen«),
- Wohlwollen (»Das finden wir gut, dass sich jemand um diese Menschen kümmert«).

Wir erlebten keinen aktiven Widerstand etwa in Form von Eingaben an die kommunale Verwaltung oder organisierter Initiativen. Vermutlich hat das damit zu tun, dass unsere Wohnungen eher in kleinbürgerlichen Umgebungen liegen. Dort wohnen kaum Menschen, die es gewohnt sind, sich als Meinungsführer zu exponieren und sich an die Spitze organisierten Protestes zu stellen. Allerdings trafen wir auch nicht auf überschwängliche Begeisterung, niemand bot uns spontan Unterstützung oder Mithilfe an.

Eine Ausnahme bildete die Wohngruppe in einer 3000-Seelen-Gemeinde. In ein dreistöckiges Haus zogen sieben Bewohner mit selbst für unsere Verhältnisse ungewöhnlich langer Hospitalisierungsdauer. Sechs der sieben Klienten bringen es gemeinsam auf eine Summe von 200 Jahren, die sie ohne Unterbrechung in der psychiatrischen Klinik verbracht haben. In direkter Nachbarschaft zu der Wohngruppe befindet sich ein Bauernhof, der hauptsächlich Obstanbau betreibt. Zu den Bauersleuten entwickelte sich von Anfang an eine Beziehung: Die Klienten schauten neugierig, was auf dem Hof getrieben wurde, die Bauersleute verschenkten Äpfel und boten auch kleine Arbeiten gegen Entgelt an. Sie fühlten sich mitverantwortlich, dass den Bewohnern nichts zustieß; wiesen das eine Mal die Mitarbeiter darauf hin, dass ein Klient unvorsichtig im Straßenverkehr sei, informierten ein anderes Mal, dass ein Klient ihnen niedergeschlagen erscheine. Auch andere Nachbarn und Einwohner der Gemeinde interessieren sich für die psychisch kranken Menschen. Eine Einwohnerin konnte im Rahmen einer geringfügigen Beschäftigung gewonnen werden, täglich das Mittagessen zu kochen. Sie führt dies nicht als bloße Haushaltstätigkeit aus, sondern stellt in ihrer Anwesenheit einen wichtigen Bezug der Klienten zu der Gemeinde dar. Beim Eröffnungsfest ein halbes Jahr nach dem Einzug waren neben dem Bürgermeister, dem Pfarrer und dem Dorfarzt sämtliche direkten Nachbarn anwesend.

Als Resümee lässt sich festhalten, dass es ausreicht, die unmittelbare Nachbarschaft zeitnah nach dem Einzug einer Klientengruppe sachlich zu informieren. Das entspricht dem Usus beim Einzug psychisch gesunder Menschen – wer stellt sich schon vor dem Einzug den Nachbarn vor? Dabei ist den Nachbarn mitzuteilen,

1. dass regelmäßig Betreuungspersonen vor Ort anwesend und
2. dass für den Fall von Beschwerden rund um die Uhr Mitarbeiter erreichbar sind.

Welche Beziehungen sich später zu den Nachbarn entwickeln, ist von vielfältigen Variablen abhängig, die vorher nur schwer zu beeinflussen sind.

Nachbarschaftliche Konflikte im Alltag – die Macht der Gewohnheit

In einer Kleinstadt enthält der Polizeibericht der Lokalzeitung häufig Meldungen darüber, dass die Polizei zur Schlichtung von Streitigkeiten in Familien oder Hausgemeinschaften ausrücken musste, dass verwirrte Personen aufgegriffen wurden oder jemand an einer suizidalen Handlung gehindert wurde. Obwohl wegen des großen psychiatrischen Krankenhauses in der Ravensburger Bevölkerung psychisch behinderte Menschen überdurchschnittlich stark repräsentiert sind, betrifft die weitaus überwiegende Zahl solcher Vorfälle die Normalbevölkerung und nicht Menschen, die von uns oder vergleichbaren Institutionen betreut werden. Die Furcht, eine Häufung solcher Aufsehen erregenden Ereignisse im Kontext der Dezentralisierung könnte als besondere Belastung des nachbarschaftlichen Klimas empfunden werden, stellte sich als völlig unbegründet heraus. Das ist an sich eine vielleicht schlichte Erfahrung, die aber immer wieder vergessen oder übersehen wird. Die dezentrale Wohngruppe in Ravensburg verzeichnete von Februar 2000 bis Februar 2006 acht »außergewöhnliche Ereignisse«, bei denen der Einsatz der Polizei und/oder eines Notarztes notwendig waren:

- ein nächtlicher Notarzteinsatz wegen Suizidversuchs (ohne ernsthafte Verletzung),
- zwei Mal wurde die Polizei nach Tätlichkeiten zu Hilfe gerufen,
- zwei Mal wurde die Polizei bei Verlegungen wegen psychotischer Dekompensation zu Hilfe gerufen,
- drei Mal riefen nachts Nachbarn wegen Ruhestörung an.

Die Bewohner unseres Heimes sind in vielerlei Hinsicht außergewöhnliche und auffällige Menschen. Manche grüßen nicht im Treppenhaus, andere kleiden sich außergewöhnlich. Manche Verhaltensweisen sind störend, wie die Müllentsorgung vom Balkon oder lautes Jammern morgens um 5 Uhr bei offenem Fenster. Starker Körpergeruch kann bei der Begegnung im Treppenhaus auf Dauer sehr unangenehm sein, vielen Menschen, die im Umgang mit psychisch Kranken unerfahren sind, flößt deren oft verschlossene, abweisende Art Angst ein. Diese störenden Verhaltensweisen sind allerdings nicht spezifisch für psychisch kranke Menschen. Und gegenüber gesunden »Störern« haben die Nachbarn sogar den Vorteil, die Mitarbeiter als Vermittlungsinstanz nutzen zu können.

Erfahrungsgemäß häufen sich Beschwerden der Nachbarschaft beim Bezug einer neuen Wohnung oder beim Bewohnerwechsel einer Wohnung, also in Situationen, in denen man sich an die Begegnung mit psychisch kranken Menschen noch nicht gewöhnt hat. Viele Beschwerden erledigen sich mit der Zeit von selbst, weil die Menschen lernen, dass nicht alles Außergewöhnliche, Unbekannte und Fremde eine tatsächliche Bedrohung darstellt; sie können es dann zumindest tolerieren, vieles sogar als persönliche Eigenheit eines Menschen akzeptieren. Der Prozess der Gewöhnung kann zudem zur Folge haben, dass manche wirklich störenden Verhaltensweisen besser ausgehalten werden, mehr Geduld aufgebracht wird und dem Menschen, der stört, mehr Zeit zur Veränderung eingeräumt wird.

Wolfgang Rossbach liebt Vögel, besonders Amseln und Krähen; er spricht auch mit ihnen. Gelegentlich wirft er Essensreste aus dem Fenster, um die Vögel zu füttern, es kommt auch schon mal vor, dass er bei der Rückkehr vom Einkauf im Vorgarten eine Schachtel tiefgefrorener Fischstäbchen für sie auslegt. Die Nachbarn haben natürlich wenig Verständnis für diese Art der Tierliebe, auch deshalb, weil sie gerne ihre Wäsche im Freien aufhängen und die vielen relativ großen Vögel, die durch solches Futter angelockt werden, die Wäsche dann wieder verschmutzen. Herr Rossbach fällt nicht nur durch seine unangepasste Art des Vögelfütterns auf, denn er spricht nicht nur mit Vögeln, sondern gelegentlich auch mit Mülltonnen oder Zigarettenautomaten. Vor anderen Menschen hat er eher Angst und wirkt dadurch scheu und misstrauisch. Er sieht sein Gegenüber oft mit dem starren Blick seiner übergroßen hervortretenden Augen an, sagt aber kein Wort.

Es ist gut nachvollziehbar, dass Menschen ohne Erfahrung im Umgang mit psychisch Behinderten vor einem Hausbewohner wie Herrn Rossbach zunächst einmal Angst haben und sich wegen aller möglichen Dinge über ihn beschweren, auch solcher, die er nie getan hat. Im konkreten Fall (wie in den meisten vergleichbaren) konnten wir feststellen, dass sich mit der Zeit tatsächlich die Toleranzgrenze der Nachbarn verschiebt. Die Zahl der Beschwerden verringert sich und die Art und Weise, wie sie vorgetragen werden, wird sachlicher. Voraussetzung ist natürlich, dass man die Beschwerden ernst nimmt, transparent macht, auf welche Weise man ihnen nachgeht, und Abhilfe zu schaffen beabsichtigt.

Konfrontation mit der Realität: die therapeutische Wirkung der Intoleranz

Erfreulicherweise lässt sich auch die Erfahrung machen, dass diese Gewöhnungs- und Anpassungsprozesse keine Einbahnstraßen sind. Viele unserer Klienten haben viele Jahre in psychiatrischen Großeinrichtungen verbracht und wenig Erfahrung im Umgang mit einem normalen nachbarschaftlichen Milieu. Punktuell gibt es »Spontanheilungen« wie im Falle von Günther Mair, der nach Jahren forensischer Unterbringung Anfang 2006 in eine dezentrale Wohnung zog und bereits am zweiten Tag dort mit der Begründung »So wie in der Weissenau kann ich hier nicht rumlaufen« seine Bezugsperson bat, einen Kleiderantrag zu stellen.

Frau Vogl, eine Bewohnerin, die über 30 Jahre ohne Unterbrechung in Weissenau gelebt hatte und schließlich in einen kleinen Ort umzog, hielt sich im Hofbereich ihres neuen Zuhauses auf. Als sie ein dringendes menschliches Bedürfnis verspürte, entdeckte sie am Nachbarhaus eine geöffnete Wohnungstür, ging dort hinein und benutzte – auch noch rauchend – die Toilette. Die Nachbarin war schockiert, als sie eine fremde Frau auf ihrer Toilette erblickte. Zum Glück beschwerte sie sich nicht bei unserer Vermieterin, sondern machte der Patientin sehr deutlich, dass sie das nicht dulde. Nach diesem Vorfall wurde die Bewohnerin nicht mehr in fremden Wohnungen überrascht.

In anderen Fällen helfen einfache Maßnahmen, wie im Fall von Frau Grün, die häufig sehr lautes Klagen von sich gibt. Als Nachbarn sich beschwerten, weil sie das auch bei geöffnetem Fenster morgens um 5 Uhr tat, führten wir ein ruhiges, aber nachdrückliches Gespräch mit ihr, um sie dazu zu bewegen, fortan nach dem Aufstehen zunächst ihr Fenster zu schließen und erst dann laut zu jammern. In den Pflegeplan wurde aufgenommen, dass Frau Grün täglich abends an diese Maßnahme zu erinnern sei. Es gab daraufhin noch einen weiteren Anruf der Nachbarfamilie, seitdem ist das Problem nicht wieder aufgetreten. Schlimmstenfalls müssen wir zukünftig je zu Beginn des Sommers Frau Grün erneut daran erinnern, dass sie morgens nach dem Aufstehen die Fenster schließen soll.

Es gibt in der Geschichte des dezentralen Wohnens unseres Wohnheims keinen Fall, in dem wegen Beschwerden Dritter über sozial störendes Verhalten dauerhaft intensive persönliche Hilfen (im Sinne des IBRP) nötig waren. Und es gibt nur einen einzigen Fall, in dem ein Klient wegen sozial störenden Verhaltens aus einer dezentralen Wohnung wieder ausziehen musste.

Über einen längeren Zeitraum betrachtet, erleben wir, dass unsere Klientinnen und Klienten in die ganz gewöhnlichen nachbarschaftlichen Konflikte verwickelt werden, also eine gewisse Normalität einkehrt. Es geht darum, wer die »Kehrwoche« nicht ordentlich erledigt hat, mal wieder eine Tür geknallt oder im Treppenhaus eine Kippe ausgedrückt hat u. Ä. Dies gilt auch andersherum: Wir haben oft erlebt, dass die »normalen Nachbarn« völlig »verrückt« reagierten, zum Beispiel damit drohen, auf Bewohner mit dem Luftgewehr zu schießen. Der Hinweis eines Mitarbeiters, dass dies eine strafbare Handlung sei, die selbstverständlich strafrechtliche Folgen haben würde, hat aber auch in diesem Fall ausgereicht, um die Umsetzung der Drohung zu verhindern.

Einen wichtigen Grund, warum wir aus dem sozialen Umfeld mit so wenigen Problemen konfrontiert werden, sehen wir darin, dass unsere Wohnungen in proletarisch-kleinbürgerlich geprägten Quartieren liegen. Unsere Hypothese heißt, dass in solchen Milieus die Menschen gewohnt sind, mit sozialen Problemen und nachbarschaftlichen Konflikten zu leben; sie gehen robuster damit um und haben von jeher weniger Möglichkeiten, auf ihr Wohnumfeld aktiv gestaltend einzuwirken. Insofern sind solche Milieus auch für unsere Klienten »passender« als Mittelschicht- oder bürgerlich-wohlhabende Quartiere, wo sie weit fremder und randständiger wären.

Für hilfreich halten wir in jedem Fall ein transparentes und effizientes Konfliktmanagement. Dies ist wenig aufwändig, denn es erfordert nur wenige klare Anweisungen an die Mitarbeiter:
1. ständige Erreichbarkeit für die Nachbarn (Rufbereitschaft) einzuhalten,
2. zuhören zu können und Beschwerden ernst zu nehmen,
3. wenn möglich unmittelbar Abhilfe zu schaffen oder Schäden zu ersetzen,

4. Lösungsmöglichkeiten transparent zu machen,
5. Erfolg von Maßnahmen zu überprüfen (Rückmeldung).

Schließlich wirkt natürlich auch eine begleitende Öffentlichkeitsarbeit unterstützend. Man sollte Gelegenheiten nutzen, Lokalpolitikern und Vertretern von Kostenträgern das Projekt zu präsentieren und dazu die Presse einladen.

Wohnformen

Wohnen und Gemeinschaft

Es ist eine Alltagserfahrung beim Leben in Wohngemeinschaften, dass unverhältnismäßig viel Zeit in das Diskutieren und Formulieren von Regeln, deren Kontrolle und in die fortlaufende Anpassung an die Realität investiert wird. Aufwändig und frustrierend sind für die meisten Beteiligten insbesondere die Diskussionen darüber, wie sich der jeweils andere Mensch zu verändern hat, sodass er in die Gemeinschaft »passt« oder die Gruppe überhaupt als Gruppe weiterexistieren kann. Die Wohngemeinschaft als dauerhafte freiwillige Lebensform Erwachsener ist aktuell eine absolute Ausnahmeerscheinung. Die Träume der ausgehenden sechziger und siebziger Jahre des letzten Jahrhunderts haben sich in temporäre ökonomische Zweckgemeinschaften verflüchtigt. Es besteht derzeit ein allgemeiner Konsens darüber, dass die Wohnung der Ort der Privatheit schlechthin ist und nicht der Ort der sozialen Verwirklichung.

Eine Wohnung ist nicht nur ein Zimmer mit abschließbarem Schrank, auch nicht, wenn zusätzlich eine eigene Nasszelle vorhanden ist. Zu einer Wohnung gehört neben den funktionell definierten Räumlichkeiten auch die Möglichkeit der Selbstbestimmung ihres Bewohners über die Gestaltung, die Nutzung, die Regeln, die in ihr gelten, und nicht zuletzt darüber, wer sie wann und wie lange betreten darf. Die Privatheit einer Wohnung endet, wo andere Personen als die unmittelbaren Lebenspartner bzw. Familienmitglieder über sie verfügen. Eine derart umfassende Definition von »Wohnung«, die neben den materiellen auch die ideellen und emotionalen Aspekte berücksichtigt, ist im Bereich der Behindertenhilfe nicht selbstverständlich. Dass behinderte, hilfebedürftige, auf Assistenz angewiesene Menschen überwiegend in Gruppen leben, hat ja keineswegs in erster Linie therapeutische Gründe, sondern historische, finanzielle, organisatorische und institutionelle. Auch die professionelle häusliche Pflege hat sich erst mit Einführung der Pflegeversicherung flächendeckend etabliert.

Historisch nahm die Auflösung der Großinstitutionen ihren Anfang, indem Großgruppen in vorhandene Immobilien zogen und in Zusammenfassung mehrerer Kleingruppen – etwa auf Etagenebene – aufgelöst wurden. Pflegerisch entspricht das dem Übergang von der reinen Versorgung und Verwahrung zur Bezugsgruppenpflege. Pädagogisch-therapeutisch galt die Gruppe als der soziale Raum, der den behinderten Menschen Identität und Entfaltungsmöglichkeiten bieten sollte. Die Gruppe ist aber keine Familie, sondern im Falle von Menschen, die in einer Institution leben, eine Zwangsgemeinschaft; ihre Mitglieder müssen sich je nach Konzept der Einrichtung mehr oder weniger strengen Regeln anpassen. Je mehr die Bedürfnisse der Klienten gegenüber den institutionellen Sachzwängen an Gewicht gewannen, umso kleiner wurden die Gruppen und umso flexibler die Regelwerke.

Das sozialpädagogische Betreuungskonzept der Gruppe stand dabei aber nie in Frage. Mit dem personenzentrierten Ansatz hat nun ein Paradigmenwechsel stattgefunden; die Gruppe wird nicht mehr per se als die Betreuungsform schlechthin begriffen, sondern die Bedürfnisse des Klienten und der individuelle Hilfebedarf bestimmen die Wohn- und Betreuungsform. Die dezentrale vollstationäre Betreuung braucht ein flexibles Wohnungsangebot, um den unterschiedlichen Bedürfnissen und Bedarfen gerecht zu werden. Auf der Ebene der Pflege entspricht das der Abkehr vom Konzept der Bezugsgruppenpflege hin zum Konzept der Koordinierenden Bezugsperson, die in Absprache mit dem Klienten den unterschiedlichen Leistungserbringern Aufträge erteilt.

Gruppenwohnen oder Einzelwohnen

Wenn von stationärer Versorgung gesprochen wird, ist auch bei kleinen Einheiten automatisch von Gruppenwohnen die Rede. Dabei schreibt das Heimgesetz keineswegs vor, dass in einem Heim mehrere Menschen leben müssen. Ausschlaggebend ist lediglich, dass die Betreuung nicht von vornherein vorübergehend geplant ist. In den letzten Jahren wurde im sozialpsychiatrischen Bereich in Frage gestellt, ob die aus der studentischen Lebenswelt stammende Wohngemeinschaft die geeignete Wohnform für psychisch kranke Menschen darstellt.

Für das Konzept der dezentralen Heimbetreuung ist die Wohngemeinschaft unter ökonomischen und arbeitsorganisatorischen Gesichtspunkten eine unverzichtbare Wohnform. Obwohl sie auf den ersten Blick der Forderung nach »Normalität« widerspricht, bietet eine Wohngemeinschaft chronisch psychisch kranken Bewohnern, deren Fähigkeiten zur Aufnahme sozialer Beziehungen oft stark eingeschränkt sind, einen sozialen Raum, der Isolation und weiterer Deprivation entgegenwirkt. Sofern die Wohngemeinschaft nicht zu groß ist und innerhalb eines normalen Wohnquartiers liegt, ist sie an die normale Lebenswelt angedockt und vor hospitalisierenden Einflüssen weitestgehend geschützt.

Ein flexibles Angebot an Wohnformen muss im Rahmen eines personenzentrierten Ansatzes auch Wohnraum für Zweiergruppen, Paare und Einzelpersonen enthalten. Ein verbreitetes und scheinbar nur schwer auszuräumendes Vorurteil unterstellt einen annähernd linearen Zusammenhang zwischen dem Hilfebedarf und der passenden Gruppengröße. Es wird unterstellt, dass Menschen mit großem Hilfebedarf in Wohngemeinschaften optimal betreut werden können, während Klienten mit geringerem Hilfebedarf (besonders im Bereich »Selbstsorge/Wohnen«) am besten für das Einzelwohnen geeignet seien. Es wird unausgesprochen eine hohe personelle Präsenz in Wohngemeinschaften gegenüber einer geringeren Präsenz beim Einzelwohnen unterstellt. Wer den Anspruch hat, personenzentriert zu betreuen, muss diese Kopplung durchbrechen und die individuellen Wünsche und Eigenheiten der Klientinnen und Klienten in den Vordergrund rücken.

In der sozialpsychiatrischen Versorgung gibt es bisher keine verlässlichen Prognosekriterien, welche Wohnformen für welche Klientengruppen besonders geeignet sind. Erfahrungen in verschiedenen Regionen haben gezeigt, dass ältere, an Schizophrenie erkrankte Männer mit ausgeprägter Minussymptomatik besonders von der Betreuung in Wohngemeinschaften profitieren. Allerdings gibt es psychisch kranke Menschen, deren Probleme und Konflikte durch das Zusammenleben mit anderen Menschen verschärft werden. Erfahrungsgemäß gilt dies für einen Teil der Klienten mit schweren Persönlichkeitsstörungen sowie für Menschen mit ausgeprägten produktiven psychotischen Symptomen und/oder extremen Verhaltensstörungen. Diese Klienten werden meist mit unzähligen therapeutischen Intentionen konfrontiert, die sie gruppenfähig machen sollen. Unsere Erfahrungen haben gezeigt, dass sich die Fixierung auf die Gruppenfähigkeit als Sackgasse erweisen kann, weil dabei viel Zeit und Energie auf der Strecke bleibt. Demgegenüber profitieren diese Personen von der Möglichkeit, allein zu wohnen, und zwar unabhängig vom Ausmaß des Hilfebedarfs.

Regeln und Gemeinschaftsaufgaben

Eine studentische Wohngemeinschaft beispielsweise basiert auf den freien Entscheidungen ihrer Mitglieder, zusammen wohnen zu wollen, sich Küche, Bad und Toilette zu teilen. Wer es nicht mehr aushält, weil etwas nicht seinen Vorstellungen entspricht, zieht aus, die Gruppe entscheidet danach gemeinsam, welcher Bewerber in das frei gewordene Zimmer einzieht. Selbst in diesem Idealfall ist der Alltag konfliktträchtig und die kultivierten, wohlerzogenen und gebildeten jungen Menschen, die sich auf ein Leben als Lehrerin, Journalist oder Ingenieur vorbereiten, haben ihre liebe Not, ohne allzu viel Streit um das Geschirrspülen und Toiletteputzen auszukommen und sich auch noch nach einem Jahr des Zusammenlebens zu mögen.

Bewohner einer Wohngemeinschaft für chronisch psychisch Kranke haben sich ihre Mitbewohner in der Regel nicht ausgesucht. Sie leiden zum Beispiel unter starken dauerhaften Ängsten, Wahnideen, Denk- oder Antriebsstörungen. Sie sind innerlich unruhig oder getrieben oder haben extreme Stimmungsschwankungen. Sie haben vielleicht Sucht- und Selbstwertprobleme, haben erhebliche kognitive Einschränkungen oder sind geistig minderbegabt. Als Folge ihrer Erkrankung gehen sie womöglich keiner Beschäftigung nach, haben fortwährend Geldprobleme, weil ihr Barbetrag für die Zigaretten, die sie vor lauter Langeweile rauchen, nicht ausreicht. Oft haben sie nicht einmal die Perspektive, dass sich an ihrer Situation noch etwas Grundsätzliches ändern wird. Dennoch gelingt es vielen dieser Menschen, mit vergleichsweise wenig Hilfen und ohne zu verzweifeln dauerhaft in einer Gemeinschaft zu leben. So gesehen ist es einigermaßen erstaunlich, dass Wohngemeinschaften psychisch kranker Menschen überhaupt funktionieren.

Das Konzept der dezentralen Betreuung basiert auf der gemeinsamen individuellen Hilfeplanung von Klient und Koordinierender Bezugsperson. Der Hilfebedarf wird somit primär individuell erbracht, auch wenn der Klient in einer Gemeinschaft wohnt. Im Unterschied zu traditionellen Konzepten der Behindertenhilfe steht der pädagogisch-therapeutische Aspekt der Gruppe nicht im Zentrum der Betreuungskonzeption. Auf starre Regeln kann weitgehend verzichtet werden, weil es keine fixierten Werte oder Ziele der Gruppe als solche gibt. Dadurch sind auch mögliche Rollen der Bewohner nicht festgelegt, es wird vielmehr Raum geschaffen für Entwicklungen. Jede Gruppe definiert ihre Werte und Ziele weitgehend autonom. Dadurch können sich je nach Gruppenzusammensetzung völlig unterschiedliche Modelle bzw. »Kulturen« entwickeln.

Frau Kalina hat in ihrer Wohngemeinschaft die Rolle der Haushälterin übernommen. Sie hat hinsichtlich ihres Selbstwertgefühls davon sehr profitiert und ist vermutlich vor allem deshalb psychisch viel stabiler geworden ist. Weil sie Mahlzeiten für alle Bewohner zubereitet, kann sich eine Kultur der gemeinsamen Mahlzeiten entwickeln. Sie ist Modell für Frau Grün (die so viel jammert), die morgens als Erste wach ist und bald entgegen ihren sonstigen Gewohnheiten nicht nur für sich, sondern für alle den Kaffee kocht. Die Tatsache, dass Frau Kalina aus der gemeinsamen Essenskasse für ihre Dienstleistungen bezahlt wird, hat Frau Grün auch motiviert, ihrerseits einen Dienst für die Gemeinschaft gegen Bezahlung zu übernehmen: Sie pflegt die Pflanzen.

In anderen Wohngemeinschaften wirtschaften die Bewohner streng getrennt, vermeiden gemeinsame Mahlzeiten und essen in ihrem Zimmer, obwohl sie so ein schönes Esszimmer haben. Manche Klienten legen sogar Wert auf einen eigenen Kühlschrank, wie ein Herr in einer anderen Wohngemeinschaft, obwohl er sich die Wohnung mit nur einem weiteren Bewohner teilt; an Platzmangel oder fehlender Übersicht liegt es da wohl nicht.

Demgegenüber gelingt es Frau Dolewski und Frau Lieb in ihrer Zweier-WG trotz getrennter Kassen gemeinsam zu wirtschaften. Weil sie sich anfangs nicht besonders sympathisch waren, herrschte im Team einige Skepsis, ob sie es wohl lang zusammen aushalten würden. Und obwohl sie des Öfteren Meinungsverschiedenheiten hatten, weil die eine meinte, sie müsse so viel putzen, während die andere fand, sie bezahle immer das Waschmittel, wehrten sie sich beharrlich gegen Versuche, ihre Beziehungen zum Gegenstand von klaren und eindeutigen Regeln zu machen. Sie leben nun schon seit vielen Monaten zusammen und verstehen sich gut.

Diese Souveränität, Offenheit und Flexibilität im Umgang mit Gruppenprozessen ist innerhalb des Wohngruppenteams nicht von Anfang an selbstverständlich, sondern muss erarbeitet werden. Zu Beginn der Dezentralisierung tendieren die Mitarbeiter dazu, den Abbau von Kontrolle, den die Verringerung der personellen Präsenz in den Wohngemeinschaften zur Folge hat, durch Hausordnungen, Regelwerke und Vorschriften zu kompensieren. Die praktischen Erfahrungen der dezentralen Betreuung begünstigen jedoch auch in diesem Arbeitsfeld schon bald Einstellungsänderungen bei den Mitarbeitern. Die Hypothese, dass Rückgabe von Verantwortung an die

Klienten im Sinne von Empowerment auch Ressourcen freisetzt, wird einem Praxistest ausgesetzt und verschafft den experimentierfreudigeren Teammitgliedern Rückenwind. Diese wollen die Fesseln, die sie den Klienten als Individuen abnehmen, nicht über die Hintertür der Gruppe wieder anlegen.

Flexibilität im Sinne individueller und situationsabhängiger Lösungen wird in einer solchen Atmosphäre mehr und mehr zum Leitbild, die Rigidität traditioneller Gruppenkonzepte verliert an Bedeutung.

Der personenzentrierte Ansatz stellt die Kooperation Klient – Bezugsperson und den individuellen Hilfebedarf in den Mittelpunkt des Betreuungsverhältnisses. Wohnen mehrere Personen in einer Gruppe, entsteht zunächst eine Lücke bezüglich der systematischen Moderation/Mediation der Gruppenprozesse. Die Institutionalisierung eines Wohngruppenmanagers (siehe den Standard »Wohngruppenmanagement« in Kapitel 6) schließt diese Lücke. Diese Moderation durch den Wohngruppenmanager ist verbindlich hinsichtlich:

- der Frequenz – sie findet regelmäßig und unabhängig von aktuellen Konflikten oder Krisen statt;
- der Teilnahme – sie ist die einzige Veranstaltung, an der alle Bewohner einer Wohngemeinschaft teilnehmen müssen;
- der Person des Moderators – jeweils ein Sozialpädagoge bzw. Psychologe ist jeder Wohngemeinschaft als Wohngruppenmanager fest zugeordnet.

Auch die üblichen Gemeinschaftsaufgaben wie Reinigung und Pflege gemeinsam genutzter Räume und Einrichtungen, Mülltrennung und -entsorgung, Einkäufe und Essenszubereitung sind im Rahmen der Kooperation von Klient und Koordinierender Bezugsperson und dem Wohngruppenmanager sinnvoll zu organisieren. Auch hier haben Offenheit und Flexibilität Vorrang vor starren Konzepten. Wünsche, Bedürfnisse, Fähigkeiten und Interessen der Klienten konstituieren die Gruppenkultur. Dementsprechend gibt es unterschiedliche Lösungsvarianten für die Organisation und Verteilung dieser Aufgaben. Es kann Gruppen mit stabilen, eher trägen und dauerhaften Strukturen geben und solche, in denen mehr experimentiert wird und die Strukturen in stetigem Wandel begriffen sind, zum Beispiel weil die Bewohner lebendiger, konfliktfreudiger oder auch instabiler sind.

Wohnungsreinigung und Sauberkeitsstandards
Im Unterschied zum zentralen Wohnheim gilt im dezentralen Wohnen das Prinzip, dass die Gemeinschaft auch für die Reinigung der gemeinschaftlich genutzten Räume und Verkehrsflächen zuständig ist. Wie oben erwähnt,

ist es Aufgabe des Wohngruppenmanagers, dies mit den Bewohnern zu besprechen und gemeinsam mit ihnen die Zuständigkeiten festzulegen. Dieser muss sich mit den Koordinierenden Bezugspersonen abstimmen, damit die Klienten in Übereinstimmung mit den in den jeweiligen individuellen Hilfeplänen festgehaltenen Zielen, Fähigkeitsstörungen und Ressourcen an den Gemeinschaftsaufgaben beteiligt werden.

In der Phase der Einführung des dezentralen Wohnens nimmt die Diskussion über Sauberkeitsstandards im Team und weiter gehend dann in den Wohngemeinschaften viel Zeit und Energie in Anspruch. Wer selbst in einer Wohngemeinschaft gelebt hat, kennt diese Diskussionen. Selbst wenn es gelingt, sich auf Standards zu einigen (d.h. darauf, wann eine Küche, ein Bad, eine Toilette als sauber gilt), entzündet sich eine Woche später der Streit erneut an unterschiedlichen Interpretationen des Standards. Für eine Institution kann der Schluss aus solchen Auseinandersetzungen nur lauten, dass sie selbst den Standard definiert und für seine Einhaltung sorgt. Konkret heißt das, dass zusätzlich zur Eigenleistung der Klienten professionelle Reinigungskräfte eingesetzt werden. Die Frequenz, mit der Gemeinschaftsräume zusätzlich von Fachkräften gereinigt werden, bewegt sich zwischen zweimal pro Woche und dreiwöchentlich, ist von Wohngemeinschaft zu Wohngemeinschaft sehr unterschiedlich und hängt von der Zusammensetzung der Gruppe ab:
1. Wie viele Klienten in der Gruppe haben im Bereich Wohnungs-/Zimmerhygiene einen besonders hohen Hilfebedarf?
2. Sind die Klienten, die über entsprechende Fähigkeiten verfügen, bereit, sie auch für die Gemeinschaft einzusetzen?

Je nach Hilfebedarf werden auch die privaten Zimmer der Klienten regelmäßig oder nach Bedarf von Fachpersonal geputzt. Anfängliche Befürchtungen, die Klienten wären zu Reinigungsarbeiten gar nicht mehr zu motivieren, wenn erst einmal ein Reinigungsdienst dies übernimmt, haben sich nicht bewahrheitet. Eher ist das Gegenteil der Fall: Dadurch, dass die Thematik nicht mehr zu viel Aufmerksamkeit bekommt, gelingt es leichter, die Klienten zu Arbeiten im Rahmen ihrer Fähigkeiten zu motivieren. Wenn der Druck erst einmal herausgenommen ist und nicht immer nur Misserfolge eintreten, kann die Arbeit von vielen Klienten endlich als etwas Befriedigendes, Sinnvolles und das Selbstwertgefühl Stärkendes erlebt werden. Pragmatismus im Umgang mit dem Sauberkeitsproblem beugt allerdings der Gefahr vor, dass dieses in manchen Wohngruppen zu einem alle anderen Aspekte des Alltagslebens beherrschenden Überthema wird oder die Pflegekräfte diese Aufgaben anstelle der Klienten übernehmen. Dieses pragmatische Vorgehen vorausgesetzt, sind Konflikte über die Sauberkeit in der Wohnung eigentlich nur im Zusammenhang mit Bewohnerwechseln zu erwarten. Allerdings gibt es tatsächlich auch Klienten, deren diesbezüglicher Hilfebedarf extrem hoch ist. Dauerkonflikte in Wohngemeinschaften über die Sauberkeit der Gemeinschaftsräume sind in aller Regel aber Ausdruck anderer Konflikte, die weniger offensichtlich bzw. weniger leicht zu thematisieren sind.

In manchen Wohngemeinschaften können einzelne Personen besonders viele Hausarbeiten übernehmen; das sind oft, aber nicht immer, Frauen. Die Aufgabe des Wohngruppenmanagers ist auch die Initiierung der Diskussion, welche Aufgaben diese Person verbindlich und regelmäßig übernimmt. Das Ungleichgewicht der Arbeitsverteilung in der Gruppe kann durch die Entlohnung der Arbeit aus der gemeinsamen Essenskasse ausgeglichen werden. Es gibt aber auch Fälle, in denen eine Person eine ganz besondere Rolle übernimmt, sich einer Absprache und Regelung aber verweigert:

Die 63-jährige Frau Denz ist Selbstzahlerin und wohnt mit vier Männern zusammen in einer Doppelhaushälfte. Sie ist auf dem Land aufgewachsen, ihre Eltern hatten einen kleinen Betrieb. Wenn sie von sich erzählt, erzählt sie meist voll Stolz davon, dass sie in ihrem Leben immer viel »geschafft« (gearbeitet) und einen sauberen und ordentlichen Haushalt geführt habe. Warum sie seelisch erkrankt ist, erklärt sie so: »Wissen Sie, ich bin eine gute Seele und herzensgute Frau. Ich habe mein Leben lang immer viel geschafft und bin sehr sparsam gewesen. Meine böse Mutter und meine bösen Schwestern haben mich ausgenutzt, und weil ich so empfindlich bin, bin ich daran zerbrochen.« Frau Denz ist an einer schizoaffektiven Psychose erkrankt und leidet unter starken Stimmungsschwankungen. Immer wieder hat sie depressive Phasen, in denen sie manchmal mehrere Tage das Bett nicht verlässt, niedergestimmt ist und viel weint; sie braucht dann viel Zuwendung und Aufmunterung, auf die sie manchmal positiv reagiert. Frau Denz kann aber auch sehr unangenehm werden, wenn man etwas von ihr verlangt. Solche Situationen werden von Mitarbeitern oft so beschrieben: »Ich hatte das Gefühl, wenn ich jetzt nicht ihr Zimmer verlasse, könnte ich mir eine fangen.«
In ihrer Wohngemeinschaft hat Frau Denz eine Art Mutterrolle übernommen, allerdings mit der Besonderheit, dass sie sich darauf nicht verbindlich festlegen lässt. Sie kocht regelmäßig, sorgt für die Sauberkeit in der Küche, reinigt gelegentlich das Bad. Manchmal »verdonnert« sie auch einen

ihrer Mitbewohner, den Herd sauber zu machen oder die Spülmaschine einzuräumen. Sie genießt diese Rolle und auch die Mitbewohner schätzen sie deshalb. In anderen Wohngemeinschaften, in denen hinsichtlich der Verteilung der Gemeinschaftsaufgaben ein großes Ungleichgewicht herrscht, hat es sich eingebürgert, dass Bewohner für regelmäßig und verbindlich übernommene Dienstleistungen aus der gemeinsamen Essenskasse entlohnt werden. Frau Denz jedoch lehnt eine Bezahlung strikt ab. Sie betont, dass sie die Arbeiten freiwillig und gerne mache, außerdem habe sie sowieso genug Geld.

Seit Frau Denz in dieser Wohngemeinschaft lebt, kommt sie sehr viel besser mit ihrer Erkrankung zurecht als in den sechs Jahren davor, in denen sie zehnmal stationär behandelt worden war und mehrmals umgezogen ist. Sie bestätigt, dass es ihr in ihrer jetzigen Wohnung sehr gut gefällt. Mit Sicherheit hat dies sehr viel damit zu tun, dass sie ihre Rolle weitgehend selbst definieren kann und niemand sie darauf festlegt. Sie weiß, dass sie ihre Mutterrolle ohne weiteres aufgeben kann, dass keiner der Mitbewohner sich im Stich gelassen fühlen wird.

Essensversorgung

In einem dezentralen Heim, das auf der Grundlage eines personenzentrierten Konzepts arbeitet, gibt es keine standardisierte, zentrale Essensversorgung. Den Klientinnen und Klienten wird vielmehr ein bestimmter Betrag zur Verfügung gestellt, den sie nach eigenen Wünschen einsetzen können. Davon müssen sie folgende Ausgaben bestreiten:
- Einkauf der Nahrungsmittel und Getränke,
- Einkauf von Reinigungs- und Waschmitteln.

Unter wirtschaftlichen Gesichtspunkten ist es für Klienten, die in Wohngemeinschaften leben, sinnvoll, ihr Geld in eine gemeinsame Kasse einzuzahlen und so viel wie möglich gemeinsam zu wirtschaften. Gruppen, in denen dies praktiziert wird, erwirtschaften regelmäßig Überschüsse, aus denen besondere Anschaffungen oder gemeinsame Aktivitäten – etwa Restaurant- oder Kinobesuche – bestritten werden können. Klienten, die für sich allein wirtschaften, teilen das Schicksal vieler anderer Bezieher von Sozialhilfe: Sie müssen jeden Cent zweimal rumdrehen und können keine Ersparnisse ansammeln, insbesondere wenn der Grundbarbetrag und das Essensgeld der Einrichtung die ausschließlichen Einkünfte sind. Etwas besser gestellt sind Klienten, die über zusätzliche Einkünfte verfügen, beispielsweise aus einer gelegentlichen oder regelmäßigen Beschäftigung.

Der organisatorische Aufwand, in jeder Wohngemeinschaft täglich eine warme Mahlzeit anzubieten, übersteigt in der Regel die Möglichkeiten eines Heims, zumal es nur wenige Klienten gibt, die sich an dieser Aufgabe mit der nötigen Regelmäßigkeit und Verbindlichkeit beteiligen wollen oder können. Von Einrichtungsträgern im GPV werden jedoch oft im Rahmen von Tagesstätten preiswerte Mittagstische angeboten, die auch Klienten aus Heimen nutzen können. Wo dies nicht der Fall ist, ist es erforderlich, selbst solche Angebote zu schaffen.

Die Praxis zeigt, dass die Klienten zwischen den Polen »Alles in die Gemeinschaftskasse« und »Ich wirtschafte für mich ganz allein« komplexe Mischformen entwickeln, wenn ihnen Wahlmöglichkeiten angeboten werden:

Frau Mohr zum Beispiel nimmt unter der Woche ihr Mittagessen im Tagestreff ein und lässt sich das Geld für Frühstück und Abendessen ausbezahlen, ebenso wie das Mittagessengeld für Samstag und Sonntag, weil an diesen Tagen der Tagestreff geschlossen ist. Zweimal pro Woche erledigt sie mit Begleitung durch eine Pflegeperson ihre Einkäufe. Ihre Mahlzeiten bereitet sie selbstständig zu.

Frau Denz hingegen bezahlt den Großteil ihres Essengeldes in die Gemeinschaftskasse und sie kocht an den Wochenenden fast regelmäßig für die Gruppe. Weil sie so empfindlich ist und Essen, das andere zubereiten, meist nicht verträgt, geht sie nicht in den Tagestreff zum Mittagessen, sondern lässt sich den entsprechenden Betrag für die Werktage ausbezahlen. Davon kocht sie zu Hause und sie kocht so wirtschaftlich, dass es meist auch noch für die Mitbewohner reicht (es sind ja auch noch aus der Gemeinschaftskasse bezahlte Vorräte da!).

Frau Dolewski und Frau Lieb nehmen ihr Mittagessen in der WfbM ein, wo sie beide arbeiten. Das restliche Geld lassen sie sich streng getrennt auszahlen. Trotzdem teilen sie sich die eingekauften Lebensmittel oder kochen zusammen. Wie gesagt, sie verdienen beide etwas zusätzlich, möglicherweise fällt es ihnen deshalb leichter, großzügig zu sein.

Voraussetzung für eine solche Vielfalt ist neben dem Angebot an Möglichkeiten die Fähigkeit der Mitarbeiter, als Koordinierende Bezugspersonen mit den Klienten ein angemessenes Procedere auszuhandeln. Es gilt dabei, Hilfebedarf, Bedürfnisse des Klienten und Erfordernisse einer angemessenen Ernährung in Einklang zu bringen.

Dezentrales Wohnen – ein Konzept für alle Heimbewohner

Dezentrales Wohnen verändert die Wohnqualität im Rahmen der vollstationären Heimversorgung radikal. Dabei ist der Umzug der Klientinnen und Klienten aus einem mehr oder weniger großen klassischen Heim in normale Wohneinheiten nur der Beginn eines Veränderungsprozesses, aber nach unserer Auffassung auch eine unabdingbare Voraussetzung dafür.

Dezentrales Wohnen ermöglicht die Rollenumkehr zwischen Klient und Betreuungspersonal, wie sie üblicherweise erst mit dem Statuswechsel in das ambulante Betreute Wohnen vollzogen wird: Mit dem Umzug in eine dezentrale Wohnung wird der Klient zum Hausherrn, die Betreuungspersonen werden zu Besuchern, die an der Tür klingeln, wenn sie die Wohnung betreten wollen.

Wie wir an den geschilderten Beispielen zeigen konnten, ist es möglich, im dezentralen Wohnen fast gänzlich auf institutionelle Regelwerke zu verzichten. Dies ist ein wichtiger Schritt im Sinne der Normalisierung und Gemeindeintegration: Bezüglich der Gestaltung des eigenen Wohnraums, der Lebensgewohnheiten und des Tagesablaufs rücken die eigenen Bedürfnisse der Bewohner gegenüber den institutionellen »Sach«zwängen in den Vordergrund; hinsichtlich der sozialen Beziehungen gelten nun für die Heimbewohner dieselben Regeln wie für ihre gesunden Mitbürger, nämlich die gesellschaftlich üblichen Umgangsformen, Normen und Gesetze. Regeln des Zusammenlebens, soziale Probleme und Konflikte müssen in Gesprächen und Verhandlungen individuell geklärt werden.

Unsere Erfahrung ist, dass weithin Konsens darüber besteht, dass dezentrales Wohnen im Rahmen des beschriebenen Konzeptes eine wünschenswerte Weiterentwicklung der Heimversorgung darstellt. Allerdings stoßen wir auf große Skepsis, sobald wir für dieses Konzept Allgemeingültigkeit für alle chronisch psychisch kranken Menschen beanspruchen, also darauf bestehen, dass es auch für Menschen tauglich ist, die im psychiatrischen Jargon üblicherweise als »Systemsprenger« bezeichnet werden (HOPFMÜLLER 2001). Die ausführlichen Einzeldarstellungen im folgenden Kapitel belegen diesen Anspruch.

Kapitel 6
Systemsprenger

Die folgenden Fallgeschichten zeigen, dass sich bei den Mitarbeiterinnen und Mitarbeitern Lernprozesse vollzogen haben, die eine Ausweitung des ursprünglich auf eine begrenzte Klientengruppe zugeschnittenen Projekts auf prinzipiell alle chronisch psychisch kranken Menschen ermöglicht. In einer Region, die eine Versorgungsverpflichtung für alle chronisch Kranken in der Vereinbarung zum Gemeindepsychiatrischen Verbund festgeschrieben hat, müssen sich die Träger der dezentralen Heimversorgung die Frage stellen, ob dieser Anspruch tatsächlich in der Gemeinde realisiert werden kann. Wenn auf die klassische zentrale Heimversorgung verzichtet werden soll, muss ein Weg aufgezeichnet werden, auf dem alle heimbedürftigen Klienten dezentral versorgt werden können.

Damit ist das Schlagwort der so genannten Systemsprenger angesprochen. Thematisch bezieht sich die Diskussion um Systemsprenger auf bestimmte Gruppen psychisch kranker Menschen, bei deren Versorgung besondere Risiken – entweder für sie selbst, für Mitbewohner und Mitarbeiter der Einrichtung oder für die Nachbarschaft – unterstellt werden. Man geht gemeinhin davon aus, dass diese Risiken im Rahmen des klassischen Heimsettings durch verstärkte Kontrolle minimiert werden können. Üblicherweise wird diese Kontrolle mit Begriffen wie »schützender Rahmen« oder »engmaschige Betreuung« beschrieben und mit der Betreuungsform der ständigen personellen Präsenz assoziiert.

Schlagwortartig werden besondere Risiken meist folgenden Klientengruppen zugeschrieben, nämlich Klienten:
- mit aggressiven Durchbrüchen,
- mit schweren Angststörungen,
- mit Suizidversuchen in der Vorgeschichte,
- mit der Doppeldiagnose Psychose und Sucht,
- die ehemals forensisch untergebracht waren,

- die gebrechlich und/oder verwirrt sind,
- die sich häufig selbst verletzen,
- die sich nicht an Absprachen halten können,
- mit starken Defiziten bei der Selbstversorgung.

Es hat sich gezeigt, dass die Frage der Risiken bei der dezentralen Heimversorgung mit zunehmender praktischer Erfahrung an Brisanz verliert. Die Lernprozesse mit der personenzentrierten Betreuung in den dezentralen Wohngruppen führen zu ständigen Neubewertungen der Möglichkeiten. Dezentrale Heimversorgung muss sich mit denselben Alltagsproblemen auseinander setzen wie die klassische Heimversorgung; die aus dem Heimalltag bekannten Konflikte verschwinden selbstverständlich nicht durch die dezentrale Versorgung, werden aber auch nicht zwingend größer. Da die dezentrale Versorgung mit anderen Mitteln arbeitet, muss sie allerdings erst ihre eigenen Erfahrungen mit den Grenzen der Betreuung machen und für einzelne Klientengruppen und Problemsituationen eigene Standards definieren. Die Besonderheiten des Umgangs mit den oben beschriebenen Risiken im dezentralen Wohnen und die aus der Bewältigung der Probleme erarbeiteten Betreuungsstandards werden im Folgenden vorgestellt.

Defizite bei der Selbstversorgung

Ein häufiger Grund für die Betreuung in Heimen ist bei chronisch psychisch kranken Menschen, dass sie im eigenen Haushalt zu verwahrlosen drohen und nicht in der Lage sind, für die elementaren menschlichen Bedürfnisse wie Essen und Trinken zu sorgen. Seit der Psychiatrie-Enquete werden in psychiatrischen Kliniken Haushaltstrainings angeboten, um diese Defizite zu beseitigen. Klienten, die der Heimversorgung bedürfen, sind in der Regel nicht fähig, in solchen Trainings die erforderlichen Fähigkeiten zu entwickeln. Sie lernen dies aber dann, wenn die Lernsituation innerhalb der vertrauten Räumlichkeiten stattfindet und wenn die Vermittlung durch Personen erfolgt, zu denen der Klient eine langfristige Beziehung hat. In dieser Betreuungsqualität ist die dezentrale Heimversorgung dem klassischen Heim weit überlegen. Es gibt Klientengruppen, die nach der Überwindung der Defizite im Bereich der Selbstversorgung unmittelbar in den ambulanten Status wechseln können. Im folgenden Beispiel geht es um jüngere Klienten, die die in sie gesetzten Hoffnungen zwar überwiegend enttäuschten, dennoch nach einer Phase der dezentralen Betreuung in ambulantes Betreutes Wohnen entlassen werden konnten:

Herr Mai (35) und Herr Scheubeck (30) bezogen eine kleine Wohnung in der Ravensburger Innenstadt. Beide waren schon früh an Schizophrenie erkrankt, Herr Mai im Alter von 18 Jahren, Herr Scheubeck war bereits wegen einer Geburtskomplikation retardiert und erkrankte in der frühen Jugend an Hebephrenie. Weil sie nie in ihrem Leben selbstständig gelebt hatten, waren ihnen Tätigkeiten wie Putzen, Aufräumen oder Wäschewaschen zeitlebens fremd geblieben. Auf Grund ihrer krankheitsbedingten Fähigkeitsstörungen haben sie einen hohen Hilfebedarf. Herr Mai arbeitete in der Werkstatt für behinderte Menschen und brauchte seine ganze Freizeit inklusive Wochenende zum Ausruhen. Herr Scheubeck hatte jahrelang im Rahmen der Arbeitstherapie die unterschiedlichsten Arbeitsplätze ausprobiert, aber es kam nirgendwo zu einem dauerhaften Arbeitsverhältnis, weil er in dieser Hinsicht viel zu »wurschtig« ist. Er hat viele Interessen (Heavy Metal, Reptilien, Horrorfilme, elektronische Geräte, Kleidung) und keine Probleme mit Langeweile. Er lebt einfach sehr beschäftigt in den Tag hinein. Die beiden jungen Männer sind bei den Mitarbeitern beliebt, weil sie meistens sehr freundlich sind, sich über jeden Besuch freuen und im Grunde alles tun, was man ihnen sagt. Im Jargon der Mitarbeiter heißen sie »die Buben von der Kernergasse«. Und wie Buben sind, muss man ihnen manches eben öfter oder eindringlicher sagen. Einkaufen und Mahlzeiten zubereiten können sie leidlich, beim Putzen, Wäschewaschen, Müllentsorgen und Aufräumen brauchen sie aber intensive Hilfe.

Nachdem jahrelang mit sehr mäßigem Erfolg, aber viel Energie versucht wurde, ihnen die notwendigen Fähigkeiten inklusive Motivation beizubringen, gab man es schließlich auf und entließ sie in das ambulante Betreute Wohnen. Das Sozialamt bezahlt eine zusätzliche Pauschale zur »Aufrechterhaltung des eigenen Haushalts«, die ausreicht, die entsprechenden Hilfen zu bezahlen. Und wenn sie nicht gestorben sind ...

Zusammenfassend kann man feststellen, dass es einem Teil der Klienten im dezentralen Wohnen gelingt, Fähigkeiten zu erlernen bzw. wieder zu erlernen, die entweder im »Hospital« nicht gebraucht wurden oder noch nie gelernt worden waren. Diese haushaltstechnischen Fähigkeiten sind aber für das dezentrale Wohnen gar nicht unbedingt erforderlich, weil sie zum Beispiel in Wohngemeinschaften von Mitbewohnern kompensiert oder als professionelle Dienstleistung eingekauft werden können. Generell scheint es so zu sein, dass im Zusammenhang mit der Betreuung chronisch psychisch kranker Menschen die Bedeutung der »harten« Aspekte des Bereichs Selbstsorge tendenziell überschätzt wird, während die »weichen« Aspekte

Kommunikation und Teilhabe am gesellschaftlichen Leben, Bewältigung der Erkrankungsfolgen, Sinnfindung eher vernachlässigt werden. Ob die Wohnung dreckig ist, sieht man. Wenn eine Person sich länger nicht gewaschen hat, riecht man es. Die Kenntnisse und Fähigkeiten, die nötig sind, um Abhilfe zu schaffen, hat man und kann sie einsetzen. Dagegen ist es ungleich schwieriger, sich mit einem aggressiven, unglücklichen, verängstigten oder unter sozialer Isolierung leidenden Menschen auseinander zu setzen und ihn bei der Suche nach Auswegen und Perspektiven zu unterstützen.

Abbildung 5: Psychiatrischer Standard »Erledigung des Haushalts«

Psychiatrischer Standard:
Erledigung des Haushaltes im dezentralen Wohnen

Grundsätze:

Der Haushalt wird von den MitarbeiterInnen der dezentralen Wohneinheit nicht »für« den Klienten/die Klientin sondern ausschließlich »mit« der betroffenen Person erledigt.

Die Verteilung der Haushaltstätigkeiten erfolgt bei Bedarf im Rahmen des Wohngruppenmanagements, Probleme bei der Durchführung werden in der wöchentlichen Wohnungsversammlung besprochen.

Motivation, Anleitung und Unterstützung wird da gegeben, wo es notwendig ist.

Bei Bedarf Einsatz von ehrenamtlichen MitarbeiterInnen oder Fremdfirmen.

Durchführung durch:

- Gesundheits- und KrankenpflegerInnen
- HeilerziehungspflegerInnen
- ErzieherInnen
- Auszubildende der Heilerziehungspflege
- VorpraktikantInnen der Heilerziehungspflege

Tätigkeitsschwerpunkte:

Einkauf

- Überblick verschaffen über zu besorgende Dinge
- Einkaufszettel schreiben
- Erledigung des Einkaufs
- Verwaltung der Wohngruppenkasse
- Sachgerechtes Verräumen der Einkäufe

Nahrungszubereitung, einschl. Vor- und Nachbereitung

- Speiseplan erstellen
- Vorbereitung der Mahlzeiten (Tisch decken, Nahrungszubereitung, Anrichten der Speisen)
- Nachbereitung der Mahlzeiten (Tisch abräumen und wischen, Spülmaschine ein- und ausräumen)

Wäschepflege

- Schmutzwäsche sammeln
- Nach Farben und Temperatur getrennt waschen
- Trockner bedienen oder Wäsche aufhängen
- Wäsche zusammenlegen und im Schrank verräumen

Zimmerpflege

- Gestaltung des Wohnraums
- Lüften, heizen
- Bett beziehen
- Müll entsorgen
- Verdorbene Speisen entsorgen
- Aschenbecherbenutzung und -leerung
- Schrank einräumen
- Staub wischen
- Boden putzen

Pflege von Gemeinschaftsräumen

- Wohnzimmer, Küche, Flur, Bad, WC reinigen (Frequenz orientiert sich an den Hygiene-standards und wird in der Wohnungsversammlung festgelegt)
- Müll entsorgen

Kehrwoche

Der Hausordnung entsprechend Kehrwoche erledigen durch BewohnerInnen, BewohnerInnen gegen Bezahlung oder eine Fremdfirma. Die Festlegung erfolgt im Rahmen des Wohngruppen-managements, die Organisation erfolgt durch die Objektmanagerin.

Hygienestandards in der Wohnung

Der Wohngruppenmanager trägt dafür Sorge, dass die Hygienestandards eingehalten werden. Er plant und delegiert die entsprechenden Aufgaben.

Mangelnde Absprachefähigkeit

Das Phänomen der mangelnden Absprachefähigkeit ist bei schweren psy-chischen Erkrankungen Bestandteil der Psychopathologie. Sie ist in akuten Phasen eng assoziiert mit der mangelnden Krankheitseinsicht und bezieht sich in dieser Phase meist auf die Frage der Medikamenteneinnahme. In der komplementären Versorgung gehört die mangelnde Absprachefähigkeit zum Betreuungsalltag. Riskant wird die mangelnde Absprachefähigkeit erst dann, wenn sie zu einer vollkommenen Absprachunfähigkeit wird und demzu-folge ständig befürchtet werden muss, dass der Klient sich selbst gefährdct. Wenn keine Ebene der Absprache – nicht einmal kurzfristige – hergestellt werden kann, ist dezentrale Versorgung auf Grund der fehlenden Dauer-präsenz überfordert. Das ist zum Beispiel der Fall bei einer demenziellen Entwicklung, von der chronisch psychisch kranke Menschen nicht unbedingt verschont bleiben.

Hirnorganische Veränderung als Ausschlusskriterium – Frau König

Der folgende Text berichtet von der jetzt 68-jährigen Hilde König. Frau König verbrachte fast fünf Jahre auf verschiedenen Wohngruppen unseres Wohn- und Pflegeheims. Der Verlauf ist in einem Sozialbericht zusammen-gefasst, der am Ende ihres Aufenthaltes in der dezentralen Wohngruppe verfasst wurde.

»Vor zehn Jahren verstarb Frau Königs Ehemann. Nach mehreren Stür-zen in alkoholisiertem Zustand wurde sie im selben Jahr erstmals im ZfP Weissenau stationär behandelt. Wie die beiden Töchter berichteten, sei sie zu dieser Zeit bereits seit mehreren Jahren alkoholabhängig gewesen und habe die Haushaltsführung immer mehr vernachlässigt. Durch den Tod des Mannes habe sich dieser Zustand zunehmend verschlimmert. Drei Jahre später kam es zur zweiten stationären Aufnahme. Unmittelbarer Anlass war eine schwere Schädelverletzung, die ihr von einem Bekannten in alkoholisiertem Zustand beigebracht worden war. Nach Entlassung in ein Altenheim wurde sie im darauf folgenden Jahr erneut in der Weissenau behandelt, da sie zunehmend paranoide Vorstellungen entwickelte, Sui-zidabsichten äußerte, nachts in die Zimmer ihrer Mitbewohner eindrang und diese bedrohte.«

Frau König wurde dann zunächst auf einer Wohngruppe der psychiatrischen Altenpflege aufgenommen, wo sich ihr Zustand so weit verbesserte, dass sie auf die Wohngruppe verlegt werden konnte, die dezentralisiert werden sollte. Der Sozialbericht fährt hier fort.

»Frau König fand sich auf der neuen Wohngruppe erstaunlich schnell zurecht, konnte trotz immer wieder auftretender Orientierungsproble-me auch Botengänge und kleine Einkäufe übernehmen und erledigte gerne hauswirtschaftliche Arbeiten, bevorzugt bügelte sie und erledigte die Wäsche.«

Zwischenzeitlich hatte sich Frau König durch einen erneuten Sturz eine Knieverletzung zugezogen. Der damit verbundene lange Krankenhausaufenthalt warf sie in ihrer Entwicklung erneut zurück, sodass sie wiederum auf der Altenpflegestation »hochgepäppelt« werden musste und erst Ende Juli 2000, zwei Monate nach ihren Mitbewohnern, die dezentrale Wohnung beziehen konnte.

»Die Entwicklung in der dezentralen Wohnung war generell durch starke Schwankungen in der Befindlichkeit gekennzeichnet. Es wechselten sich Tage, an denen sie selbstständig aufstand, ihre Körperpflege allein erledigte und sich allein beschäftigte, mit Tagen ab, an denen sie für durchweg alle Verrichtungen des Alltags Hilfe benötigte, auch ihr eigenes Zimmer nicht mehr fand. Etwa seit zwei Jahren nach dem Einzug entwickelte sich der pflegerische Aufwand derart, dass es vorkam, dass die Mitarbeiter nicht mehr ausreichend Zeit für die Betreuung aller Bewohner der Wohnung hatten. Gegen Jahresende verschärfte sich die Situation dadurch, dass Frau Königs Bewegungskoordination erheblich beeinträchtigt war. Sie ging sehr unsicher und drohte sogar beim Sitzen auf einem gewöhnlichen Stuhl zur Seite zu kippen.«

Diese Entwicklung veranlasste das Team, nach einer alternativen Betreuungsform für Frau König zu suchen. Schließlich fand sie Aufnahme bei einer Pflegefamilie im Rahmen der gerontopsychiatrischen Familienpflege. Uns wurde berichtet, dass es zwar in der Übergangsphase Probleme gegeben habe und phasenweise der pflegerische Aufwand nochmals deutlich zugenommen habe, dies habe sich jedoch im Laufe eines halben Jahres wieder entspannt. Frau König lebt nach wie vor in dieser Familie. Damit ist eine klare Grenze der dezentralen Heimversorgung markiert. Im Falle hirnorganischen Abbaus, der eine Absprache für wenigstens einige Stunden nicht mehr möglich macht, ist die Betreuung im Rahmen des Betreuten Wohnen in Familien die adäquatere Versorgungsform. Eine Gastfamilie ist prinzipiell in der Lage, ständige Präsenz sicherzustellen, auch wenn es dazu spezieller Familien bedarf. Dies konnte besonders das Projekt in Merxhausen mit der Betreuung von Menschen mit einer Alkoholdemenz zeigen (SOMMER u. a. 2004).

Mangelnde Absprachefähigkeit ohne hirnorganische Komponente kann hingegen auf der Ebene der Beziehungsarbeit angegangen werden. Ein wesentliches Element ist dabei die feste Zuordnung einer Koordinierenden Bezugsperson und die von ihr mit dem Klienten erstellte Hilfeplanung.

Die Entdeckung der Unveränderbarkeit – Herr Plattner

Herr Plattner war 16 Jahre alt, als er zum ersten Mal stationär in der Abteilung für Kinder- und Jugendpsychiatrie behandelt wurde. Es wurde eine »akute psychotische Dekompensation mit Fremd- und Eigengefährdung« diagnostiziert. Er holte in der Klinikschule den Hauptschulabschluss nach, der Versuch, die Mittlere Reife zu erlangen, scheiterte allerdings »aus Krankheitsgründen«.

»Er wurde mehrfach zu seiner geschiedenen Mutter nach Hause entlassen, wurde jedoch immer wieder wegen Angstzuständen, depressiver Verstimmungen, völliger sozialer Isolation und Erregungszuständen aufgenommen. Des Weiteren hat Herr Plattner mehrere Suizidversuche begangen. Er befindet sich seit neun Jahren ununterbrochen im ZfP Weissenau.«

Dem Sozialbericht von damals ist auch aus heutiger Sicht nichts Wesentliches hinzuzufügen, auch wenn manche Formulierung heute bereits historischen Charakter hat:

»... auf der Station deutete sich jedoch an, dass stark ausgeprägte Defizite im hygienischen Bereich sowie im Sozialverhalten eine kontinuierliche Betreuung notwendig machen. Herr Plattner lebt auch auf Station sehr zurückgezogen, es ist sehr schwer für ihn, die Anwesenheit anderer Menschen auszuhalten. Herrn Plattners psychische Erkrankung ist nach wie vor sehr stark ausgeprägt, d. h., er leidet unter Denkstörungen, unter innerer Unruhe, in gewisser Weise auch an einer Selbstüberschätzung. Weiter leidet er unter regelmäßig wiederkehrenden Wahnvorstellungen, dabei bevorzugt Herr Plattner, sich in sein Zimmer zurückzuziehen und diese allein durchzustehen. Kontakte zu Mitbewohnern lehnte er ab. Insgesamt hat sich für uns gezeigt, dass Herr Plattner ein doch sehr betreuungsaufwändiger und anspruchsvoller Bewohner ist.«

Herr Plattner zog vor drei Jahren in eine dezentrale Wohnung, seine zentrale Wohngruppe wurde nach Friedrichshafen umgesiedelt und er wollte in Ravensburg bleiben. Salopp ausgedrückt könnte man die Problematik des Betreuungsverhältnisses in dem Satz zusammenfassen:»Herr Plattner macht, was er will und wann er es will, und er redet nur mit uns, wenn er will.« Die oben erwähnten»Defizite im hygienischen Bereich sowie im Sozialverhalten« lesen sich in der Dokumentation heute etwa so:

»Herr Plattner hat sich nach mehrmaliger Aufforderung nicht gewaschen und ist mit offenem Hemd, ungekämmt sowie mit Essensresten im Bart losgegangen, um zur Apotheke zu gehen.«

»Herr Plattner war heute Morgen schon unterwegs, kam angetrunken in die Wohnung zurück. Als er im Hausflur stand, hingen ihm seine Hosen in den Kniekehlen.«

»Anruf von der Polizei, Herr Plattner wurde in der Südstadt ohne Hose und Schuhe aufgegriffen. Wird von der Polizei ins ZfP (Akutstation) gebracht.«

Es gilt weiterhin, dass »Herrn Plattners psychische Erkrankung nach wie vor sehr stark ausgeprägt« ist. Durchschnittlich etwa zweimal wöchentlich finden sich Einträge wie diese:

»Herr Plattner war heute Mittag nicht zu motivieren zu duschen. Er lag wimmernd im Bett und war vom Goldenen Zeitalter getrieben. Nachmittags lag er im Bett und wimmerte sehr laut. Mehrmals stöhnte er, er halte es nicht mehr aus. Bekam um 15 Uhr eine Tablette Truxal 20 mg zum Bedarf. Gegen 18 Uhr legte sich sein angespanntes Verhalten und er kam zur Ruhe.«

»Herrn Plattner geht es heute Morgen nicht gut. Er möchte sofort auf die Akutstation verlegt werden. Nach einem Gespräch lässt er sich doch darauf ein, in der Wohnung zu bleiben. Er schreit sehr viel. Herr Plattner hat 50 mg Truxal als Bedarf in sein Zimmer bekommen. Er meldet sich auf dem Handy mit der dringlichen Bitte, auf die Akutstation verlegt zu werden. Bedarfsmedikation verweigerte er. Wurde mittags auf die Station verlegt.«

»Herr Plattner rief um 12 Uhr 15 auf dem Rufbereitschaftshandy an, sagte, er habe sich mit dem Messer am Handgelenk geschnitten, es wäre aber nur eine leichte Verletzung. Ich fuhr daraufhin sofort in die Schillerstraße und traf Herrn Plattner in der Zufahrt an. Er sagte auf meine Nachfrage, er sei auf dem Weg nach Weissenau, um sich einweisen zu lassen. Ich antwortete ihm, dass ich mit ihm ins Büro der Psychiatrischen Institutsambulanz fahren würde, zum Gespräch mit der dortigen Ärztin, die dann über die Notwendigkeit einer Einweisung entscheiden würde. Daraufhin sagte Herr Plattner, es ginge ihm doch nicht so schlecht, konnte sich auch klar von weiteren suizidalen Handlungen distanzieren.«

In weniger dramatischen Phasen lebt Herr Plattner dann ziemlich zurückgezogen und hält sich überwiegend in seinem Zimmer auf. Zeitweise geht er frühmorgens zur Tankstelle, um Bier zu trinken. Nur in seltenen Ausnahmefällen nimmt er an gemeinsamen Mahlzeiten teil, ansonsten ernährt er sich von Fertiggerichten oder bestellt sich eine Pizza. Er telefoniert viel, besucht Bekannte, schaut Videos oder DVDs, von denen er eine große Sammlung besitzt (gute Filme, er ist Cineast). Aber auch in den besseren Zeiten ist der Kontakt mit den Mitarbeitern aufs Nötigste reduziert und gelegentliche Gespräche über Filme oder Rockmusik mit interessierten Mitarbeitern sind die Highlights:

»Herr Plattner wollte seine Ruhe. Er macht einen guten Eindruck.«

»Herr Plattner liegt im Bett und schaut Video, er telefoniert recht viel und macht sich sein Abendessen selbst.«

»Herrn Plattner ging es heute sehr gut. Er hat sich ohne Aufforderung geduscht, danach noch das Bad geputzt und seine Wäsche gewaschen. Auch sonst war er sehr freundlich und gesprächig.«

»Herr Plattner verbrachte den Nachmittag und Abend in seinem Zimmer und kommt nur dann, wenn es notwendig ist. Macht einen guten Gesamteindruck.«

»Heute geht es ihm bedeutend besser. Auf Nachfrage, was ihm am Freitag Angst gemacht hat, meinte er, er habe halt gesponnen.«

Bezüglich der Betreuung und Hilfeplanung lebt ein Team im Falle von Klienten wie Herrn Plattner sozusagen von der Hand in den Mund. Es ist ein hohes Maß an Empathie nötig, um beurteilen zu lernen, wann Herr Plattner Hilfe braucht und welche Art der Intervention wann von ihm als hilfreich empfunden wird. Eine besondere Herausforderung ist es, dass das Team bei solchen Klienten mit der programmierten Erfolglosigkeit lebt. Besonders frustrierend ist es, dass die oft erst vierzigjährigen Klienten über Jahre hinweg nicht selbstständiger werden, obwohl unzählige Versuche in diese Richtung gestartet werden. Das Team muss bei der Betreuung dieser Klientengruppe lernen, die ständige Wiederholung von Problemen und Krisen auszuhalten. Die Entdeckung der Langsamkeit hat sich die Sozialpsychiatrie zwischenzeitlich auf ihre Fahnen geschrieben, die Entdeckung der Unveränderbarkeit ohne die Sanktion des Ausschlusses aus der Gemeinde bleibt noch eine Entwicklungsaufgabe.

Paradoxerweise ist die Hilfeplanung bei dieser Patientengruppe besonders wichtig. Die Mitarbeiter laufen dabei ständig Gefahr, die Ziele zu hoch anzusetzen. Die entscheidende Aufgabe der Koordinierenden Bezugsperson

Abbildung 6: Psychiatrischer Standard »Rehabilitation«

Standard: Hilfeplanung im Bereich Rehabilitation

Durchführung durch:

- Pflegefachkräfte, Sozialarbeiterinnen und PsychologInnen in der Funktion als Koordinierende Bezugsperson

Frequenz:

- mindestens halbjährlich; falls in der HPK ein kürzerer Zeitraum festgelegt wurde, gilt dieser

Grundsätze:

- für jeden Klienten muss eine Hilfeplanung vorliegen und regelmäßig überprüft werden.
- Der Hilfeplan wird mit dem Klienten erstellt
- Die Hilfeplanung ist ein Prozess der Aushandlung zwischen den Bedürfnissen des Klienten und der Beurteilung der Koordinierenden Bezugsperson
- der Hilfeplan muss nicht alle Probleme des Klienten umfassen. Regelmäßig wiederkehrende Hilfen im Sinne der Pflegeversicherung müssen in den Hilfeplan integriert werden

Vorgehen:

- der Hilfeplan entsteht in mehreren Gesprächen mit dem Klienten und ggf. seinen Angehörigen, seinem gesetzlichen Betreuer und weiteren Personen seines sozialen Umfelds
- der Integrierte Behandlungs- und Rehabilitationsplan (IBRP) ist die Grundlage der Hilfeplangespräche

Vorbereitung:

- die Hilfeplanung soll in einer entspannten Atmosphäre stattfinden. Dazu wird ein eigener Termin an einem störungsfreien Ort vereinbart
- bei der Terminabsprache wird der Klient über den Zweck des Hilfeplangesprächs aufgeklärt (gemeinsame Erstellung des Hilfeplans)

Durchführung:

- Abklärung, ob der Klient den Zweck des Gesprächs verstanden hat
- Besprechung der aktuellen Lebenssituation und den krankheitsbedingten Problemen
- Festlegung von Zielen des Klienten im Hinblick auf die Bereiche
  - Wohnen
  - Tagesstrukturierung/Beschäftigung
  - Krankheitsbewältigung
- dabei den Grundsatz der kleinen Schritte und des Prinzips »Manchmal führt auch der Umweg zum Ziel« beachten
- Feststellen von Ressourcen und Beeinträchtigungen/Fähigkeitsstörungen im Hinblick auf die Erreichung der vereinbarten Ziele
- Erarbeitung und Aushandlung von Maßnahmen zur schrittweisen Erreichung der vereinbarten Ziele
- Suche nach und Einbeziehung von nichtpsychiatrischen Hilfen (Nachbarschaftshilfe, Angehörige, Mitbewohner, Kirchengemeinde etc.)
- Konkretisierung der Maßnahmen in einer Form, die eine Formulierung von Aufträgen ermöglicht
- Vereinbarung der Maßnahmen und Festlegung der Auftragnehmer
- Festlegung des Zeitraums zur Überprüfung des Hilfeplans

besteht darin, den Katalog der Maßnahmen so zu formulieren, dass alle Mitarbeiter die erforderliche Maßnahmequalität auch umsetzen können.

Schwere Angststörungen

Massive Ängste, in der Regel eingebettet in eine psychotische Störung, ziehen die Weigerung des Klienten nach sich, in einer Einrichtung zu leben, in der nicht ständig Mitarbeiter anwesend sind. Besonders massiv wird von diesen Klienten erlebt, die Nacht ohne Personal zu verbringen oder die Wohnung zu verlassen. Da sie ihre Ängste nachvollziehbar verbalisieren können, entwickeln die Mitarbeiter eine Ambivalenz zwischen empathischem Verständnis und Ärger gegenüber dieser Verweigerung. In der Betreuung müssen daher bereits vor dem Einzug in die dezentrale Wohngruppe Maßnahmen zur Angstbewältigung und deren Vermittlung gegenüber dem Klienten geplant werden.

Empathische Überwältigung – Frau Lieb

Heidrun Lieb, 46 Jahre alt, leidet an einer paranoiden Schizophrenie mit chronischer Entwicklung und rezidivierenden Angstzuständen, in der Vorgeschichte gab es Panikattacken bis hin zur Suizidalität unter dem Eindruck psychotischer Erlebniswelt. Frau Lieb ist in den letzten 25 Jahren wiederholt in psychiatrischen Einrichtungen behandelt worden. Fünf Jahre lang war sie wegen versuchter schwerer Brandstiftung forensisch untergebracht. Seit mehr als dreizehn Jahren lebt sie im Heimbereich der Weissenau.

Frau Lieb verließ die zentrale Wohngruppe nur bei Helligkeit, um kleine Besorgungen auf dem Gelände der psychiatrischen Anstalt zu machen oder um stundenweise einer Arbeit in der Arbeitstherapie nachzugehen. Das Gelände verließ sie nur in Begleitung von Mitarbeitern oder mit Verwandten. Medikamentös benötigte Frau Lieb Benzodiazepine als Bedarfsmedikation. Vor dem Auszug aus der zentralen Wohngruppe äußerte sie große Ängste in Bezug auf die Veränderung des Wohnorts, sie befürchtete, dass sie zu Alkohol greifen müsse, wenn die Ängste zu groß würden. Es war geplant, dass sie mit drei weiteren Bewohnern in die Wagnerstraße ziehen soll.

»Bei der Besichtigung der Wohnung war Frau Lieb sehr erfreut. Sie kann es sich vorstellen, in die Wagnerstraße einzuziehen. Sie wirkt fast ein wenig euphorisch. Frau Lieb hat sich das kleinere Zimmer angeschaut, sie mag keine großen. Sie möchte, dass Herr Angele neben ihr wohnt.«

Vor dem Auszug zeichnet sich eine Beziehung zu einem ehemaligen forensischen Patienten ab. Dieser lebt auf dem Gelände der Psychiatrie. Frau Lieb überwindet ihre Ängste vor der Dunkelheit und besucht ihn am Abend.

»Beim Auszug hat Frau Lieb leichte Angstzustände, wünscht Bedarfsmedikation.«
»Berichtet, dass sie sehr gut geschlafen habe, sie fühlt sich nach ihren Angaben in der Wagnerstraße sicher.«
»Frau Lieb ist nervös und ängstlich, als sie mit dem Bus zur Arbeit fahren soll. Wird von ihren Mitbewohnern in die Mitte genommen und meint, es werde schon gehen.«

Während des ersten Monats nach dem Auszug überwindet Frau Lieb die Angst vor dem Busfahren. Sie fährt zwar nicht allein, nimmt aber die Hilfe ihrer Mitbewohner an. Als die Wohngruppe sich noch zentral auf dem Psychiatriegelände befand, war der Versuch, mit Frau Lieb das Busfahren zu trainieren, wegen ihrer Angstzustände immer wieder gescheitert.

Nach rund einem Monat verstärken sich die Angstzustände, selbst mit einer Bedarfsmedikation erfolgt keine Besserung. Für Frau Lieb wird auf ihrer alten Wohngruppe ein Notbett eingerichtet. Nach Feierabend fährt sie zunächst in ihre Wohnung, die Nacht verbringt sie im Notbett. Zudem klagt sie verstärkt über somatische Beschwerden wie Herzstechen, Übelkeit, Zahnschmerzen etc. Frau Lieb ist in dieser Phase hin und her gerissen, ob sie weiterhin in der Wagnerstraße wohnen kann oder ob sie auf eine zentrale Wohngruppe auf dem Gelände zurückverlegt werden will.

Während dieser Zeit verliebt sich Frau Lieb in einen Mitarbeiter. Ihre Verliebtheit gesteht sie einer Kollegin. Da Frau Lieb sich vor Jahren in einer anderen Einrichtung schon einmal in einen Mitarbeiter verliebt hatte, in diesem Zusammenhang eine versuchte schwere Brandstiftung verübte und dafür eine langjährige Bewährungsstrafe erhalten hat, wurde die Liebe zu dem Mitarbeiter mit der Bezugsperson thematisiert. Anfänglich lehnte Frau Lieb solche Gespräche ab. Doch durch die Beharrlichkeit der Bezugsperson konnte Frau Lieb zunehmend über ihre Gefühle sprechen und sie in Verbindung mit ihrer Biografie aufarbeiten.

Nach einigen Tagen erklärte Frau Lieb sich zu einem erneuten Versuch bereit, in der Wagnerstraße zu übernachten. Ihr war dabei wichtig, dass sie am Abend nochmals telefonischen Kontakt zur Rufbereitschaft hatte und dass das Telefon neben ihrem Bett stand. Das Busfahren zur Arbeit lehnte sie anfänglich weiter ab, weshalb mit ihr vereinbart wurde, dass der zuständige

Mitarbeiter sie mit dem Auto zur Arbeit fährt. Ein neuer Termin, wann sie wieder in Begleitung eines Mitbewohners mit dem Bus zur Arbeit fahren würde, wurde mit ihr ausgehandelt und sie hielt ihn ein.

Über ein Jahr lang wechselten sich Phasen der Stabilität mit Phasen verstärkter Angstzustände ab; während der Angstzustände nahm Frau Lieb vermehrt Bedarfsmedikation und/oder das Ausweichquartier zentrale Wohngruppe in Anspruch. Immer wieder thematisierte sie auch eine Rückkehr auf eine zentrale Wohngruppe, war letztlich aber doch selbst zu ambivalent, um diese Lösung durchzusetzen. Frau Lieb verhielt sich frei nach Karl Valentin: »Mögen hätt' ich schon wollen, aber dürfen hab' ich mich nicht getraut.« Nun war jedoch eine stationäre Behandlung erforderlich, da sie sich nicht von suizidalen Gedanken distanzieren konnte.

»Frau Lieb äußert Suizidgedanken, kann mir nicht zusichern, sich nichts anzutun.«Besuch bei Frau Lieb auf der Behandlungsstation, Frau Lieb geht es besser, kann sich einen Versuch in der Wagnerstraße vorstellen, hat aber abends Ängste.«
»Frau Lieb ist heute für einen Tag in die Wagnerstraße beurlaubt. Ich musste sie am Abend wieder auf die Behandlungsstation bringen, sie hatte Angst, nachts hier zu bleiben. Während des Aufenthalts in der Wohnung wurde sie zunehmend unruhiger. Sie hat ihre Wäsche gewaschen, räumte ihr Zimmer auf und lief ansonsten unruhig auf und ab. Bedarfsmedikation zeigte keine Wirkung.«

Nach einem Monat war dann eine Entlassung von der Behandlungsstation geplant. Vor der Entlassung wurde mit Frau Lieb ein Gespräch mit der Bezugsperson und der Heimleitung geführt und gemeinsam ein Plan der »Wiedereingliederung« in die Wagnerstraße erarbeitet. Schwerpunkte waren die Strukturierung des Tages und die Vorgehensweise der Mitarbeiter bei Äußerungen von Angstzuständen oder auch suizidalen Gedanken.

14 Uhr: »Frau Lieb wird von mir von der Behandlungsstation abgeholt, Abschlussgespräch mit der behandelnden Ärztin.«
14 Uhr 30: »Frau Lieb kauft sich Kuchen zur Feier des Tages, sie ist guter Dinge.«
15 Uhr: »Frau Lieb ist wieder in der Wagnerstraße, freut sich darüber, wieder in der Wohnung zu sein, erzählt viel, wäscht ihre Schmutzwäsche.«
16 Uhr 30: »Frau Lieb nimmt ihre Abendmedizin, vereinbare mit ihr, dass ich um 19 Uhr wiederkomme.«

18 Uhr 30: »Frau Lieb ruft auf dem Bereitschaftshandy an, sie äußert Ängste, sage ihr, dass ich um 19 Uhr komme.«

19 Uhr: »Frau Lieb läuft unruhig den Flur auf und ab, sagt, sie halte es nicht mehr hier aus, ›ich habe so eine wahnsinnige Angst‹. Über ihre Ängste gesprochen, erhält Nachtmedizin, mit ihr abgesprochen, dass ich um 20 Uhr wiederkomme.«

20 Uhr: »Frau Lieb sagt, dass sie es nicht mehr länger in der Wagnerstraße aushalte: gemeinsames Gespräch, rede ihr gut zu, sie möchte wieder auf die Behandlungsstation, äußert Selbstmordgedanken, kann diese aber nicht konkretisieren, distanziert sich davon. Wirkt mit der ganzen Situation überfordert. Sage ihr, dass sie, auch wenn sie hier eine gute Nacht verbringt, morgen Entscheidungsfreiheit hat – also, dass sie entscheiden kann, ob sie in der Wohnung weiterhin wohnen möchte oder wieder in die Einrichtung zurück will. Versichere und verspreche ihr dies mehrmals. Frau L. wirkt plötzlich sehr erleichtert und entspannt.«

20 Uhr 45: »Ich bestehe darauf, dass sie sich jetzt hinlegt, was sie auch tut. Vereinbare mit ihr, dass sie sich um 21 Uhr 45 bei mir melden kann, wenn es überhaupt nicht mehr geht.«

21 Uhr: »Verlasse die Wohnung mit einem guten Gefühl.«

22 Uhr: »Frau Lieb hat bisher nicht angerufen, die Nacht über kein Anruf.«

7 Uhr: »Wagnerstraße. Frau Lieb kommt mir strahlend entgegen, mit den Worten: ›Ich habe es geschafft, ich kann nachher bei der Arbeit erzählen, dass ich es geschafft habe.‹ Setzen uns gemeinsam in die Küche, ich frage sie, wie es weitergeht, sie meint: ›Ich bleibe hier!‹ Zur Nacht berichtet sie, dass sie einmal um 24 Uhr aufgewacht sei, in die Küche gegangen sei und eine Zigarette geraucht habe, anschließend sei sie wieder ins Bett gegangen und habe bis 6 Uhr 30 geschlafen.«

Seither waren weder eine Verlegung noch eine Übernachtung im Notbett notwendig. In der Geschichte von Frau Lieb bestätigen sich verhaltenstherapeutische Theorien, nach denen Ängste nur durch vorsichtige Konfrontationen bewältigt werden können. Gleichzeitig zeigen sich beispielhaft einige generelle Erfahrungen der dezentralen Heimbetreuung sehr deutlich:

1. Das Trainieren alltagspraktischer Fähigkeiten muss in Beziehung zu einem lebenspraktischen Kontext stehen, es muss eine Sinnhaftigkeit für den Klienten damit verbunden sein.

2. Veränderungen bei lange hospitalisierten und chronifizierten Klienten brauchen Zeit und Beharrlichkeit von allen Seiten.

3. Am Beispiel des Busfahrens wird deutlich, dass sich manche Probleme im normalen Umfeld auch – und manchmal besser – mit nichtprofessionellen Hilfen lösen lassen.

Suizidalität

Für die Betreuungspraxis des dezentralen Wohnens ist es hilfreich, die subjektive von der objektiven Seite der Suizidproblematik zu unterscheiden. Objektiv gesehen begehen etwa 10 bis 15 Prozent der an Schizophrenie erkrankten Menschen Suizid, bei jüngeren schizophrenen Patienten gilt Suizid als die Haupttodesursache.»Etwa die Hälfte aller klinisch behandelten Suizidopfer sind schizophrene Menschen. [...] Schizophrene Psychosen fallen besonders durch unerwartete, bisweilen heroische oder bizarre Suizide auf (Stich in den Leib, Halsaderschnitt, Schienentod u. a.). Dabei handelt es sich nicht selten um stationär behandelte chronisch Kranke, die jede Hoffnung verloren haben.« (Faust: www.psychosoziale-gesundheit.net) »Abnorme Persönlichkeiten oder Persönlichkeitsstörungen bzw. Menschen mit einer depressiven Neurose oder anderen neurotischen Entwicklungen sind eher bei Suizidversuchen zu finden, die aber dennoch oft genug tödlich enden können.« (Ebd.) Bei Patienten mit schizophrenen Erkrankungen ist das Suizidrisiko in der Rehabilitationsphase besonders hoch, da nach Abklingen der schizophrenen, die Realität negierenden Symptome eine Bilanzierung der realen Lebenssituation stattfindet. Es ist demnach realistisch, im dezentralen Wohnen Suizide und Suizidversuche zu erwarten, da in dieser Phase ein Übergang von einem künstlichen Milieu in ein »reales« Milieu stattfindet. Entgegen dieser Erwartung ereignete sich im gesamten Heimbereich des ZfP Weissenau seit der Ausgliederung aus dem Krankenhausbereich 1996 nur ein einziger Fall eines vollendeten Suizids. Es handelte sich um einen schizophrenen Klienten und der Suizid erfolgte in der zentralen Wohngruppe.

Subjektiv gesehen ist Suizidalität für die Mitarbeiter neben der Fremdaggression vielleicht das am meisten belastende Merkmal, da sie das Problem nach Verlassen der Wohnung mit »nach Hause« nehmen. Besonders nach Dienstende ist die Verunsicherung groß, da während der Nacht kein Personal bei den Klienten ist. Diese Verunsicherung birgt zwei Gefahren, nämlich dass das Suizidrisiko aus der Verunsicherung heraus überschätzt oder als Folge von Verleugnung oder Verdrängung unterschätzt wird. Zur subjektiven Seite des Risikos Suizidalität gehört auch, dass es sich häufig um eine Zuschreibung handelt, die, aus Furcht, »schlafende Hunde zu wecken«, nur selten überprüft wird. Der im vorigen Kapitel erwähnte Herr Plattner beispielsweise hat vor seinem Heimaufenthalt mehrere Suizidversuche begangen, wird aber von den Mitarbeitern nicht für suizidgefährdet gehalten. Dagegen galt Frau Kalina, über die unten berichtet wird, im Vorfeld der Dezentralisierung als hoch suizidgefährdet, obwohl über einen Suizidversuch bei ihr nichts bekannt ist.

Die Komponenten von Absprache und Vertrauen haben bei diesem Problem einen hohen Stellenwert. Sicherheit gewinnen die Mitarbeiterinnen und Mitarbeiter durch Information und klare Verhaltensanweisungen, vorzugsweise in Form eines psychiatrischen Standards (siehe unten).

Und es geht doch – Frau Kalina

Frau Kalina war hinsichtlich der Dezentralisierung eine der umstrittensten Klientinnen. Alle Diskussionen im Team waren darauf ausgerichtet, dass das Verlassen des beschützten Rahmens bei Frau Kalina ein hohes, unkalkulierbares Risiko bedeute, wo sie doch offensichtlich schon im »geschützten Rahmen« der Heimstation fast ständig alle Abwehrkräfte mobilisieren musste, um eine psychotische Dekompensation zu vermeiden. Obwohl es, wie gesagt, in der Vorgeschichte keine schweren Suizidversuche gab, war das Thema »Suizidalität« ständig virulent. Es bedurfte mehrerer eindeutiger Absegnungen durch die Heimleitung, bevor sich das Team entschließen konnte, Frau Kalina in die dezentrale Wohngruppe mitzunehmen. Die Fragen, die diskutiert wurden, lauteten etwa:

1. Stellt das dezentrale Wohnen nicht viel höhere Anforderungen an die Klientin? Muten wir ihr da nicht viel zu viel Stress zu?
2. Wird sie nicht noch häufiger dekompensieren?
3. Werden nicht ihre Ängste so stark, dass sie ständig suizidgefährdet ist?
4. Wird sie, wenn es ihr sehr schlecht geht, noch den kühlen Kopf haben, der nötig ist, um per Telefon die Rufbereitschaft anzurufen, oder nicht einfach in Panik davonlaufen?
5. Werden sich nach Dienstschluss der Mitarbeiter verschiedene Partner und Freier in ihrer Wohnung die Klinke in die Hand geben?

Frau Kalina war im September 1996 auf unsere Wohngruppe gekommen. Im Entlassbericht der Klinik, in der sie zuletzt 17 Monate lang stationär behandelt worden war, wurde sie wie folgt beschrieben:

»Die psychotische Dekompensation der Patientin erfolgte die letzten Male mit relativ ähnlicher Symptomatik in Form ausgeprägter Unruhe, Ängstlichkeit, Antriebssteigerung, im Kontakt misstrauisch, über ihr Befinden wenig Auskunft gebend. Zwischendurch stuporöses Bild über Stunden, in denen Frau Kalina nicht erreichbar ist, an die Wand oder Decke starrt, möglicherweise vor sich hin murmelt.«

»Im Vordergrund der weiteren Behandlung stand die seit Jahren bestehende Residualsymptomatik in Form von deutlich geminderter Leistungsfähigkeit, stark eingeschränkter Kritik- und Urteilsfähigkeit bezüglich der eigenen Situation, naiv-kindlichem Verhalten, einer gewissen Hemmungs- und Distanzlosigkeit Dritten gegenüber sowie die affektive Verflachung, meist als inadäquat heitere Stimmung.«

»Frau Kalina zeigte sich durchweg krankheits- und behandlungsuneinsichtig. Sie wolle wie jede junge Frau leben, sei nicht krank, wolle keine Medikamente nehmen. An psychotische Zustände und Angsterleben könne sie sich nicht erinnern, sitzt bei Ansprache kopfschüttelnd auf dem Stuhl.«

Auch im Wohnheim litt sie sehr häufig unter starken Ängsten, verkroch sich dann tagelang im Bett in ihrem abgedunkelten Zimmer, verweigerte Nahrung und trank nichts, war zeitweise kaum noch ansprechbar, geriet in einen stuporös anmutenden Zustand. Über ihre Erkrankung und ihre Ängste sprach sie nicht, Medikamente nahm sie nur widerwillig, weshalb die Psychopharmaka zerstoßen und aufgelöst wurden.

Einige typische Einträge aus der Dokumentation (während einer Spanne von drei Jahren):

»Sie leidet unter Vergiftungsängsten, isst nicht, trinkt nicht, hat Angst vor dem Feuer und vor dem Einschlafen.«

»Frau Kalinas Zustand verschlechtert sich. Wegen Eigengefährdung soll sie sich an- und abmelden, bei längerem Wegbleiben bitte Fahndung veranlassen.«

»Frau Kalina gibt an, sie brenne, erzählt von der Glückseligkeit. Auf die Frage nach Suizidgedanken gibt sie zur Antwort, man könne sich auch verbrennen. Verlegung auf Akutstation.«

»Frau Kalina schreit nachts. Sie liegt im Bett, ist unruhig und sehr verängstigt, klagt über ›Feuer im Bauch‹. Will keine Bedarfsmedikation.«

»Frau Kalina muss nach zwei Tagen von der Gruppenfreizeit zurückgebracht werden, weil sich ihr psychischer Zustand rapide verschlechtert.«

»Frau Kalina verneint Suizidabsichten, gibt jedoch an, dass sie Stimmen höre, die ihr sagen, sie solle sich mit Benzin übergießen und anzünden.«

»Frau Kalina spuckt ihre Medikamente vor der Stationstür aus.«

»Frau Kalina versucht, ihre Quilonum-Tablette verschwinden zu lassen. Mittags liegt sie im Bett und ruft um Hilfe, klagt über Brennen im Bauch und berichtet, sie höre Stimmen.«
»Frau Kalina gibt zu, ihr Quilonum nur selten geschluckt zu haben.«
»Spuckt ihre Dapotum-Tropfen aus. Im Gespräch gibt sie zu, die Medikamente nicht zu schlucken.«
»An Weihnachten verschlechtert sich ihr Zustand. Flüssigkeitskontrolle weiterhin notwendig, feste Nahrung verweigert sie.«

In dem Zeitraum, aus dem die Zitate stammen, wurde Frau Kalina sechsmal jeweils mehrere Wochen lang und zum Teil per gerichtlicher Unterbringung wegen psychotischer Krisen stationär behandelt. In den Behandlungsberichten wird regelmäßig zu Behandlungsbeginn von beginnendem katatonen Stupor berichtet, der teilweise Zwangsmedikation nötig machte.

Im Rückblick ist es erstaunlich, dass sich in der Dokumentation kein Eintrag finden lässt, aus dem hervorgeht, welche Position Frau Kalina selbst zur Dezentralisierung oder den obigen Fragen einnahm, auch nicht dazu, ob sie überhaupt danach gefragt wurde. In einem zusammenfassenden Verlaufsbericht vom Oktober 1999 findet sich lediglich der Hinweis darauf, dass das Team zu einem Entschluss gekommen sei:

»Der gesundheitliche Zustand war im Berichtszeitraum insgesamt sehr schwankend. Trotz häufiger und langer Kriseninterventionszeiten fanden zahlreiche Überlegungen statt, ob Frau Kalina im Heimbereich weitergeholfen werden kann oder ob es weitere geeignete Therapieangebote für sie gibt. Da Frau Kalina aber keinerlei Krankheitseinsicht und Behandlungsbereitschaft zeigt, wurden diese Ideen verworfen. Wir hoffen, dass der Milieuwechsel, der im Rahmen der Dezentralisierung bevorsteht, Frau Kalina zu mehr ›gelebtem Alltag‹ und somit auch zu mehr psychischer Stabilität verhelfen kann.«

Ende April 2000 bezog Frau Kalina mit vier weiteren Bewohnerinnen und Bewohnern eine Doppelhaushälfte. Um es vorwegzunehmen: Die vage (letzte?) Hoffnung auf den »Milieuwechsel« trog nicht.

Offensichtlich entsprachen die »Anforderungen« des dezentralen Wohnens den Bedürfnissen der Klientin. Ihre schon bekannten hauswirtschaftlichen Fähigkeiten konnte sie im dezentralen Setting viel besser zur Geltung bringen und weiterentwickeln. Bald übernahm Frau Kalina den wöchentlichen Großeinkauf, erledigte ihn zunächst in Begleitung, später in Eigenregie. Sie übernahm auch die regelmäßige Zubereitung des Abendessens und bereitet am Wochenende warme Mahlzeiten für alle Mitbewohner zu.

»Frau Kalina beim Frühstück anwesend, kurz danach ging sie in ihr Zimmer und legte sich ins Bett. Zimmer verdunkelt, Frau Kalina sehr unruhig, lehnt Bedarfsmedikation ab.«

»Kochte für beide Wohngemeinschaften, war völlig klar und aufmerksam, organisierte alles perfekt, ging in ihrer Versorgerrolle auf. Das Lob über das gelungene Mahl genoss sie.«

Weil Frau Kalina diese Aufgaben regelmäßig und zuverlässig erledigt und weil dies offensichtlich ihr Selbstwertgefühl stärkt sowie ihrer Befindlichkeit ganz allgemein förderlich ist, arbeitet sie mittlerweile in ihrer eigenen Wohngruppe gegen Entgelt als Haushaltshilfe. Zusätzlich ist sie regelmäßig stundenweise in der Tagesstätte des Heims tätig, auch dort erledigt sie Einkäufe, macht Botendienste und backt Kuchen für das Café.

Der Verlauf im Rahmen des dezentralen Wohnens widerlegt die Befürchtungen, die im Vorfeld geäußert wurden. Erwartungsgemäß war sie jene Bewohnerin, die am häufigsten die Rufbereitschaft mobilisierte. Sie löste auch die häufigsten Einsätze aus. Allerdings entwickelte sich mit der Zeit eine dem dezentralen Setting adäquate Lösung in der Herausbildung eines Rituals: Frau Kalina rief sehr häufig kurz nach Dienstende des Pflegepersonals die Rufbereitschaft an und berichtete, dass sie unter Ängsten leide. Anfangs wurde sie dann von dem Mitarbeiter aufgesucht. Frau Kalina lehnte in der Regel die Einnahme von Bedarfsmedikation ab, war aber durch ein kurzes Gespräch in Verbindung mit einer Wärmflasche oder einer Tasse beruhigenden Kräutertees zufrieden zu stellen. Nach rund einem halben Jahr hatte sich daraus ein Ritual entwickelt, das viele Eltern im Zusammenhang mit Einschlafritualen ihrer Kinder kennen. Frau Kalina rief zeitweise mehrmals täglich an, bis heute noch, je nach Befindlichkeit, zumindest mehrmals pro Woche kurz nach Dienstschluss auf dem Handy der Rufbereitschaft, wünscht entweder nur eine gute Nacht oder lässt sich, wenn sie unter Ängsten leidet, zur Zubereitung eines Tees oder einer Wärmflasche auffordern. Bis Ende 2004 waren aber lediglich 15 Vor-Ort-Einsätze nötig, davon 11 bis Ende 2002. Beispielhaft eine im Heft unserer Bereitschaftseinsätze dokumentierte Phase aus dem Sommer 2002:

7. Juli, 20 Uhr: »Anruf Frau Kalina, klagt über Bauchschmerzen. Rate zu Tee und Bettflasche. Kein Einsatz.«

20 Uhr 35:»Anruf Frau Kalina, sie klagt über ›etwas Übelkeit‹. Rate zu
Tee und Bettflasche. Kein Einsatz.«

20 Uhr 50:»Erneut Anruf, Frau Kalina fragt, ob sie noch ein Bad nehmen
soll. Bejahe dies.«

21 Uhr 20:»Anruf, Frau Kalina will noch einen Rat, ihr sei es immer
noch übel. Biete ihr an zu kommen, sage aber auch, dass Tavor in diesem
Fall nicht angebracht sei. Wir einigen uns, dass sie versucht zu schlafen.
Keine weiteren Anrufe.«

10. Juli, 20 Uhr:»Anruf Frau Kalina, berichtet über Atemnot und innere
Unruhe. Längeres Gespräch, danach besser. Kein weiterer Anruf.«

20 Uhr 30:»Anruf Frau Kalina, klagt über Bauchschmerzen. Zu Kamil-
lentee und Bettflasche geraten. Kein Einsatz.«

Das geht so weiter mit täglichen Anrufen bis zum 17. Juli, mal Übelkeit,
mal innere Unruhe, mal Bauchweh. Ein persönlicher Einsatz vor Ort ist
nicht notwendig. Es folgen dann über Wochen wiederum nur noch gelegentliche Anrufe.

Auch die Problematik ihrer Partnerbeziehungen entspannte sich. Vor einigen Jahren hatte sie am Schwarzen Brett eines Supermarktes ein Angebot
zu»zärtlichen Stunden«ausgehängt, inzwischen hat sich aus einer lockeren
Bekanntschaft mit einem früheren Mitpatienten eine stabile Beziehung entwickelt. Frau Kalina verbringt regelmäßig die Wochenenden bei ihrem Ver-
lobten, er unterstützt sie bei den Einkäufen für die Wohngruppe. Frau Kalina
erscheint trotzdem sonntagmittags regelmäßig zum Kochen in ihrer Wohnung.
Eine stationäre Behandlung war bis vor einem Jahr nicht mehr nötig.

Dezentrales Setting und personenzentrierte Hilfeplanung haben im Fall
von Frau Kalina Entwicklungsmöglichkeiten erschlossen, die ihr im»Heim«
nicht offen standen. Sie ist nach wie vor durch die Symptomatik ihrer
psychischen Erkrankung erheblich belastet und leidet darunter, hat aber
wesentlich mehr Freiraum, um ihre Neigungen und Fähigkeiten zu entfal-
ten. Dadurch ist statt der befürchteten Überforderung eine weitgehende
Entlastung eingetreten. Im dezentralen Wohnen hat sich aber auch die
Haltung der Mitarbeiter gegenüber Frau Kalina verändert; je mehr die
Defizitorientierung aufgegeben wird, desto mehr kann auch Frau Kalina
selbst ihr Leben anders deuten. Beide Entwicklungen verstärken sich in
Wechselwirkung gegenseitig.

Abschließend noch ein Wort zur Suizidalität: Dieses vor der Dezentralisierung so virulente Thema ist zwischenzeitlich einer Amnesie zum Opfer
gefallen. Auch langjährige Mitarbeiter wollen sich nicht an die seinerzeitige

Brisanz erinnern. Nur noch der Heimleiter erinnert sich an persönliche Anfeindungen ob seines Beharrens, Frau Kalina zu »dezentralisieren«.

Abbildung 7: Psychiatrischer Standard »Suizidalität«

Psychiatrischer Standard: Umgang mit Suizidalität

Grundsatz:

Jeder Äußerung von Suizidgedanken wird nachgegangen. Auch wenn nicht jeder Äußerung einer Suizididee ein Suizid folgt, so wurden doch die meisten erfolgreichen Suizide vorher angekündigt. Es ist ein Aberglaube, dass ein Gespräch über Suizid die Klienten erst auf die Idee bringt, sich zu suizidieren. Ein Gespräch ist immer sinnvoll und entlastend.

Problemsituation:

- Klienten sprechen über Suizid
- Klient mit Suizidversuchen in der Vorgeschichte gerät unter Druck durch Konflikte, anstehende Veränderungen etc.
- Depressive Klienten ziehen sich vermehrt zurück oder zeigen ungewöhnlich aktives Verhalten
- Aktueller Suizid im näheren Umfeld

Pflegeziele:

- Die Suizidalität wird nach der 5-stufigen Skala (siehe Anhang) eingeschätzt.
- Die Suizidalität wird thematisiert und kann mit dem Klienten bearbeitet werden.
- Suizidhandlungen werden verhindert.
- Der Klient kann den zugrunde liegenden Konflikt zum Ausdruck bringen und mit den Mitarbeitern bearbeiten.

Maßnahmen:

- Hinweise auf Suizidgedanken (aus Gesprächen oder durch Beobachtung) werden sofort im Gespräch überprüft.
- Zunächst gilt es, die Suizidalität einstufen zu können. Fragen, wie konkret der Klient darüber nachdenkt, sich zu suizidieren.
- Gespräch führen mit der Fragestellung: »Was macht das Leben so unerträglich?« und »Was wird im Tod gesucht?«. Dann erst: »Was würde das Leben wieder lebenswerter machen?«
- Bei Suizidideen (Stufe 3) Absprachen über kurze Zeiträume treffen, Kontaktperson (Rufbereit-schaft) vereinbaren.
- Rufbereitschaft über Absprachen informieren.
- Wenn der Klient starke Handlungsimpulse zeigt oder sich nicht auf Absprachen einlassen kann (Stufe 4), muss eine Krisenintervention in die Wege geleitet werden.
- Manchmal wirken Suiziddrohungen als Teil im Beziehungsspiel oder als Mittel zum Zweck. Auch dann gilt: kann sich der Klient nicht auf Absprachen einlassen > Krisenintervention.
- Mitteilung an Koordinierende Bezugsperson über die suizidale Krise und die zugrunde liegende Problematik.

- Weitere Maßnahmen zur Bearbeitung der suizidalen Krise werden von der Koordinierenden Bezugsperson initiiert

Dokumentation:

- Suizidäußerungen oder der Verdacht auf Suizidalität müssen mit einer Einschätzung der Gefahr und den entsprechenden Maßnahmen und Absprachen mit dem Klienten in VEGA dokumentiert und überprüft werden.

Anhang: Einschätzung der Suizidalität

- Stufe 1: Ruhewünsche
  Lebensüberdruss ohne Versterbenswünsche
- Stufe 2: Todeswünsche
  Aktuell oder in der Zukunft, ohne eigene aktive Handlung, ohne Handlungsdruck
- Stufe 3: Suizidideen
  Mehr oder minder konkret, als mögliche Handlungsweise gedacht; häufig Ausdruck von Ambivalenz, jedoch ohne konkreten Handlungsdruck, eher passiv.
- Stufe 4: Suizidabsichten
  Suizidideen mit konkreter Planung und Absichtserklärung zur Durchführung, deutlich als Drang erlebter Handlungsdruck
- Stufe 5: nach Suizidversuch
  Eine suizidale Handlung wurde überlebt. Weiterhin deutliche Todesintention und der Glaube, mit der angewandten Methode das Ziel erreichen zu können.

Selbstverletzendes Verhalten

Selbstverletzendes Verhalten ist ein häufig vorkommendes Verhaltensproblem bei Klienten mit Persönlichkeitsstörungen. Es stellt die Eskalationsstufe agierenden Verhaltens dar, das bei dieser Personengruppe symptomatisch ist. Unabdingbar ist die Herstellung eines gewissen Maßes an Absprachefähigkeit und das Beharren auf der ausschließlichen Zuständigkeit der Bezugsperson. Darüber hinaus ist es erforderlich, ihre Inanspruchnahme des gesamten vorhandenen Hilfesystems zu regulieren und auf die mangelnde Gruppenfähigkeit dieser Klienten zu reagieren. Deshalb hat sich hinsichtlich der Wohnform von Ausnahmen abgesehen das Einzelwohnen im dezentralen stationärem Rahmen als sinnvoll erwiesen.

Zufriedenheit statt Symptomfreiheit – Frau Schellhorn

Die Anfang der sechziger Jahre geborene Frau Schellhorn wurde vor drei Jahren erstmals in eine zentrale Wohngruppe des Heims aufgenommen, nachdem sie zuvor fünf Monate stationär behandelt worden war. Davor hatte sie eineinhalb Jahre im ambulanten Betreuten Wohnen gelebt. Dies war ihre neunzehnte stationäre Behandlung. Folgende Diagnosen standen im Entlassbericht des Krankenhauses:

»Emotional instabile Persönlichkeitsstörung vom Borderline-Typ, Medikamentenabusus, Cannabismissbrauch, Intelligenzminderung mit Schreibschwäche, akute Belastungsreaktion bei Überforderungserleben, Hepatitis C und Diabetes mellitus Typ II. Aktueller Aufnahmegrund waren parasuizidale Handlungen mit Selbstverletzungstendenzen.«

Frau Schellhorn hatte mit 18 Jahren geheiratet, im selben Jahr erfolgten die beiden ersten stationären Aufnahmen, jeweils nach Suizidversuchen. Zwei Jahre später brachte sie ihre Tochter zur Welt. Zum Verlauf auf der zentralen Wohngruppe des Heims wird anfangs Folgendes berichtet:

»Frau Schellhorn war anfangs nach der Verlegung aus dem Krankenhausbereich sehr positiv eingestellt. Bereits nach kurzer Zeit änderte sich ihre Stimmung allerdings völlig – sie wurde misslaunig, zog sich stark in ihr Zimmer zurück und wollte möglichst rasch wieder entlassen werden. Sie machte deutlich, dass sie ihren Aufenthalt hier nur als Episode betrachte, ihre Unzufriedenheit war immer wieder Gesprächsthema. Geplant ist, dass Frau Schellhorn sobald wie möglich ein Platz in einer dezentralen Wohnung angeboten wird.«

Ende Mai 2004 konnte diese Absicht realisiert werden. Frau Schellhorn zog in die Wohnung im Hermann-Hesse-Weg, zu Herrn Steinhauser und einem weiteren, jüngeren Mitbewohner. Bis zu diesem Zeitpunkt hatten die Mitarbeiter im Rahmen des dezentralen Wohnens noch keine Erfahrung im Umgang mit Klienten, die sich ernsthaft selbst verletzen. Von den Kollegen der zentralen Wohngruppe wurde ihnen jedoch vermittelt, dass Frau Schellhorn mit der Problematik offen umgehe, in der Lage sei, davon zu berichten, wenn sie Schneidedruck verspüre, und dann Bedarfsmedikation anfordere oder sich durch Gespräche oder gemeinsame Aktivitäten ablenken lasse. Wenn sie sich schneide, könne sie ihre Verletzungen ausreichend versorgen und würde sich dann auch beim Personal melden. Der Umgang mit dem selbstverletzenden Verhalten von Frau Schellhorn gestaltete sich dann auch von beiden Seiten entsprechend professionell. Dies zeigt ein Tagesablauf mit Schneidedruck:

15 Uhr 50: »Anruf von der Rufbereitschaft, Frau Schellhorn habe sich geschnitten. Als ich in der Wohnung eintreffe, sitzt sie auf ihrem Bett, die Schnittwunde mit einem Kleenextuch zugedeckt. Sie fügte sich eine ca. 10 cm lange und 3–4 cm breite oberflächliche Schnittwunde am linken Unterarm zu. Wunde desinfiziert und mit steriler Kompresse versorgt. Habe die Ärztin informiert, die eine Einweisung auf die Akutstation veranlasste, da wir Frau Schellhorn noch nicht so gut kennen und nicht wissen, was sie noch machen wird, da Frau Schellhorn uns zuvor versprochen hatte, sich nicht zu schneiden!«

»Fühlt sich nicht gut, hat wieder verstärkt Schneidedruck. Erhielt 1 Tablette Insidon laut ärztlichem Kardex.«

18 Uhr: »Keine Besserung, Schneidedruck immer noch vorhanden. Nehme Frau Schellhorn mit zum Spaziergang und gebe ihr nochmals Bedarfsmedizin, 1 Tablette Insidon. Frau Schellhorn geht es etwas besser.«

»Frau Schellhorn auf die Akutstation verlegt, hatte sich zweimal großflächig am linken Arm mit einer Glasscherbe geritzt. Konnte mir nicht zusichern, sich keine weitere Schnittverletzung zuzufügen, und spielte mit dem Gedanken, eine Glasscherbe zu schlucken. Sie informierte die Rufbereitschaft nach dem Schneiden.«

Seit Frau Schellhorn in der dezentralen Wohnung lebt, also in einem Zeitraum von 22 Monaten, hat sie sich x-mal geschnitten und x-mal wurde sie in der Folge stationär aufgenommen. Wie sie jedoch selbst betont, ist sie insgesamt viel zufriedener, sie erlebt ihre Wohnsituation als nicht belastend, äußert auch keinerlei Wünsche mehr, anderswo zu leben. Sie hat die Kontakte zu ihrer Familie, vor allem zu zwei Schwestern und zu ihrer Mutter, intensiviert. Gelegentlich geht es ihr sogar richtig gut.

»Frau Schellhorn wartet schon auf mich, nimmt die Abendmedizin und geht dann gleich ins ›Galgenstüble‹. Sie macht einen sehr zufriedenen Eindruck.«

»Frau Schellhorn kommt schnell hoch, stellt ihre Nachtmedizin ins Zimmer und geht dann wieder ins ›Galgenstüble‹. Sie sagt, es wäre gerade so witzig und sie hätte viel Spaß. Sie meldet sich dann, wenn sie die Nachtmedizin eingenommen hat.«

»Frau Schellhorn macht einen guten Eindruck und freut sich sehr auf das Wochenende. Sie möchte aber unbedingt bis Montagmorgen dort (bei ihrer Schwester) bleiben und ist auch nicht umzustimmen. Sie wird Montagmorgen dann direkt zur Arbeit gefahren. Sie hat Medikamente bis

einschließlich Montagmorgen dabei. Sie verspricht die Medikamente zu nehmen und ich spreche mit ihr auch darüber, wie wichtig sie sind. Sie verspricht es hoch und heilig und macht irgendwie schon einen glaubhaften Eindruck, da ihr das Ganze sehr wichtig erscheint.«
»Frau Schellhorn macht einen guten und ausgeglichenen Eindruck. Hat die Feiertage mit ihrer Familie verbracht.«
»Frau Schellhorn ist noch müde, deshalb geht sie gleich nach der Medikamenteneinnahme wieder ins Bett. Sie freut sich auf die Silvesterparty im ›Galgenstüble‹.«
»Frau Schellhorn hat gebadet, sich schick und gepflegt angezogen und ist zum ›Galgenstüble‹ zur Silvesterfeier gegangen. Ist gut drauf. Nachtmedizin ins Zimmer gestellt.«

Entscheidend für Frau Schellhorn ist der Zugewinn an Lebensqualität dadurch, dass sie in einer gewöhnlichen und weniger stigmatisierenden Umgebung wohnt, was sie als viel weniger belastend erlebt als die Wohnsituation im Heim. Obwohl die Belastung durch die Erkrankung selbst und die Frequenz des selbstverletzenden Verhaltens sich nicht wesentlich verändert haben, kann sie in Zeiten, in denen es ihr psychisch gut geht, normaler und selbstverständlicher am Leben teilnehmen. Angesichts der Tatsache, dass das selbstverletzende Verhalten nach unseren Erfahrungen im Heim nicht seltener ist, kann die dezentrale Heimversorgung für diese Personengruppe als besonders indiziert eingestuft werden. Bei der Betreuung ist der Standard zur Suizidalität für die Mitarbeiter hilfreich.

Doppeldiagnose Psychose und Sucht

Klienten mit einer psychotischen Störung und gleichzeitiger Suchtmittelabhängigkeit gelten als schwer betreubar. Ein wesentliches Problem besteht darin, dass sie an einer Störungskombination leiden, bei der die Intervention auf das jeweilige Problem beim anderen kontraindiziert ist. Während bei psychotischen Erkrankungen eher empathisch und kompensatorisch vorgegangen wird, erfordert die Intervention bei Suchtproblemen Eindeutigkeit der Ziele und auch Konfrontation. Die Klienten sind hinsichtlich ihres Suchtproblems auf Grund einer Wahnsymptomatik oft nicht absprachefähig und stellen in der Wohngruppe ein soziales Problem dar. Von den Mitarbeiterinnen und Mitarbeitern ist bei der Betreuung ein hohes Maß an Flexibilität und Konfliktregulierung gefordert. Obwohl die Gruppe der Patienten mit einer Doppeldiagnose Psychose und Sucht zwischenzeitlich nahezu ein Drittel der Hilfebedüftigen ausmacht, haben sie ein besonders hohes Risiko, aus der gemeindepsychiatrischen Versorgung ausgeschlossen zu werden (CECHURA 2005).

Der lange Weg zum Erwachsensein – Herr Witten

Die Mutter von Herrn Witten galt als erziehungsunfähig, daher wuchsen alle Kinder in Heimen auf. Herr Witten lebte bis zum 12. Lebensjahr in einem Heim und besuchte auf Grund von Verhaltensstörungen die Sonderschule. Der Kontakt zur Mutter brach ab, weil der Sohn sie stark ablehnte.

Wegen aggressiver Auffälligkeiten wurde Herr Witten mit 12 Jahren in ein Jugendheim verlegt und kam dort in Kontakt mit Drogen und straffällig gewordenen Jugendlichen. Seit dem 14. Lebensjahr konsumierte er verschiedene Drogen. Mit 16 Jahren zog er zu seiner Pflegemutter, die ihn seit seinem vierten Lebensjahr im Kinderheim besucht und an den Wochenenden zu sich nach Hause genommen hatte. Mit 17 Jahren verließ er die Sonderschule, Arbeitsversuche scheiterten jeweils nach wenigen Tagen.

Ab dem 20. Lebensjahr kam es zu einer Vielzahl von stationären Aufenthalten in psychiatrischen Kliniken, zunächst mit der Diagnose Angstzustände, später Borderline-Syndrom mit Drogenabusus und schließlich paranoide Psychose, vermutlich exogen. Nach dem Auszug bei der Pflegemutter beging er mehrere Straftaten und wurde schließlich wegen schwerer Körperverletzung nach § 63 in der forensischen Abteilung des ZfP Weissenau untergebracht.

Nach einer Stabilisierung wurde Herr Witten in eine therapeutische Wohngemeinschaft seiner Heimatstadt entlassen. Nachdem er Anfang der neunziger Jahre die Psychopharmaka weggelassen und regelmäßig Haschisch konsumiert hatte, wurde er erneut paranoid und stach auf der Straße eine Passantin nieder, von der er sich beobachtet fühlte. Es folgte eine weitere forensische Unterbringung, bei der er einer Therapie zugänglich wurde und sich zunehmend stabilisierte. Seit sieben Jahren lebt er im Heimbereich der Weissenau.

Herr Witten galt seit seiner Aufnahme im Heim als krankheitseinsichtig und hoch motiviert, sich zu entwickeln. Er hatte gelernt, dass es ihm gut tut, zu arbeiten, und war stolz auf sein selbst verdientes Geld. Er konsumierte in dieser Zeit weder Drogen noch Alkohol, da er einen Zusammenhang zwischen dem Rauschgiftkonsum und seinen Verfolgungsideen herstellen konnte. Sein Hauptproblem war die Unsicherheit außerhalb des Zentrums für Psychiatrie. In der Stadt unter fremden Menschen wird Herr Witten unsicher und ängstlich. Er kann sich nur schwer gegen die vielfältigen Reize abschirmen und hat Angst, ausgelacht oder abgelehnt zu werden. Bezüglich Ordnung und Hygiene ist er völlig selbstständig, und er ist begierig, bezüglich Haushalt und Kochen dazuzulernen.

Einige Jahre nach der Heimaufnahme wurde er in der Werkstatt für behinderte Menschen aufgenommen, war in der Arbeitsgruppe als zuverlässiger Arbeiter anerkannt und zog gleichzeitig mit zwei anderen Heimbewohnern in ein Einzelappartement einen knappen Kilometer vom Klinikgelände entfernt, in dem er im Rahmen des ambulanten Betreuten Wohnens betreut wurde. Das Einzelwohnen entsprach seinem Wunsch nach Eigenständigkeit; gleichzeitig wohnte er in der Nähe eines Freundes, den er im Heim kennen gelernt hatte. Ein gutes Jahr kam er mit seiner Wohn- und Arbeitssituation gut zurecht; nach einem Jahr entwickelte er jedoch das Gefühl, keine Menschen um sich herum zu haben, die er sich wünschte, und litt daher zunehmend unter Ängsten und Vereinsamung. Das Angebot, im Rahmen des ambulanten Betreuten Wohnens in eine Wohngemeinschaft zu ziehen, lehnte er vehement ab. Da seine sozialen Bezüge sich jedoch immer mehr auflösten und auch der Arbeitsplatz wegen zunehmender Fehlzeiten in Gefahr war, benötigte er intensivere Betreuung. Herr Witten wechselte zurück in den Heimstatus, behielt aber seine Wohnung; finanztechnisch ist das möglich (siehe Kapitel 7).

Im Heimstatus wurde ein detaillierter Betreuungsplan erarbeitet:
- morgendliches Wecken per Telefon,
- Abholung von seiner Wohnung und Begleitung zum Arbeitsplatz,
- Mittagessen auf der Wohngruppe,
- Einkäufe in Begleitung,
- regelmäßige Gespräche beim Psychologen der Wohngruppe,
- Unterstützung bei der Zimmerreinigung durch die Pflegemitarbeiter,
- Angebote von Sozial- und Freizeitaktivitäten.

Herr Witten erhielt regelmäßig Unterstützung bei der selbstständigen Einteilung und Verwaltung seines Geldes, was anfänglich für ihn sehr schwierig war. Er wurde von einer zentralen Wohngruppe der Weissenau betreut und es begann ein bis heute andauerndes Driften zwischen adoleszentem Eigensinn und dem Bemühen, sich den Regeln der Erwachsenenwelt anzupassen.

»Herr Witten brauchte in den letzen Tagen keine Begleitung.«
»Gestern Hausbesuch bei Herr Witten. Bei Durchsicht seiner Kontoauszüge fiel auf, dass er zu viel Geld ausgibt – nach wie vor 50 Euro pro Woche, obwohl er Essensgeld von uns erhält. Ich habe ihn nochmals

eindringlich darauf hingewiesen, dass er nun mit 88 Euro Taschengeld plus Verdienst auskommen muss.«
»Herr Witten war die ganze Woche nicht bei der Arbeit.«
»Anruf bei Herr Witten. Er ist sich nicht sicher, ob er arbeiten gehen wird. Macht es nicht von psychischen Beeinträchtigungen abhängig, sondern dass die Arbeit so eintönig sei.«
»Herr Witten war seit Montag letzter Woche nicht beim Arbeiten. Ich rief ihn an und bestellte ihn zum Gespräch. Er beklagt sich, dass er geboren wurde, ohne gefragt worden zu sein, er würde gerne bald sterben. Er hat aber keine suizidalen Absichten. Ihm fehlt Liebe und er hat sich überhaupt das ganze Leben anders vorgestellt. Jetzt will er nur noch schlafen. Ihn ekelt es vor der Arbeit.«
»Herr Witten kam zum vereinbarten Gesprächstermin. Er berichtet darüber, wie sinnlos sein Leben sei, er habe sich ein ganz anderes Leben gewünscht. Von seinen Wünschen habe er nichts verwirklichen können: Er hat keine Beziehungen, kein Geld, keine vernünftige Arbeit ... Aus Wut über seine Einsamkeit würde er sich Satan zuwenden, es gäbe ihm zunächst ein gutes Gefühl, aber dann werde doch alles nur dunkel.«

Herr Witten verliert seinen Arbeitsplatz in der Werkstatt, nachdem er sich trotz mehrerer Ankündigungen nicht an die Abmachung halten konnte, regelmäßig bei der Arbeit zu erscheinen. Es war mit ihm abgesprochen worden, dass er ohne regelmäßige Tagesstruktur nicht in seinem Appartement verbleiben könne, sodass er kurz danach in die zentrale Wohngruppe zog. Dort zeigt sich bald, dass Herr Witten Kontakt zu Jugendlichen hat, mit denen zusammen er Drogen konsumiert. Die ambivalente Haltung gegenüber seiner Lebensführung wird zunehmend deutlich.

»Herr Witten erschien pünktlich zum Gesprächstermin. Er hat sich zuerst sehr geärgert, dass er die Nachtmedizin früher einnehmen soll. Er ist ein erwachsener Mann und kann selbst entscheiden, wann er ins Bett geht. Inzwischen hat er aber gemerkt, dass es ihm gut tut, nicht als ›Vampir‹ ein Nachtleben zu führen. Er sieht das auch als sinnvolle Vorbereitung für einen neuen Arbeitstherapieversuch im nächsten Jahr.«
»Herr Witten kam zum Gespräch. Er nimmt sich vor, nicht mehr zu kiffen. Da er in der Vergangenheit, wenn ich ihn darauf ansprach, stetig leugnete, gekifft zu haben, bin ich mir nicht sicher, wie ehrlich er es meint. Er äußert sich ambivalent: Er würde gerne weiter kiffen, ›wenn die Szene nicht so link wäre‹. Er wollte nicht darüber reden, was an der Szene link ist.«

In der Wohngruppe werden ab diesem Zeitpunkt monatliche Drogenscreenings gemacht. Herr Witten zieht schließlich in eine dezentrale Wohnung, in der ein Mann und eine Frau wohnen.

»Herrn Witten gefällt es in der Wielandstraße sehr gut. Mit seinen Mitbewohnern kommt er auch zurecht. Das Busfahren gelingt ihm ganz gut – sobald sich Probleme einstellen (etwa wenn Leute über ihn lachen), will er sich beim Personal melden. Herr Witten sagt, dass er momentan ohne Kiffen ganz gut klarkommt – wohl deshalb, weil er gerade nicht so viel Ängste hat (teile ihm mit, dass das Drogenscreening auch bei uns gemacht wird). Herr Witten wartet auf einen Platz in der Werkstatt für behinderte Menschen. Bis er einen Platz erhält, geht er zum Tagestreff.«

Der Eintrag gibt eine Vorschau auf die Problematik, die das Team das folgende Jahr über beschäftigen wird. Herr Witten ist als Person beliebt in der Gruppe und trägt teilweise zum Gemeinschaftsleben bei, in Krisensituationen kümmert er sich verantwortlich um seine Mitbewohner. Sein Drogenproblem bagatellisiert er allerdings. Und mit dem Drogenproblem sind die anderen Probleme des Alltagslebens eng verknüpft: zum einen der Kontakt zu den Drogen missbrauchenden Jugendlichen im Ort, zum anderen mit der bereits in der Vergangenheit sichtbaren Unzuverlässigkeit, regelmäßig zur Arbeit zu gehen. Das Team versucht lange Zeit vergeblich, durch Regelungen und Absprachen den Besuch der Jugendlichen in der Wohngruppe einzuschränken. Herr Witten steht dem mit der ihm eigenen Ambivalenz gegenüber: Einerseits äußert er sich dankbar, dass das Team das Nähe-Distanz-Problem zu den Jugendlichen regelt, das er nicht in den Griff bekommt. Andererseits fühlt er sich dadurch als erwachsener Mensch nicht ernst genommen und beschwert sich bei den Mitarbeitern über die Bevormundung. Dasselbe Muster ist beim Thema »Arbeit« zu erkennen: Auf der einen Seite fühlt er sich durch die Arbeit wertgeschätzt, auf der anderen Seite beschwert er sich über die stupide, schlecht bezahlte Arbeit in der Behindertenwerkstatt.

Trotz der Ankündigung des regelmäßigen Drogenscreenings gegenüber Herrn Witten bei der Aufnahme, führt der Drogenkonsum während des gesamten Jahres zu keinen Konsequenzen. Das Drogenscreening ist monatlich positiv und deutet auf stärkere Substanzen als Cannabis hin. In dieser Hinsicht überträgt sich die Ambivalenz von Herrn Witten auf das Team. Seine verbale Einsichtigkeit in die offen zu Tage tretenden Probleme führt zu einer pädagogischen Haltung des Teams, bei dem Regelungen eingeführt und Konsequenzen angedeutet, aber letztlich nicht umgesetzt werden. Konsequenz: Die Probleme verstärken sich, eskalieren jedoch nicht. Einige Beispiele:

»Drogenscreening positiv (Cannabis, Amphetamine, Methadon). Ich habe Herrn Witten auf das positive Drogenscreening angesprochen. Er gibt wie immer zu, gekifft zu haben, aber Methadon und Amphetamine können nicht positiv sein, da er diese Stoffe nicht eingenommen habe. Die muss man ihm beim Kiffen untergemischt haben. Und zum wiederholten Mal sagte er: ›Ich weiß, ich soll es lassen.‹«

»Herr Witten wurde heute Nachmittag an der Bushaltestelle von der Polizei aufgegriffen und nach Drogen durchsucht. Bei der Durchsuchung fand die Polizei Tabletten. Die Beamten hatten den Verdacht, dass es sich bei den Tabletten um Ecstasy handelt. Herr Witten erzählt, dass die Tabletten schon sehr alt wären. Herr Witten wurde mit Handschellen auf die Wache gebracht. Die Tabletten werden analysiert, es stellte sich heraus, dass es kein Ecstasy war, sondern Akineton.«

»Herr Witten hat von sich aus nochmals Stellung zu seinem unentschuldigten Wegbleiben von seiner Arbeit genommen. Er sieht ein, dass er ›blöd‹ war, dass er da einen Fehler gemacht hat und dass er sich zukünftig, wenn er sich psychisch nicht auf der Höhe sieht, jederzeit einen Termin mit der Ambulanz machen oder bei uns im Büro vorbeischauen kann.«

»Ein Arbeitserzieher der Werkstatt für behinderte Menschen hat auf dem Rufbereitschaftshandy angerufen. Er meint, dass sich Herr Witten in der letzten Woche psychisch sehr verändert habe. Herr Witten lache unangepasst viel und habe eine negative Arbeitseinstellung. Weiterhin meint er, dass Herr Witten vielleicht die Medikamente nicht regelmäßig einnehme und ›abgleite‹.«

»Herr Witten hatte Besuch von seinem Bekannten. Diesen traf ich auf der Anfahrt zum Haus in der Wielandstraße mit einer Flasche Alkohol an, welche er sofort zu verstecken versuchte, als er mich sah. In der Wohnung habe ich Herrn Witten eingehend darauf hingewiesen, dass in der Wohnung kein Alkoholkonsum erlaubt wäre. Sein Bekannter und er nahmen dies zur Kenntnis.«

»Anruf in der Wielandstraße: Frau Schellhorn sagt, Herr Witten sei im Bett, er schlafe oft den ganzen Tag. Mit den Besuchen werde es immer schlimmer, die kämen immer erst dann, wenn die Mitarbeiter zur Medizingabe schon da waren. Sage ihr, dass wir das morgen beim Wohnungsmanagement klären.«

»Wohnungsmanagement: Zum Thema der Besuchsregelung gibt Herr Witten zu, dass er es schon etwas übertrieben habe bzw. seine Besucher. Diese hätten einfach keinen Respekt vor ihm und er sei es dann, der die Schwierigkeiten bekomme. Kurz meint er, man könne ihm nicht vorschreiben, wie viel Besuch er bekommt; ich erinnere ihn an seine Vereinbarung mit seiner Koordinierenden Bezugsperson und er solle dies nächste Woche mit ihr noch mal besprechen. Wir vereinbaren, dass er seinen Freunden klar zu verstehen gibt, woran diese sich zu halten haben, und falls dies keine Wirkung zeigt, er oder seine Mitbewohner die Rufbereitschaft anrufen könnten. Er erhält eine ›letzte Chance‹, sollten jedoch noch mal Klagen kommen diesbezüglich, dann gibt's Besuchsverbot: kein Alkohol, keine sonstigen Drogen und kein Telefonieren! (Ihn auf die eventuellen Folgen für ihn noch mal hingewiesen.)«

»Herr W. macht heute Abend einen sehr stillen und betrübten Eindruck. Nach geraumer Zeit erzählt er, dass er von seinem besten Kumpel Ercan bestohlen worden sei (20 Euro). Herr Witten ist sehr enttäuscht, dass er bestohlen wurde, am schlimmsten ist es für ihn, dass es ein guter Freund war, weil man doch Freunden so was nicht antut. Fazit: Er will ihn auf keinen Fall mehr in die Wohnung lassen.«

»Heute Morgen ist uns aufgefallen, dass aus unserem abgeschlossenen Medikamentenschrank 20 Euro entwendet wurden, am Schrank sind eindeutige Einbruchspuren zu erkennen. Wir riefen die Polizei. Diese untersuchte den Schrank und befragte die Bewohner. Herr Witten meinte, er wisse von nichts und sein Besuch sei auch nur in seinem Zimmer gewesen. Aber dies stimmte nicht, da im Wohnzimmer eindeutige Aschespuren und Zigarettenstummel lagen, die immer nur dann dort liegen, wenn er Besuch hatte. Als ich dies ansprach, gab er zu, dass der Besuch in der ganzen Wohnung unterwegs war.«

»Gemeinsames Gespräch wegen unentschuldigten Fehlens am Arbeitsplatz, nachdem Herr Witten in dieser Woche an drei Tagen unentschuldigt der Arbeit fern geblieben ist. Es wurde ihm unmissverständlich klargemacht, dass bei dem nächsten unentschuldigten Fehlen eine Abmahnung durch die Leitung der Werkstatt ausgesprochen wird. Grundsätzlich ist der Arbeitserzieher mit der Arbeitsleistung von Herrn Witten zufrieden. In Anbetracht des Ernstes der Situation versprach Herr Witten Besserung.«

»Gespräch Herr Witten und Koordinierende Bezugsperson: Im Gespräch gab Herr Witten zu, dass die Besuche häufig bis weit nach 24 Uhr anwesend wären und sein Schlafbedürfnis auf ein Defizit an Ruhe zurückzu-

führen sei. Habe Herrn Witten eindringlich auf die Konsequenzen auch in Bezug auf seine Wohnsituation hingewiesen, was von ihm vordergründig auch so gesehen wird. Kündige ihm den Besuch der Polizei an.«
»Im Gespräch zeigte Herr Witten die bekannte Ambivalenz. Er berichtet, dass die Jugendlichen sich häufig überhaupt nicht mit ihm unterhalten und die ganzen Gespräche an ihm vorbeilaufen würden. Allerdings findet er es ›cool‹, sich mit diesen zu unterhalten. Er habe zum Teil auch keine andere Wahl, als diese reinzulassen, da die Besucher an der Türe Sturm klingeln würden und er deshalb öffne, damit sich seine Mit- und Hausbewohner nicht gestört fühlen. Außerdem würden sich die Jugendlichen auf seine Aufforderung hin nicht entfernen. Einzig und allein die Drohung mit dem Personal würde Wirkung zeigen.
Auf meine Frage, wo er die Prioritäten für sein Leben sieht, gibt er die Bereiche Arbeiten und Wohnen an. Hilfebedarf für die nächsten vier Wochen wird wie folgt festgelegt: Indirekte Hilfe ist das Anbringen eines Ein- und Ausschalters an der Klingel, um das Sturmklingeln und das damit verbundene Nachgeben in Form des Türöffnens zu vermeiden.
Wir vereinbaren, dass Herr Witten die Rufbereitschaft telefonisch informiert, wenn der Besuch sich nicht auf seine Aufforderung hin gegen 22 Uhr entfernt. Das Personal wird daraufhin den Besuch auffordern, sich zu entfernen.
Erneuter Weckimpuls durch das Pflegepersonal gegen 7 Uhr 50 und Kontrolle, ob er zur Arbeit geht. Befristung des Zeitraums vier Wochen.«

Die Hilflosigkeit der Mitarbeiter tritt immer deutlicher zu Tage. Die drohende Eskalation ist offensichtlich. Die Wende kommt durch eine lapidare Intervention der Koordinierenden Bezugsperson.

»Besuch in der Wielandstraße zu später Stunde. Treffe dort Herrn Witten und einen Besucher an. Der Besucher verlässt auf meinen Hinweis die Wohnung. Teile ihm mit, dass die Besuchszeit gegen 22 Uhr endet. Bei erneutem Antreffen um diese Uhrzeit werden wir uns die Möglichkeit eines Hausverbots überlegen, welches bei Nichtbeachtung dann zu einer Anzeige wegen Hausfriedensbruch führen wird.«
»Besuch in der Wielandstraße zur Überprüfung der Einhaltung der Besuchszeit. Die Wohnung ist ›besuchsfrei‹, alle Bewohner schlafen.«
»Herr Witten, freundlich im Kontakt, hat Dosette gerichtet und sich am Gespräch seiner Mitbewohner beteiligt. Die Besuche scheinen laut Herrn Witten – dies deckt sich mit den Aussagen seiner Mitbewohner – nach-

gelassen zu haben bzw. die Jugendlichen verlassen nach Aufforderung durch ihn die Wohnung. Macht insgesamt einen geordneten Eindruck im Gegensatz zu den Wochen zuvor. Erledigt Zimmerputz etc. nach Aufforderung, teilweise ist wieder ein selbstständiges Einordnen in den Lebenszusammenhang zu beobachten. Arbeitet zurzeit kontinuierlich. Keine Fehlzeiten.«

Die Intervention hat gewirkt, weil mit ihr die Interventionsebene gewechselt hat: Das Festhalten an verbalen Abmachungen verbunden mit dem Vertrauen auf das Einhalten dieser wurde von der Koordinierenden Bezugsperson durchbrochen. Das prekäre Mischungsverhältnis zwischen Stützen und Reglementieren kommt in der Geschichte von Herr Witten deutlich zum Vorschein. Die kontrollierende Heimeinrichtung kann zwar das Verhalten etwas besser kontrollieren, schränkt aber den Klienten in seinem Erfahrungspotenzial und damit in seiner Weiterentwicklung ein. Die Konsequenz liegt auf der Hand: lebenslange engmaschige Heimversorgung, möglicherweise in einer geschlossenen Einrichtung. Wie schon das Fallbeispiel von Herrn Rossbach zeigte (siehe Kapitel 3), kommt es in der Betreuung darauf an, den Klienten in seinem Umgang mit der Sucht zu begleiten, anstatt zu versuchen, sein Suchtverhalten zu unterbinden.

Sehr deutlich werden die Schwierigkeiten der personenzentrierten Betreuung mit der Doppeldiagnose Psychose und Sucht. Insbesondere bei jenen Klienten, die vordergründig kooperativ und entsprechend ihrer Behinderung bemüht sind, ist die Maxime schwer einzuhalten, dass Hilfeleistungen nicht verordnet, sondern verhandelt werden. Die Grenzen der verbalen Vereinbarung und der Vertrauensbasis zu überschreiten erfordert im Rahmen der Beziehungsarbeit ein hohes Reflexionsniveau. Nach unserem Eindruck gelingt es dem Team in der dezentralen Heimbetreuung besser, sich flexibel auf die Verhaltensprobleme der Klienten einzustellen.

Abbildung 8: Psychiatrischer Standard »Sucht«

Psychiatrischer Standard: Umgang mit Sucht

Problem:

- Gesundheitsschädigender oder »sozial unverträglicher« Konsum von Suchtmitteln

Grundsatz:

Es werden Klienten mit Doppeldiagnosen im Heim aufgenommen. Konsum von Alkohol oder Abstinenz ist im Heimbereich auch durch schärfste Kontrollen nicht zu erreichen. Ziel ist nicht »Abstinenz«, sondern »sozial- und gesundheitsverträglicher« Konsum.

Maßnahmen:

Bei bekannter Suchtproblematik wird in der Hilfeplanung eine Zielvereinbarung zur Suchtproblematik getroffen. Darin werden eine »Toleranzgrenze« sowie Konsequenzen bei Überschreiten der Toleranzgrenze festgelegt. Die Hilfeplanung wird im Laufe des Aufenthaltes bei Bedarf aktualisiert. Die Zuständigkeit liegt bei der Koordinierenden Bezugsperson.

Alkoholkontrollen, Zimmerkontrollen oder Drogen-Screenings werden in den Zielvereinbarungen mit den Bewohnern festgelegt.

In Absprache mit dem Klienten und dem Betreuer können Konsequenzen, wie Einteilung des Taschengeldes entsprechend dem Alkoholkonsum etc. vereinbart werden.

Mit alkoholisierten Klienten werden keine Gespräche oder Diskussionen geführt. Sie werden darauf hingewiesen, in ihr Zimmer zu gehen und keinen Kontakt zu Mitbewohnern aufzunehmen. Die Mitarbeiter vermeiden den Kontakt mit Ausnahme von medizinischen Indikationen.

Erste Konsequenz einer Übertretung der Vereinbarungen ist ein Gespräch mit der Wohngruppenleitung, wenn der Klient wieder nüchtern ist.

Kriseninterventionen (werden in der Zielvereinbarung festgelegt):

Bei aggressiven Handlungen oder massiven Grenzverletzungen (dazu gehören auch grobe Beschimpfungen, Belästigung der Mitbewohner oder unkontrollierbare Verstöße gegen das Rückzugsgebot ins Zimmer)

→ Krisenintervention auf der allgemeinpsychiatrischen Aufnahmestation

bei anhaltendem unkontrolliertem Konsum von Suchtmitteln

→ Krisenintervention im Suchtbereich

Beide Fälle sind vor Abschluss der Zielvereinbarung mit den betreffenden Stationen abzusprechen.

- Bei groben Verstößen gegen die Hausordnung, oder wenn Zielvereinbarungen zur Suchtproblematik dauerhaft verletzt werden, kann der Heimplatz gekündigt werden.

Dokumentation:

- Die Zielvereinbarung zur Suchtproblematik ist integraler Bestandteil der Hilfeplanung und dementsprechend in der Bewohnerakte – Dauerbemerkung in VEGA – zu dokumentieren.
- Verstöße gegen die Zielvereinbarung zur Suchtproblematik werden grundsätzlich im Bericht dokumentiert und mit dem entsprechenden Merker gekennzeichnet. Die Koordinierende Bezugsperson entscheidet und teilt in VEGA mit, ob Konsequenzen erfolgen.
- Alkoholkontrollen und Drogenscreenings sind in VEGA-Bericht zu dokumentieren und mit dem entsprechenden Merker zu kennzeichnen.
  Drogen sind grundsätzlich kein Ausschlussgrund.

Ehemals forensisch untergebrachte Klienten

Psychisch kranke Straftäter sind hinsichtlich der Diagnose keine eigenständige Patientengruppe. Nahezu ausnahmslos werden psychosekranke Straftäter im System des Gemeindepsychiatrischen Verbundes versorgt. Die von der

Öffentlichkeit mit der forensischen Psychiatrie assoziierten Sexualstraftäter tauchen in der Heimversorgung nicht auf. Dennoch sind die meisten ehemaligen forensischen Klienten als eigenständige Gruppe zu identifizieren. In der Betreuung zeigt sich das dadurch, dass sie klarere Strukturen und dabei insbesondere ein deutlicheres Aufzeigen von Grenzen benötigen. Wenn sie von der forensischen Abteilung gut auf ein Leben mit komplementärer Versorgung vorbereitet wurden, sind sie für Prozesse der Grenzziehung relativ gut absprachefähig. Hilfreich zur Einschätzung von Grenzverlusten ist die Beratung durch Mitarbeiter der forensischen Abteilung bzw. Klinik.

Verhandeln statt reglementieren – Herr Prütz

Herr Prütz ist 55 Jahre alt und das dritte von vier Kindern. Mit zweieinhalb Jahren ist er vom zweiten Stock aus dem Fenster gestürzt. Danach war seine Sprachentwicklung deutlich verzögert. Im Alter von sieben Jahren wurde er in eine Schwerhörigenschule eingeschult, die er mit mittleren Leistungen abschloss. Danach arbeitete er als Bergarbeiter über Tage, später in einer Wäscherei, in der auch sein Vater angestellt war. Dort fiel Herr Prütz durch »Albernheiten« auf, und er sprach dem Alkohol zunehmend zu. Zwischenzeitlich lebte er in verschiedenen Behindertenheimen, aus denen er jedes Mal entwich. In einem Heim zog er sich eine Schädelprellung unter Alkoholeinfluss zu. Im Alter von 17 Jahren erfolgte erstmals eine Aufnahme in die psychiatrische Klinik, anschließende Entlassversuche in geeignete Heimeinrichtungen scheiterten auf Grund Unzuverlässigkeit, Alkohol und zunehmender Hospitalisierung. Rund zehn Jahre später wurde ein Ermittlungsverfahren wegen versuchten Totschlags eingeleitet, das Verfahren aber eingestellt.

Weitere drei Jahre später erfolgte eine forensische Unterbringung wegen einer Brandstiftung, die Herr Prütz auf Grund des Gefühls ungerechter Behandlung begangen hatte. Vergleichbare Straftaten wiederholten sich in den folgenden Jahren. Vor etwa fünf Jahren wurde Herr Prütz aus der Forensik in den Heimbereich entlassen, wo er seither betreut wird.

Diagnosen:

1. Dissoziale Milieuschädigung mit Neigung zum Alkoholmissbrauch, F 10.1
2. Intelligenzminderung bei Verdacht auf frühkindliche Hirnschädigung, F 70.1
3. Langjährige Hospitalisierung und eingeschränkte Resozialisationsfähigkeit, F 60.2

Die Probleme bei der Betreuung von Herrn Prütz entstehen dadurch, dass
er:

- sehr unbeständig ist und immer wieder auf neue Ideen kommt,
- sehr kränkbar ist und dies ein Risikopotenzial bezüglich strafbarer Handlungen darstellt,
- laufend Geschäfte macht und sein Hab und Gut »verscherbelt« und deshalb
- klare Grenzsetzungen hinsichtlich seines Verhaltens benötigt.

Die verschiedenen Ebenen sollen hier durch Berichte aus dem Alltag plastisch gemacht werden.

»Herr Prütz kam um 11 Uhr 10 in die Wohnung. Es sei kein Bus gekommen, zudem hätte er Geschäfte tätigen müssen. Im weiteren Verlauf des Gespräches sagte er dann, er dürfe sich auch verspäten, da die Betreuung gestern Abend auch eine halbe Stunde zu spät gekommen sei. Er habe deshalb seine Abendmedizin gestern Abend in den Mülleimer ausgespuckt. Laut Mitarbeiter hat Herr Prütz jedoch seine Abendmedizin unter Kontrolle eingenommen.«

»Herr Prütz kam mit leeren Bierflaschen heim und behauptete, diese ausgetrunken zu haben, weil er auf die Akutstation wolle. Habe ihm gesagt, dass ich sein provokatives Verhalten der letzten Zeit unpassend finde und dass er auf der Akutstation noch weniger Geld habe, da er dort keine Flaschen sammeln könne, er würde dort nämlich keinen Ausgang erhalten. Er versprach, sein Verhalten zu ändern, da er ohne Ausgang nicht auf die Akutstation will.«

»Bericht der Rufbereitschaft: Kurz nach 20 Uhr rief Herr Prütz an, beschimpfte das Personal der Wohngruppe 201 auf das Übelste, schrie, er wolle jetzt seinen Scheck sofort, damit er ihn zerreißen könne, er habe sein Bett verschmutzt, ich solle sofort kommen und es ihm frisch überziehen, dazu wären wir schließlich da. Habe versucht, mit Herr Prütz zu reden, er legte dann jedoch auf.

Gegen 23 Uhr 20 rief Herr Prütz erneut an, sagte (schrie), wir würden staunen, wie die Wohnung aussieht, er würde sie anzünden, er wolle in den Knast. Als ich zur Wohnung kam, stand Herr Prütz vor dem Haus, hatte zwei leere Bierflaschen bei sich, im Treppenhaus zog er ein Messer aus seiner Jacke, sagte, er würde mich jetzt als Geisel benutzen. Nach energischer Aufforderung gab mir Herr Prütz das Messer. In der Wohnung gingen die wüsten Beschimpfungen weiter, einen Alkoholtest verweigerte er. In sein Bett hatte er Müll aus dem Ascheneimer geschüttet und mit Kaffee übergossen, im Wohnzimmer war ebenfalls Unrat aus dem Ascheneimer verstreut, die Wände teilweise beschrieben und mit Hakenkreuzen beschmiert. Mit Herrn Prütz konnte kein Gespräch mehr stattfinden. Der Arzt vom Dienst wurde verständigt, Herr Prütz auf die Akutstation verlegt. Dort zeigte er sich kooperativ, Alkoholtest ergab 0,00 Promille.«

»Durch seine Geschäfte hat Herr Prütz teilweise sehr wenig zum Anziehen, trotz Einschluss seiner Kleidung. Zieht sich vermehrt aus dem Stationsalltag zurück. Ist kaum mehr greifbar und will eher nicht mehr mithelfen.«

»Herr Prütz war sehr aufgebracht, zum einen, weil er oft von Klienten angeschnorrt wird, zum anderen, weil er sich ungerecht behandelt fühlt vom Pflegepersonal und dem Psychologen der Wohngruppe. Er war sehr sauer, hat den Rauchmelder aus dem Zimmer versteckt und wollte seine ganzen Klamotten zerreißen. Habe dann mit ihm gesprochen und ihn wieder beruhigen können.«

»Laut Telefonrechnung hat er Telefondienste im Wert von über 400 Euro in Anspruch genommen. Habe ihn daraufhin sehr energisch angesprochen, worauf Herr Prütz mit Ratlosigkeit bezüglich der Rechnungsbegleichung reagiert. Nach heftiger Diskussion geht Herr Prütz wütend aus dem Büro.«

Die zitierten Berichte stammen von drei verschiedenen Betreuungseinheiten: zentrale Wohngruppe, dezentrale Wohngruppe und ambulantes Betreutes Wohnen. Sie sind austauschbar und tauchen auch während der weiteren Betreuung mit leichten Abwandlungen wieder auf. Die Verhaltensprobleme werden nicht schlimmer oder häufiger, es gibt keine Eskalation, aber sie werden auch nicht harmloser oder seltener. Das Fazit: Der Umgang mit Grenzüberschreitungen bleibt das wesentliche Merkmal der Betreuung; das betreuende Team muss damit leben. Mit dieser Erkenntnis wurde im Anschluss an eine grenzwertige Verhaltensweise folgender Beschluss gefasst:

»Für einen Bewährungswiderruf oder einen Sicherungsverwahrungsbefehl gibt es keine ausreichenden Gründe, somit bleibt der Heimbereich zuständig. Die Erfahrungen haben gezeigt, dass Herr Prütz engmaschig von einem gut kooperierenden Team versorgt wird. Somit kommt bloß die Wohngruppe 202 in Frage! Um Eskalationen zu vermeiden, müssen wir auf Frühwarnzeichen achten und Herrn Prütz rechtzeitig zur Krisenintervention schicken. Sollte sich Herr Prütz auch in Wangen nicht dezentral versorgen lassen, bleibt als letzte Alternative eine Wohngruppe des Bereichs Altenpflege. Kriterium für ein Scheitern sind nicht die üblichen Probleme (Handeln, Verwahrlosungstendenz), sondern drohende Gefährlichkeit.«

Mit dieser Festlegung ist die weitere Perspektive für Herrn Prütz geklärt, somit auch die Zuständigkeit der entsprechenden Wohngruppe. Ein Grund für die Entscheidung war auch die auf der Wohngruppe zuständige Koordinierende Bezugsperson, die einen sehr positiven Einfluss auf ihn hat. Damit sind die aktuellen Probleme jedoch nicht gelöst, zumal sich der Umzug nach Wangen zeitlich verzögert.

»Herr Prütz kam heute zum Frühstück. Er ist verbal aggressiv und teilte mir mit, dass er nicht mit nach Wangen geht. Alle seine Freunde und Frau Spitz möchten, dass er hier bleibt. Er ärgert sich auch über Frau Kapp. Er meinte, dass er kriminell wird, wenn wir ihn nach Wangen mitnehmen. Er hat vor, Frau Kapp mit dem Messer die Kehle durchzuschneiden. Herr Prütz verweigert zuerst die Medikamente, mit der Begründung, gesund zu sein. Ich konnte ihn aber doch überreden, die Medikamente einzunehmen, und er hat auch einen Alkoholtest mit 0,00 Promille gemacht. Ich finde ihn psychisch sehr labil und verbal aggressiv bis manisch.«

»Nach der Diskussion beim Frühstück hat Herr Prütz ein Messer genommen und zeigte mir, wie er entweder die Kehle oder die Venen am Handgelenk schneiden könne, wenn er mit nach Wangen soll. Mit Mühe konnte ich ihn beruhigen, bis er mir das Messer gab. Trotzdem, argumentierte er, wäre es ihm lieber, wenn er ins Gefängnis gehen müsste. Aufklärungsbedarf bezüglich seiner Situation ist deutlich geworden, da er sonst unberechenbar ist.«

»Da weder die Ärztin des Heims noch ich verfügbar waren, wurde Herr Prütz, nachdem er sich wieder beruhigt hatte, zum Heimleiter geschickt. Dort wurde besprochen, dass Herr Prütz, wie mit Station 53 und der Bewährungshelferin festgelegt, zur Krisenintervention verlegt wird, da er andere mit dem Tod bedroht hat. Wir interpretieren das als Signal, dass Herr Prütz die aktuelle Situation nicht aushält, und verlegen ihn, um weitere Eskalationen zu vermeiden. Herr Prütz ist durch das Angebot sichtlich erleichtert und ist damit einverstanden, die Zeit bis zur Verlegung auf der Wohngruppe und im Tagestreff abzuwarten.«

Kaum in Wangen angekommen, zeigt Herr Prütz die bei ihm bekannte Ambivalenz:

»Anruf der Polizei: Der Beamte berichtete, dass Herr Prütz angerufen hat mit der Frage, ob man ihn nach Weissenau fahren könnte. Ich holte ihn am Bahnhof ab, wo zwei Polizisten mit ihm warteten. Er war gut gelaunt und lachte. Er möchte wieder nach Weissenau zurück. Dort habe es ihm besser gefallen.«

»Als ich in die Wohnung kam, kam Herr Prütz gleich auf mich zu und war aufgebracht, dass ein Mitarbeiter ihm eine volle Bierflasche abgenommen hat. Er sagte, der Mitarbeiter hätte ihm wenigstens Zigaretten dafür geben sollen, was er nicht getan hat. Er möchte nun mindestens 100 Euro von ihm haben, sonst steche er ihn ab. Und er möchte sofort wieder zurück in die Weissenau. Herr Prütz war wieder sehr schnell zu beruhigen. Ich wies ihn nochmals auf seine Bewährungsauflagen hin. Danach war Herr Prütz wieder völlig entspannt.«

»Gespräch Herr Prütz mit Heimleiter: Herr Prütz hat sich nun doch entschieden, hier in Wangen zu bleiben, da er nicht in den Bereich Altenpflege wolle. Auch hat er hier in Wangen mehr Freiheiten als in der Wohngruppe, zudem passt er unserer Meinung nach eher in ein dezentral Betreutes Wohnen. So wie es zurzeit in Wangen geregelt ist, gefällt es Herrn Prütz. Ich habe dann mit Herrn Prütz einen Termin ausgemacht, an dem wir es zusammen wieder besprechen werden, ob der Bereich Altenpflege für ihn noch Thema ist.«

»Gespräch mit Mitarbeiterin Tagesstätte und Herrn Prütz: Herr Prütz betont, dass er gerne in Wangen wohne und hier bleiben wolle, gegenteilige Aussagen wären als Witz gemeint. Wir vereinbaren Folgendes: Herr Prütz isst am Montag, Dienstag und Freitag in der Tagesstätte. Herr Prütz möchte gerne arbeiten, es gibt aber nicht immer das richtige Angebot. Er wird um 9 Uhr 30 in der Tagesstätte anrufen, um zu erfahren, ob es etwas für ihn gibt. Herr Prütz darf nicht im WC rauchen. Er bekommt einen Platz zum Rauchen zugewiesen, wo er niemanden stört. Herr Prütz bringt Ersatz-Einlagen mit in den Tagestreff. Herr Prütz war sehr aufgeschlossen und kooperativ.«

Das folgende Vierteljahr hält diese Ambivalenz an. Die Mitarbeiter betreuen Herrn Prütz sehr intensiv, haben meist siebenmal am Tag mit ihm Kontakt, die Koordinierende Bezugsperson trifft nahezu täglich Vereinbarungen mit ihm. Immer wieder treten Situationen ein, bei denen eine kurze Kriseninvervention als einzige sinnvolle Deeskalation erscheint. Nach einem Klinikaufenthalt wird dies mit allen Beteiligten besprochen.

»Große Gesprächsrunde mit Herrn Prütz: Wir ziehen Bilanz und treffen Vereinbarungen für die Zukunft. Herr Prütz soll eine Vollmacht unterschreiben, die es ermöglicht, ihn dann zur Krisenintervention einzuweisen, wenn wir es für notwendig erachten. Herr Prütz hatte Angst vor dem Gespräch, weil er dachte, dort soll seine Rückkehr in die Forensik beschlossen werden. Er will aber auf jeden Fall in Wangen bleiben und nicht in die Forensik zurückgehen.«

»Gespräch mit dem Bewährungshelfer, Herrn Prütz und der Koordinierenden Bezugsperson. Der Bewährungshelfer wollte wissen, ob es irgendwelche Besonderheiten in der letzten Zeit gab, nach dem Gespräch in Weissenau. Ich sagte ihm, dass es im Großen und Ganzen gut liefe, Herr Prütz jedoch gab an, dass er in letzter Zeit des Öfteren kleinere Mengen Alkohol getrunken habe. Der Bewährungshelfer wies Herrn Prütz darauf hin, keinen Alkohol zu trinken. Herr Prütz war die ganze Zeit über sehr höflich und gastfreundlich.«

Mit Herrn Prütz haben wir einen Klienten ausgewählt, der nahezu alle Probleme ehemals forensisch untergebrachter Patienten auf sich vereint. Normalerweise gestaltet sich die Betreuung dieser Patientengruppe einfacher. Nach unserer Erfahrung ist es jedoch wichtig, die dargestellten Betreuungsprinzipien bei ehemals forensisch untergebrachten Patienten anzuwenden:

- klare Absprachen mit den Klienten und allen weiteren Beteiligten (wenn möglich schriftlich),
- Einhaltung von Konsequenzen bei Grenzüberschreitungen,
- klare Festlegung von Zielen unter Berücksichtigung von Autonomiebedürfnissen,
- keine präventive Einschränkung der Autonomie,
- Einbeziehung von Autoritäten (Heimleitung, Chefarzt der forensischen Abteilung etc.).

Da sich ehemals forensisch untergebrachte Patienten psychopathologisch nicht von den anderen Patientengruppen unterscheiden, wurde kein separater Standard erstellt. Unter Berücksichtigung der Bewährungsauflagen müssen individuelle Betreuungsvereinbarungen festgelegt werden.

Aggressivität

Unterschwellige oder offene Androhung oder Ausübung von Gewalt ist ähnlich wie Suizidalität für Heimmitarbeiter eine sehr ängstigende Eigenschaft von Klienten, denn die Mitarbeiterinnen und Mitarbeiter sind selbst potenzielle Opfer aggressiver Handlung. In Teambesprechungen führt die Ankündigung, dass ein Klient aufgenommen werden soll, von dem bekannt ist, dass er Tätlichkeiten begangen hat, regelmäßig zu aufgeregten Diskussionen. In einer dezentralen Einrichtung gewinnt die Thematik noch an Brisanz, weil die Mitarbeiter ihre Arbeit in den Wohnungen alleine verrichten und sich aggressiven Personen eher schutzlos ausgeliefert fühlen, anders als in einem Heim, in dem während des Dienstes noch weitere, insbesondere männliche Kollegen anwesend sind. Aggressivität gilt in vielen Heimen als Ausschlussgrund für die Aufnahme und ist oft Anlass für die Kündigung von Heimverträgen. Die langwierigsten Beratungen in Hilfeplankonferenzen gelten Klienten, die wiederholt aggressiv wurden und in der Einrichtung, in der sie gerade leben, nicht weiter betreut werden sollen. Diese Diskussionen entwickeln gelegentlich den Charakter eines Schwarzen-Peter-Spiels, bei dem es besonders die Verantwortlichen von Heimeinrichtungen vermeiden, sich zu Wort zu melden, weil sie befürchten, den Betroffenen dann aufnehmen zu müssen.

Auch bei der Thematik »Aggressivität« ist es hilfreich, die subjektive von der objektiven Komponente zu unterscheiden. Die subjektive Komponente beschreibt auch hier – wie bei dem Merkmal der Suizidalität – einen Akt der Zuschreibung von Fantasien auf eine Person, in diesem Falle einen Klienten, von dem tätliche Übergriffe bekannt sind. Ihr muss auf vier Ebenen Rechnung getragen werden:

1. Keine Tabuisierung der Thematik. Jedem Mitarbeiter muss bewusst sein, dass er bei der Ausübung seiner Arbeit Opfer aggressiver Handlungen werden kann.

2. Klare Verhaltensregeln: bei Gefahr, wenn eben möglich, die Situation verlassen und Hilfe holen. Wenn nicht möglich, darf sich der Mitarbeiter wehren.

3. Regelmäßige Fortbildungsangebote für die Mitarbeiter, die sie physisch und mental im Umgang mit aggressivem Verhalten stärken.

4. Abschluss einer Dienstvereinbarung zur Trauma-Nachsorge, in deren Rahmen der Arbeitgeber sich zu konkreten Hilfsmaßnahmen verpflichtet, wenn ein Mitarbeiter Opfer von Gewalt geworden ist.

Der objektiven Komponente wird Rechnung getragen durch folgende zwei Punkte:

1. Analyse des manifesten Verhaltens dieser Person, also: Unter welchen konkreten Bedingungen hat sie welche Formen aggressiven Verhaltens gezeigt?
2. Daraus folgend die Entwicklung konkreter Strategien im Betreuungsalltag bei aggressiven Klienten.

Im Kontext der Heimversorgung ist es relevant, zwei verschiedene Erscheinungsformen aggressiven Verhaltens zu unterscheiden, weil sie unterschiedliche Gegenstrategien erfordern:

- Aggressivität in Form gelegentlicher eruptiver Ausbrüche, scheinbar unabhängig von konkreten Auslösern und daher auch schwer vorherzusagen;
- Aggressivität als Begleiterscheinung oder Folge sozialer Auseinandersetzungen.

Für die erste Form ist das Einzelwohnen im Rahmen der dezentralen stationären Versorgung die sozial verträglichste Lösung. Für den Umgang mit der zweiten Form bedarf es der Vermittlung von Strategien des Konfliktmanagements in der Wohngruppe. Für beide Varianten folgen Beispiele aus der Betreuungspraxis.

Eruptive aggressive Ausbrüche – Herr Sproll

Dem knapp fünfzigjährigen Herrn Sproll erging es wie vielen jungen Männern: Während seines Wehrdienstes manifestierte sich erstmals eine schizophrene Psychose, die zu seiner vorzeitigen Entlassung aus der Bundeswehr führte. Die Erkrankung chronifizierte und nach mehreren stationären Behandlungen in verschiedenen psychiatrischen Krankenhäusern kam er vor 17 Jahren erstmals in das ZfP Weissenau. Ein auch aus heutiger Sicht sehr eindrücklicher Zwischenbericht fasst die Hospitalisierungsgeschichte von Herrn Sproll wie folgt zusammen:

»Herr Sproll hat im Laufe der Jahre wohl sämtliche Neuroleptika versucht; im Gesamten muss gesagt werden, dass es kein Neuroleptikum gab, welches ihm nachhaltig und deutlich geholfen hätte. Auch anderweitige therapeutische Maßnahmen sozial-rehabilitativer Natur haben keine Besserung seines Zustandes bewirken können. Je länger seine Verweildauer hier war, desto aggressiver und unausgeglichener wurde er, und es kam zu nicht unerheblichen aggressiven Handlungen. Inzwischen zeigt sich Herr Sproll wesentlich hilfloser, als dies noch vor Jahren der Fall war. Das bedeutet, dass er Personalkontakt und Hilfe gerne annimmt und braucht. Im Gesamten hat sich Herrn Sprolls psychischer Zustand im Laufe der letzten acht Jahre verschlechtert und wir stehen vor dem Problem, weder im medikamentösen noch im pädagogischen Bereich brauchbare Angebote machen zu können.«

Herr Sproll wurde zunächst auf eine andere Wohngruppe verlegt, zog kurzzeitig in eine andere Heimeinrichtung und verbrachte ein knappes Jahr in Familienpflege. Vor rund fünf Jahren, nachdem er auf eigenen Wunsch die Pflegefamilie verlassen hatte, zog er in eine der ersten dezentralen Wohnungen, eine Fünfer-Wohngemeinschaft. Knapp zwei Jahre später wurde Herr Sproll erneut stationär in der Klinik aufgenommen. Im Entlassbericht des Krankenhauses zur Einweisungssituation heißt es:

»Er sei unruhig, laufe ständig hin und her und sei schon bei geringster Ansprache gereizt, zeitweise auch aggressiv. Problematisch sei erneut sein Verhältnis zu Geld und seine Zigarettennot. In solchen Situationen würde er sämtliche Mitbewohner bedrängen, sodass Letztere sich schon aggressiv gegen ihn gewehrt hätten.«

Im Anschluss an diese Behandlung wurde Herr Sproll wieder auf eine zentrale Wohngruppe des Heims aufgenommen. Der Verlauf in der dezentralen Wohngruppe war von ständigen Auseinandersetzungen der Mitarbeiter mit Herrn Sproll sowie zwischen ihm und seinen Mitbewohnern geprägt gewesen. In diesen Auseinandersetzungen wurde er von seinen Kontrahenten oft als sehr bedrohlich erlebt.

Warum wirkt Herr Sproll so bedrohlich? Erstens durch seine Erscheinung: Er ist groß, von sehr kräftiger Statur und rasiert sich den Schädel. Zweitens durch die Art seiner Kommunikation: Wenn ihm ein Anliegen – meist möchte er Geld oder Zigaretten – nicht erfüllt wird, kann er sehr laut und fordernd werden, auch unverschämt und beleidigend. Herr Sproll hat extensive Größenfantasien. Er ist in Wirklichkeit sehr viel älter als es in seinen Papieren steht, hat in der Sowjetunion Atomphysik (wahlweise auch diverse andere Fächer) studiert, war General der Roten Armee und beim KGB. Er verfügt also über alle Mittel der Macht und des Wissens und duldet keinen Widerspruch. Auch diese Wahninhalte flößen Respekt ein.

Welche Spannung steckt in einem Menschen, der sich so sehr über die

Themen Größe, Macht und Gewalt definiert, vermutlich gerade weil er so
wenig davon in seinem wirklichen Leben realisieren konnte? Beispiele aus
der Verlaufsdokumentation:

>Herr Sproll hat viel Energie. Er bringt seine Anliegen mit viel Power vor,
ist aber wenig bereit, sich eine Reaktion anzuhören. Er wittert hinter jeder
Antwort die Absicht, sich über ihn zu stellen.«
>Herr Sproll lässt keine Diskussion zu, wenn er wahnhafte Gedanken
äußert. Er scheint aber auseinander halten zu können, was seine und
was unsere Realität ist.«
>Herr Sproll hat unten vor der Küche Frau Villa eine Ohrfeige gegeben.
Er war außer sich und sagte, sie hätte ihn provoziert.«
>Herr Sproll erpresst die Mitbewohner mit allen Mitteln.«

Allerdings ordnet sich Herr Sproll hierarchischen Strukturen bis zur Un-
terwürfigkeit unter; zur Erfüllung hierarchischer Anforderungen fordert er
von sich selbst äußerste Disziplin, was in Eintragungen des Psychologen
zum Ausdruck kommt:

>Habe Herrn Sproll nochmals dringlich verwarnt bezüglich der Bettelei. Er
will sich von allen Bewohnern fernhalten, nicht einmal mehr grüßen.«
>Herr Sproll kam rechtzeitig auf mich zu, um seinen Taschengeldscheck
abzuholen. Er war dabei allerdings sehr laut und aufgebracht. Auf meine
heftige Reaktion wurde er ruhiger und sachlicher.«
>Herr Sproll wurde von der stellvertretenden Heimleiterin wegen seiner
dominanten Art und Bettelei den Mitbewohnern gegenüber kritisiert.
Er will den Kontakt zukünftig meiden. Für den Fall, dass er sich nicht
zurückhalten kann, schlägt er eine Wiedergutmachung von 1 Euro für
den Geschädigten vor.«

Im Zusammenhang mit den Planungen der Wohngruppe, die nach Wangen
im Allgäu umziehen und dort als dezentrale Wohngruppe geführt werden
sollte, äußerte Herr Sproll den Wunsch, in Ravensburg verbleiben zu dürfen.
Er stimmt dem Vorhaben zu, dass er vollstationär betreut ein Appartement
für sich allein bewohnen soll. Obwohl Herr Sproll sich sehr unter Druck
setzt, was er jetzt alles selbst machen muss, wird er insgesamt von den
Mitarbeitern als lockerer beschrieben.

>Haben uns lange unterhalten, es war richtig nett.«

»Herr Sproll macht einen ausgeglichenen Eindruck, sagt auch selbst, es gehe ihm gut.«

»Macht einen etwas getriebenen Eindruck, erzählt, was er schon alles geputzt und gewaschen hat.«

»Herr Sproll war heute Morgen schon sehr aufgeregt, da er keine Zigaretten mehr hatte. Er wollte Geld gewechselt haben, was ich nicht konnte. Wurde kurzzeitig etwas lauter, meinte, er sei schließlich 65 Jahre alt und im Afghanistan-Krieg ausgezeichnet worden. Herr Sproll beruhigte sich aber rasch und entschuldigte sich per Handschlag.«

»Herr Sproll hat morgens schon auf mich gewartet. Meinte, dass er heute noch sein Zimmer nass wische und Geschirr spüle. Habe versucht, mit ihm einen Deal zu vereinbaren, dass er dies zuerst macht und erst danach sein Taschengeld bekommt. Er hat darüber nur gelacht und meinte, dass ich Ähnlichkeit mit seinem früheren Oberfeldwebel hätte und dass es hier aber anders liefe. Habe ihm dann sein Taschengeld gegeben und er hat Zigaretten am Automaten geholt.«

Sicher ist eine abschließende Bewertung des Umzugs von Herrn Sproll in ein Einzelappartement nach knapp einem Jahr noch etwas spekulativ. Dennoch gibt es viele Hinweise darauf, dass eine Reihe von Konfliktfeldern für ihn weggefallen sind. Er selbst meint dazu, dass er nicht mehr so vielen Menschen aus dem Weg gehen müsse und dass er weniger Streit habe. Regelmäßig versichert Herr Sproll, dass er nie mehr in eine Wohngemeinschaft und auch nicht in eine Großgruppe wolle. Er ist stolz darauf, dass er allein lebt, seine Wohnung in Ordnung hält, für seine Ernährung sorgt und weitgehend selbst über den Umfang der Hilfen entscheiden kann, die er erhält.

Daran zeigt sich, dass Verhaltenprobleme langfristig nicht über Restriktionen zu lösen sind, sondern über die Stärkung des Selbstwertes der Klienten. Im Gegensatz zu der Zeit in der zentralen Wohngruppe sind Dokumentationseinträge, die über lautes oder unverschämtes Verhalten berichten, ausgesprochen selten geworden, von bedrohlichem Verhalten ist nicht mehr die Rede.

Aggressivität als Folge sozialer Auseinandersetzungen – Herr Richter

Die Mutter des 50-jährigen Herrn Richter war Schneidermeisterin, sein Vater lange Jahre selbstständiger Handwerker, später angestellt bei Daimler-Benz. Nach Abitur und Wehrdienst begann der Sohn ein Chemiestudium in Tübingen. Nach drei Semestern wechselte er nach Berlin, studierte

Geschichte und Germanistik, brach dieses Studium jedoch nach nicht bestandener Zwischenprüfung ab und kehrte in seinen Heimatort zurück, wo er bei seinen Eltern lebte. Herr Richter beschloss, Schriftsteller zu werden, das Zusammenleben mit seinen Eltern beschreibt er als spannungsgeladen. 33-jährig wurde er erstmals in einer psychiatrischen Klinik stationär behandelt, kehrte aber nach einer Entweichung in sein Elternhaus zurück. Zwei Jahre später wurde er wegen versuchten Totschlags forensisch untergebracht. Nach verschiedenen Entlassversuchen und Widerrufen der Bewährung lebte er sieben Jahre lang in einer Heimeinrichtung der Bruderhausdiakonie.

Vor rund vier Jahren wurde die Bewährungsaussetzung wegen aggressiver Handlungen zurückgenommen, trotzdem konnte Herr Richter – unter dezidierten Auflagen – weiter im Heim wohnen. Nach verschiedenen Tätlichkeiten gegen Mitbewohner und Mitarbeiter der Einrichtung wurde er stationär im ZfP Weissenau aufgenommen. Während des Klinikaufenthaltes verliebte sich Herr Richter in eine Mitpatientin und verfolgte diese mit seinen Liebesbekundungen, in der Folge entwickelte sich daraus eine Stalking-Problematik. Da das Wohnheim ihm die Kündigung des Heimvertrages androhte, befasste sich die Hilfeplankonferenz ausführlich mit seinem Fall. Herr Richter forderte von der HPK eine Wohnung, in der er mit der Patientin zusammenleben könne, und deren Zwangsverpflichtung zum Geschlechtsverkehr. Wegen der Vorgeschichte und der brisanten akuten Problematik fiel es den Einrichtungsträgern trotz der Versorgungsverpflichtung schwer, Herrn Richter ein Angebot zu machen. Erst in der dritten Vorstellung in der HPK wurde ihm der Vorschlag gemacht, sich eine Wohnung des dezentralen Wohnens anzuschauen; dort kannte er einen Bewohner, über den er sich positiv äußerte.

Herr Richter zieht in die Wohnung in der Hauffstraße ein, wo er mit zwei Mitbewohnern zusammenlebt. Auf Grund der Vorgeschichte in der Bruderhausdiakonie wurde als wichtiges Betreuungsziel die Konfliktregulierung und die mediative Begleitung der Stalking-Tendenzen vereinbart. Die Konfliktregulierung findet unabhängig von konkreten Konflikten in den Sitzungen des Wohngruppenmanagements statt. Bislang hat Herr Richter keine Tätlichkeiten mehr begangen, er wird auch von den Mitarbeitern nicht als aggressiv erlebt. Die Stalking-Problematik bedarf nach wie vor der besonderen Aufmerksamkeit der Betreuungspersonen.

»Mit Herrn Richter abgesprochen, dass er in einem Zeitraum von ca. drei Wochen sich die Hilfe überlegen soll, die er vom Pflegepersonal erhalten will. Nach drei Wochen werden Herr Richter und ich beginnen, einen Integrierten Behandlungs- und Rehabilitationsplan zu erstellen.«

»Herr Richter ist offensichtlich ein Unruhe-Faktor in der Wohngruppe. Legt sich meist mit Herrn Gau an, beschimpft diesen, beleidigt ihn und mischt sich in dessen Angelegenheiten. Habe ihm im Gespräch nochmals ganz klar seine Grenzen aufgezeigt und ihn auch gebeten, künftig nur noch in seinem Zimmer Musik zu hören. Er möchte, dass ihm jemand hilft, seinen Plattenspieler auf den Speicher zu bringen. Es wurde vereinbart, nachdem keine Einigung zwischen den beiden erzielt wurde, dass sie sich bis zur Fortsetzung des Gesprächs nächsten Dienstag aus dem Weg gehen.«

»Herr Richter bringt das Taschengeld und Busgeld von Herrn Rossbach ins Büro. Dieser sei krank und habe ihn gebeten, das für ihn zu erledigen. Bezüglich meinem wiederholten Hinweis auf das Alkoholverbot in der Wohnung meint er, sie würden ja auf dem Balkon trinken. Info an Koordinierende Bezugsperson.«

»Wohnungsmanagement: Herr Richter reagiert gelassen auf die Kritik von Herrn Haller bezüglich seines Müllbeuteleinkaufs. Möchte, dass Herr Haller die quietschenden Zimmertüren ölt, kann selbst aber nicht helfen, da er befürchtet, es Herrn Haller nicht recht zu machen.«

»Wohnungsmanagement: Herrn Richter aufgefordert, seinen Dienst zu machen (Flur und Wohnzimmer reinigen und Müllsäcke wegbringen). Er scheint sich zwischenzeitlich relativ gut in die Wohngemeinschaft eingelebt zu haben. Auch die Differenzen mit Herrn Haller sind kein Thema mehr.«

»Es fällt auf, dass Herr Richter im Gespräch immer wieder verbal ausfällig wird gegenüber Herrn Haller, was ich ihn bitte zu unterlassen. Appelliere an das Recht jedes Einzelnen auf Individualität.«

»Im Vergleich zu letzter Woche wirkt er viel weniger aggressiv. Wir unterhalten uns, auch mit Herrn Haller. Zu Herrn Haller ist Herr Richter nicht mehr so unfreundlich, bittet mich aber (in seinem Beisein), ihm doch zu sagen, er ›muffle‹ und er solle sich doch endlich duschen und frische Wäsche anziehen. Mit Herrn Rossbach sei das Verhältnis etwas abgekühlt. ›Wir trinken und rauchen nicht mehr zusammen.‹ Herr Rossbach wolle seine Ruhe und außerdem störe ihn das Kettenrauchen von Herrn Richter.«

Die Stalking-Problematik wird von der Koordinierenden Bezugsperson bearbeitet, die bei Bedarf andere Berufsgruppen, wie den Psychologen der Wohngruppe, hinzuzieht.

»Anruf vom ambulanten Betreuten Wohnen der Arkade: Herr Richter lässt die Verfolgung von Frau Huber nicht bleiben, sie hat dies zur Anzeige gebracht. Termin der Gerichtsverhandlung mitgeteilt.« »Herr Richter mit Begleitung meinerseits auf dem Amtsgericht in Ravensburg, die Vorladung kam zustande wegen Stalking.«

»Bei der Gerichtsverhandlung tut sich Herr Richter sichtlich schwer, sich von der Anklägerin zu distanzieren. Er versucht sich ständig zu erklären, dass sein Herz nur für sie schlagen würde und er die Ehe mit ihr vollziehen möchte. Das Problem ist, dass er sie oft an der Arbeitsstätte abpasst. Außerdem schickt er Briefe oder Päckchen mit pornographischen Bildern, ruft ständig bei der Klägerin an und muss wohl schon öfters in der Nähe ihrer Wohnung gesichtet worden sein. Laut Richterin ist Herr Richter im Moment nicht schuldfähig auf Grund seiner Erkrankung. Es wurde somit ein Aufhebungsurteil mit Zustimmung beider Parteien vereinbart mit folgenden Anweisungen, die Herr Richter zu befolgen hat: Er darf die Arbeitsstätte der Klägerin und das dazugehörige Werkstattcafé nicht mehr betreten. Soll sich von Frau Huber fern halten (bis auf 100 m), dies trifft auch auf die Wohnung der Klägerin zu. Keine Post oder Päckchen und keine Telefonate von Seiten Herrn Richters. Er hat nach längerem Ringen diesen Vorschriften zugestimmt. Die Richterin hat ihm klargemacht, dass er sich daran halten soll, ansonsten kann es zu weiteren Schritten kommen.«

»Herr Richter berichtet im Gespräch, dass er Frau Huber ›zubombardieren‹ wird mit Anrufen und Briefen, so lange, bis sie nachgibt. Gleichzeitig erzählt er noch, dass es jetzt bis zu 10.000 Euro Strafe für Stalking gibt, aber es ihm egal ist, da er ja eh kein Geld hat. Er zeigt überhaupt keine Einsicht, sondern fühlt sich im Recht, meint, einer großen Liebe kann nichts im Weg stehen. Habe ihm noch mal gesagt, dass er verurteilt wurde und dass jede weitere Belästigung eine Straftat darstellt. Interessiert ihn überhaupt nicht.«

»Herr Richter hatte mich letzte Wochen zum Thema Sexualtherapie angesprochen und ich habe mit ihm für heute einen Termin vereinbart.« »Es entwickelt sich ein Gespräch über seine sexuellen und partnerbezogenen Wünsche. Er habe derzeit nur die Möglichkeit, sich Sexheftchen zu kaufen, wolle aber eigentlich eine leibhaftige Partnerin. Es läuft darauf hinaus, dass er der Beziehung zu Frau Huber nachtrauert und die Beendigung dieser Beziehung nicht akzeptieren will. Er schreibe ihr weiter Briefe und schicke Päckchen, werde aber nicht anrufen oder sie persönlich behelligen.«

Die Betreuung von Herrn Richter im dezentralen Wohnen kann zumindest im ersten halben Jahr als relativ problemlos bezeichnet werden. Die Gruppengröße von nur drei Personen birgt auf der einen Seite die Gefahr, dass die Animositäten mit einem Mitbewohner sehr deutlich zum Vorschein kommen. Dies wird im Verhältnis zwischen Herrn Richter und Herrn Haug deutlich. Auf der anderen Seite begünstigt die kleine Gruppe eine unmittelbare und rasche Klärung der Konflikte. Der Wohngruppenmanager muss kein herausragendes gruppendynamisches Talent sein, um die Beziehungsdynamik zwischen drei Bewohnern einigermaßen moderieren zu können. Nach unserer Einschätzung ist es außerdem günstig, dass die Konfliktregulierung von einem Mitarbeiter angegangen wird, der mit der Stalking-Problematik nicht befasst ist. Jeder Mitarbeiter kann sich auf die Bearbeitung der jeweiligen Problematik konzentrieren; der Klient trifft im Gegensatz zum Leben in einer Großgruppe die beiden Mitarbeiter nie gemeinsam an. Möglicherweise kommen dadurch Gefühle von Hass gegen die gesamte Institution, die bei Herrn Richter in der vorherigen Institution zur Eskalation beigetragen hatte, weniger auf.

Abbildung 9: Psychiatrischer Standard »Wohngruppenmanagement«

Standard Wohngruppenmanagement

Durchführung durch:

- SozialarbeiterInnen und PsychologInnen der Wohngruppen

Ziele:

- Hilfestellung für die Bewohnergruppe bei der Organisation des Haushalts gemäß Hilfeplanung der einzelnen Bewohner. Maßstab ist, ob die Bewohner in der Lage sind, eine Handlung im Haushalt eigenständig zu organisieren.
- Hilfestellung für die Klienten, ihre Belange in die Wohngemeinschaft einzubringen und gegenüber den Mitbewohnern zu vertreten.
- Hilfe bei der Bewältigung von Konflikten zwischen den Bewohnern und mit dem sozialen Umfeld.
- Planende Unterstützung im Einzelwohnen. Im Einzelwohnen ist die Funktion des Wohngruppenmanagers und der Koordinierenden Bezugsperson identisch.

Frequenz:

- einmal wöchentlich ca. 1,5 Std. (in Wohngruppen)
- ca. 45 Min. (im Einzelwohnen)

Vorbereitung:

- Der Wohngruppenmanager erhält seine Aufträge von der Koordinierenden Bezugsperson gemäß der Hilfeplanung.

Vorgehen:
- Es wird mit den Bewohnern der Wohnung ein fester Termin vereinbart, an dem der Wohngruppenmanager sie in ihrer Wohnung aufsucht.
- Der Termin gehört zum regulären Leistungsangebot und ist für alle Bewohner verpflichtend. Es wird in der Wohnung ein entsprechender Aushang angebracht.
- Mit den Bewohnern wird die Organisation des Haushalts besprochen, geplant und anfallende Aufgaben verteilt, soweit sie das nicht selbst als Gruppe organisieren können.
- Es werden Konflikte zwischen den Bewohnern und mit der Nachbarschaft besprochen und gemeinsam Lösungen erarbeitet.
- Um die Ziele umzusetzen ist darauf zu achten, dass in Wohngruppen die Bewohner miteinander ins Gespräch kommen. Deshalb finden die Besuche in Form des Gruppengesprächs statt.

Durchführung:
- Der Wohnungsmanager bereitet die Gruppengespräche anhand der Hilfeplanung inhaltlich und hinsichtlich der Belastbarkeit der betroffenen Klienten vor.
- Zu Beginn des Gruppengesprächs werden Gesprächsthemen vereinbart. Es ist darauf zu achten, dass die Themen möglichst von den Bewohnern eingebracht werden. Es wird gemeinsam ein Zeitrahmen für das Gruppengespräch vereinbart.
- Der Wohnungsmanager muss sicherstellen, dass auch Klienten, die das Gruppengespräch verlassen, über die Thematik ausreichend informiert sind und Gelegenheit haben, sich dazu zu äußern.

Dokumentation:
- Konkret vereinbarte Punkte in Bezug auf das Zusammenleben und die Organisation des Haushalts werden schriftlich festgehalten und in einem Ordner in der Wohngruppe abgeheftet, der den Bewohnern zugänglich ist.
- Besonderheiten im Verhalten des einzelnen Bewohners werden in VEGA festgehalten.

Kooperation mit dem Krankenhaus – Kriseninterventionen

Eine Heimeinrichtung für chronisch psychisch kranke Menschen, die in ihrer Programmatik zum Ausdruck bringt, dass sie sich prinzipiell für alle Betroffenen zuständig fühlt, ist auf eine enge Kooperation mit dem zuständigen psychiatrischen Krankenhaus angewiesen. Wegen der Schwere der Krankheitsbilder der Klienten sind Kriseninterventionen nicht selten und oft von langer Dauer. Regelmäßige Kooperationsbesprechungen der Leitungen stellen zwar einen gewissen Besprechungsaufwand dar, erleichtern aber in Krisensituationen die Kommunikation. Sie schaffen die Grundlage für eine Kontinuität der Behandlung über die akute Krisenintervention hinaus und fördern nicht zuletzt das gegenseitige Verständnis für die jeweilige Arbeitsweise und die Entwicklung einer gemeinsamen »Behandlungskultur«.

Eine kontinuierliche Zusammenarbeit zwischen Heim und Krankenhaus kommt besonders einer zahlenmäßig verhältnismäßig kleinen Gruppe von Klientinnen und Klienten zugute, die besonders häufig und/oder besonders lange stationäre Aufenthalte benötigt. Diese Klientengruppe, die sich quantitativ über mehrere Jahre stabil bei gut 10 Prozent der Bewohner bewegt, trägt etwa zur Hälfte der Krisentage bei. In der Wahrnehmung der Mitarbeiter sowohl des Heimes als auch des Krankenhauses führte dieser Umstand in den Anfangsjahren des Dezentralisierungsprozesses zu der Hypothese, dass sich darin eine vermeintliche Überforderung einer bestimmten Klientengruppe widerspiegle. Diese Vermutung war ein Reflex geläufiger Vorbehalte gegen das Projekt; sie konnte entkräftet werden, da retrospektiv sowohl bezüglich der Häufigkeit als auch bezüglich der Verteilung vergleichbare Muster vor und nach der Dezentralisierung festgestellt wurden (eine »Krisenstatistik wurde zwar geführt, sie interessierte im Arbeitsalltag aber kaum jemanden). Das folgende Schaubild zeigt ein munteres Auf und Ab bei der Häufigkeit von Krisen, ohne dass ein auffälliger Zusammenhang zum Verlauf der Dezentralisierung ins Auge springt

Abbildung 10: Häufigkeit von Krisen im Verhältnis zur Bettenzahl für die

Wohngruppen des Bereichs Rehabilitation im

Wohn- und Pflegeheim des ZfP Weissenau

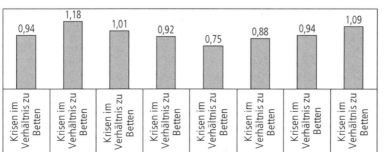

Bereich REHA
Krisen im Verhältnis zu Betten

Ein zweiter Blick auf das Schaubild ergibt: Der höchste Wert wurde im Jahr 1999 registriert, also noch vor Beginn des Dezentralisierungsprozesses. Die erste Wohngruppe wurde 2000 dezentralisiert, gleichzeitig sank die Zahl der Krisen, die ab 2003 wieder anstieg, als die zweite Wohngruppe dezentralisiert wurde, im August 2005 folgte die dritte und letzte. Dies rechtfertigt nicht die Annahme eines linearen Zusammenhangs zwischen Krisenhäufigkeit und dezentraler Betreuung, sonst wäre der hohe Wert von 1999 schlecht erklärbar. Sicherlich kann man davon ausgehen, dass es besondere Effekte der Dezentralisierung gibt, die sich auf die punktuelle Zunahme von Krisen auswirken. Ohne Anspruch auf Vollständigkeit sollen hier einige Erfahrungen als vorläufige Hypothesen formuliert werden:

- Eine Gruppe von Klienten benötigt in den ersten sechs Monaten nach dem Umzug vom zentralen Wohnen zum dezentralen einen stationären Aufenthalt, dem keine weiteren folgen.
- Eine weitere Gruppe hat in den ersten beiden Jahren nach dem Umzug mehrere stationäre Aufenthalte, gelegentlich auch in Verbindung mit einem Wechsel in andere Wohngemeinschaften.

Der Wahrheit am nächsten kommt man sicherlich mit der Annahme, dass die Häufigkeit stationärer Behandlungen in allererster Linie von der Erkrankung selbst und den individuellen Wirkfaktoren abhängt und andere Variablen nur »moderierenden« Einfluss haben. Dies verdeutlicht die Komplexität des Geschehens und zwingt zu dem Schluss, dass auch in Hinsicht auf die Kriseninterventionen eine individuelle Sichtweise weit hilfreicher ist als voreilige und spekulative Verallgemeinerungen. Aus der Sicht der dezentralen Betreuung ist in diesem Zusammenhang der Blick auf die Statistik einer geschlossenen Heimeinrichtung interessant (s. Abbildung 10).

Ohne den Anspruch einer wissenschaftlichen Erhebung stützen diese Zahlen aber offensichtlich doch die oben formulierte Annahme, dass die Häufigkeit stationärer Aufenthalte vom Betreuungssetting weitgehend unabhängig ist und der Blick auf den einzelnen Klienten fokussiert werden muss. Dies ist ein weiteres und starkes Argument für die Notwendigkeit der Entwicklung einer Kooperationskultur mit dem psychiatrischen Krankenhaus.

Gibt es Grenzen der dezentralen Heimversorgung?

Die Fallbeispiele zeigen die Dimension der dezentralen Heimversorgung auf. Es handelt sich ausnahmslos um chronisch psychisch kranke Menschen, die eine Menge an Schwierigkeiten auf sich vereinen. Viele Schreckensge-

Abbildung 11: Krisentage insgesamt und pro Platz

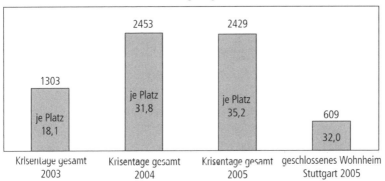

Bereich REHA
Krisentage insgesamt

	2453	2429	
1303	je Platz 31,8	je Platz 35,2	609
je Platz 18,1			32,0
Krisentage gesamt 2003	Krisentage gesamt 2004	Krisentage gesamt 2005	geschlossenes Wohnheim Stuttgart 2005

spenster aller Heimbetreiber sind bei den meisten beschriebenen Klienten gleich mehrfach vertreten: Multimorbidität, Suchtprobleme, Gewalttätigkeit, Straffälligkeit. In der traditionellen Definition von Heimbetreibern gelten die Klienten als nicht heimfähig.

Die Fallbeispiele zeigen ebenso, dass die dezentrale Heimbetreuung bei den Klientinnen und Klienten möglich ist. Sie führt nicht zu der Lösung ihrer mannigfaltigen Probleme, aber die dezentrale Heimversorgung führt auch nicht zum Ausschluss bestimmter Patientengruppen. Die Aufnahmehäufigkeit in der psychiatrischen Klinik zeigt, dass ein kleiner Teil der Klienten regelmäßig stationäre Behandlungen benötigt. Darin besteht jedoch kein Unterschied zu der zentralen Heimbetreuung. Vor noch nicht einmal zwanzig Jahren benötigte ein Teil der Langzeitpatienten über Jahre hinweg die Behandlung auf geschlossenen Stationen der psychiatrischen Kliniken. Demgegenüber ist es ein qualitativer Sprung, dass alle chronisch psychisch kranken Menschen einer Region in Wohnungen inmitten der Gemeinde leben können und lediglich ein geringer Teil regelmäßige klinisch-stationäre Behandlung benötigt.

Der Vergleich der Phasen dezentraler Heimversorgung mit den Phasen klassischer Heimversorgung wirft ein Licht darauf, wie viele Probleme in der klassischen Heimversorgung nicht gelöst werden konnten. Der Vorzug der dezentralen Heimversorgung besteht in der erzwungenen Anpassungsfähigkeit. Probleme in der Gemeinde können nicht ignoriert werden. Die Öffentlichkeit dieser Probleme zwingt dazu, Lösungsmöglichkeiten zu finden. In der Institution besteht immer der Ausweg nach innen. Die

Anstalt schluckt alles. In den Augen der Öffentlichkeit lässt sich jedoch wenig verbergen. Insofern erklärt sich der Begriff des Systemsprengers aus seiner institutionellen Einbindung. Systeme werden dort gesprengt, wo sie einengend wirken und dem Individuum keine Luft zum Atmen lassen. In einer offenen Atmosphäre gibt es nichts zu sprengen, hier gibt es nur Konflikte – und Konflikte können gelöst werden.

Kapitel 7
Perspektiven der Versorgung

Von der Heimwohnung in die eigene Wohnung

Das Programm der dezentralen Heimversorgung ist nicht mehr und nicht weniger als die Verlagerung der Heimversorgung in die Gemeinde. Die dezentrale Versorgung ist der Beweis, dass auch schwer beeinträchtigte psychisch kranke Menschen keine Großinstitution zum Leben brauchen. Im zweiten Schritt zeigt sich, dass die Betreuung in einer dezentralen Wohngruppe für einen Teil der Klientinnen und Klienten die Überwindung der Heimversorgung bedeuten kann. Bei der Überwindung der Heimversorgung wirken dezentrale Wohnform und dezentrale Betreuung zusammen.

Wie in Kapitel 4 beschrieben, ist die Betreuung in der dezentralen Heimversorgung am individuellen Hilfebedarf der Klienten orientiert. Dieser Hilfebedarf wird für den Klienten erlebbar, da es keine zentrale Hauswirtschaft gibt. Der gelebte Alltag mit der Unterstützung durch das Personal wirkt therapeutisch und führt bei einem Teil der Klienten dazu, dass sich nach einer gewissen Zeit der Hilfebedarf bei der Alltagsversorgung verringert oder sogar ganz entfällt.

In Wohngemeinschaften gibt es die zusätzliche Variante, die Aufgaben entsprechend der Neigung und Abneigung der einzelnen Mitglieder untereinander aufzuteilen, wie in Kapitel 5 gezeigt.

Der personenzentrierte Ansatz, wie er von der *Aktion Psychisch Kranke* entwickelt wurde, geht nicht umsonst von der Hilfeleistung im Lebensfeld aus. Im Übergang von der institutionellen Heimbetreuung zur dezentralen Betreuung wird nachvollziehbar, dass ein »künstliches« Milieu nicht schaffen kann, was sich in einem »natürlichen« Lebensfeld mehr oder weniger automatisch vollzieht. Die dezentrale Heimversorgung stellt somit dem chronisch psychisch kranken Menschen nicht nur eine Versorgung in der

Gemeinde zur Verfügung, sondern implizit ein Rehabilitationsangebot im eigentlichen Sinne des Wortes. Der Rehabilitationsfortschritt während der Zeit der dezentralen Heimbetreuung muss relativ groß sein. In Baden-Württemberg besteht im Rahmen der Eingliederungshilfe die einzige Variante der ambulanten Betreuung im Angebot des ambulanten Betreuten Wohnens mit einem Betreuungsschlüssel von 1 : 10. Bei einer zusätzlichen Betreuung im Rahmen der Behandlungspflege nach § 37 Abs. 2 SGB V durch den ambulanten psychiatrischen Pflegedienst liegt der Betreuungsschlüssel bei 1 : 8. Die Kluft zu einem Betreuungsschlüssel von ungefähr 1 : 2 in der dezentralen Heimbetreuung ist beträchtlich.

Doch auch wenn Rehabilitationsfortschritte erzielt werden, tun sich Langzeitpatienten schwer, den Übergang in eine eigene Häuslichkeit zu vollziehen. Abgesehen von wenigen Langzeitpatienten, die immer schon auf die Chance gewartet haben, die Institution verlassen zu können, bestehen erhebliche Ängste, jene Institution zu verlieren, die immer einen gewissen Schutz geboten hat. Der Schutzcharakter einer »geschützten Einrichtung« ist jedoch nicht objektiv gegeben, sondern scheint sich im Laufe der Jahre und Jahrzehnte mental auf die Klienten zu übertragen. In der dezentralen Heimversorgung ist die Schwelle beim Übergang in den eigenen Haushalt niedriger, weil sie nur noch formaler Natur ist.

Es gibt drei Möglichkeiten, von der dezentralen Heimversorgung in die eigene Häuslichkeit zu wechseln:
- die konventionelle Form des Auszugs aus der Wohngruppe,
- der Wechsel aller Klienten der Wohngruppe vom Heimstatus in den ambulanten Status,
- der Wechsel vom Heimstatus in den ambulanten Status bei einem Klienten, der ein Einzelappartement bewohnt.

Der Vorteil für Klienten in einem Einzelappartement besteht darin, dass sie relativ unproblematisch in den Heimstatus zurückwechseln können (siehe die Falldarstellung von Herrn Witten in Kapitel 6); im Extremfall sogar ständig zwischen Heimstatus und Status der eigenen Häuslichkeit changieren können. Bei Wohngruppen ist diese Variante zwar theoretisch möglich, praktisch allerdings nahezu ausgeschlossen. In unserer dezentralen Versorgung in Ravensburg haben bislang 19 Bewohner aus dem Heimstatus in den Status der eigenen Häuslichkeit gewechselt.
- Die Variante 1 des Auszugs haben lediglich zwei Klienten gewählt, einmal ins Einzelwohnen und einmal ins Paarwohnen mit dem Partner. Beide Klienten scheinen jedoch mit dem Wechsel überfordert zu sein. Sie be-

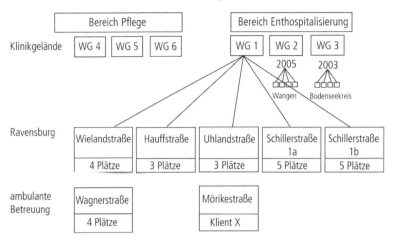

Abbildung 12: Ambulanter Status

nötigen ein hohes Maß an Beratung und haben entweder viele Konflikte mit der Umwelt oder sich selbst.

- Den Statuswechsel in ein Einzelappartement haben sechs Klienten vollzogen. Einer ist wieder in den Heimstatus zurückgekehrt.
- Am häufigsten ist der gemeinsame Statuswechsel gesamter Wohngruppen. In dieser Form wechselten elf Bewohner mit vier Wohngruppen in die eigene Häuslichkeit. Die Klienten in den ambulant betreuten Wohngruppen sind sehr stabil, eine Gruppe sehr lang hospitalisierter Klienten wird seit bald fünf Jahren ambulant betreut.

Die Gruppe der Klienten, die in den Status der ambulanten Betreuung gewechselt haben, ist heterogen, es ist allerdings nicht die Klientengruppe mit den einfachen Krankheits- und Chronifizierungsverläufen.

Die Klienten:

- sind im Durchschnitt 49,5 Jahre alt (Varianz von 34 bis 70 Jahren),
- sind in der Mehrheit männlich (63 Prozent),
- leiden mehrheitlich an einer Psychose (67 Prozent),
- haben ein hohes Maß chronischer körperlicher Erkrankungen (40 Prozent),
- haben eine durchschnittliche Erkrankungsdauer von 30 Jahren,
- haben mehrheitlich über fünf Aufenthalte in der psychiatrischen Klinik hinter sich (71 Prozent),

- haben häufig eine gesetzliche Betreuung für die drei wesentlichen Bereiche Vermögen, Behandlung und Aufenthalt (58 Prozent),
- haben selten keine gesetzliche Betreuung (25 Prozent),
- sind nur zum Teil in tagesstrukturierende Maßnahmen eingebunden: Werkstatt für behinderte Menschen (33 Prozent), Tagesstätte (20 Prozent).

Folgende Grundsätze können für den Übergang aus der Heimbetreuung in die eigene Häuslichkeit mit deutlich weniger intensiver ambulanter Betreuung formuliert werden:

1. Der Übergang in die eigene Häuslichkeit mit wesentlich geringerer Betreuungsintensität ist auch für lang hospitalisierte psychisch kranke Menschen ein realistisches Ziel; die Enthospitalisierung wird dadurch zur Entinstitutionalisierung.

2. Langzeitpatienten bevorzugen den Übergang in der Gruppe und kommen damit auch besser zurecht.

3. Die Gruppendynamik einer länger zusammenlebenden Gruppe ist förderlich für das Bestehen in der eigenen Häuslichkeit; der Effekt liegt weniger in gegenseitigen Hilfen als in einer Form der unausgesprochenen gegenseitigen Solidarität.

4. Die Beibehaltung der Räumlichkeit, in der unter hoher Betreuungsintensität die soziale Rehabilitation erfolgte, trägt wesentlich zur Stabilität in der ambulanten Betreuten Wohnform bei.

5. Die Dauer der Hospitalisierung in der psychiatrischen Anstalt ist kein negativer Indikator für den Übergang in die eigene Häuslichkeit.

6. Eine Arbeitstätigkeit ist keine zwingende Voraussetzung für den erfolgreichen Übergang in die eigene Häuslichkeit; zufrieden stellende Beschäftigungslosigkeit kann genauso stabilisierend wirken wie die Anerkennung durch regelmäßige Arbeit.

Die von Kostenträgerseite zunehmend geforderte Ersetzung stationärer Angebote durch ambulante Angebote kann mit Hilfe der dezentralen Heimversorgung praktisch umgesetzt werden.

Führt die dezentrale Versorgung in ein anderes Hilfe- und Vergütungssystem?

Die Erfahrungen der dezentralen Versorgung zeigen, dass die klassische Form der Heimversorgung – nämlich die Unterbringung in großen, gesellschaftlich separierten Räumlichkeiten – für psychisch kranke Menschen keine unabdingbare Notwendigkeit darstellt. Konsequenterweise muss die weiter gehende Frage gestellt werden, ob die Heimversorgung bei psychisch kranken Personen *überhaupt* eine Notwendigkeit darstellt. Selbst bei so genannten Systemsprengern besteht der einzige Grund der Heimversorgung darin, dass sie die notwendige Betreuungsintensität sicherstellt. Wie bei der Darstellung der Vorschriften durch das Heimgesetz sowie des Übergangs in die eigene Häuslichkeit deutlich wurde, führt die Betreuung im Rahmen – auch der dezentralen – Heimversorgung zu Einschränkungen, die den Prinzipien einer personenzentrierten Betreuung widersprechen.

In der Heimversorgung gelten verschiedene Prinzipien.

Prinzip der Regelmäßigkeit: Fluktuierende Hilfebedarfe, die bei psychisch kranken Menschen häufig sind, widerstreben dem Prinzip der Regelmäßigkeit. Ein Klient, der während der Woche keinen Hilfebedarf hat, am Wochenende jedoch sehr eng begleitet werden muss, sprengt solche Festlegungen.

Prinzip des Handelns: Eine reflektierende Beobachtung ohne Intervention, die für die Entwicklung von Eigenverantwortung oft unabdingbar ist, widerspricht der Doktrin, eingreifen zu müssen, wenn problematisches Verhalten gezeigt wird.

Prinzip der Fremdbestimmung: In der Logik des Heims hat der Bewohner zwar einen Anspruch auf seine Privatsphäre, wie es in dieser auszusehen hat, ist jedoch etwa durch die Hygienevorschriften normiert.

Prinzip der Einförmigkeit: Für Ambivalenz ist kein Platz. Entweder der Bewohner ist einsichtsfähig, dann hält er sich an die Hausregeln, oder er ist nicht einsichtsfähig, dann entscheiden Angehörige oder gesetzliche Betreuer für ihn. Die langwierige Entwicklung von Einsichtsfähigkeit und Eigenverantwortung hat in diesem System keinen Platz.

Prinzip des belegten Platzes: Wenn ein Platz nicht wieder belegt werden kann, wird ein Bewohner nicht entlassen. Die Entscheidung über den Verbleib oder die Entlassung in eine selbstbestimmte Wohnform ist in zu geringem Maß von dem individuellen Hilfebedarf des Klienten abhängig.

Die dezentrale Heimversorgung, in der ganz andere Erfahrungen gemacht werden als im institutionszentrierten Heim, stößt im Laufe der Zeit zwangsläufig an die Grenzen der »Heimlogik«. Die gemeindepsychiatrische Versorgung auf der Basis eines am Individuum orientierten Ansatzes wird erst dann die Gruppe der Systemsprenger konsequent integrieren, wenn sich die Heimversorgung in eine ambulante Hilfeleistung verwandelt. Das duale System von dezentraler Heimversorgung und ambulanter Wohnbetreuung ist teuer und ineffizient. In der kostenintensiven Heimversorgung findet zumindest phasenweise eine Überversorgung der Klientinnen und Klienten statt, in der kostengünstigen ambulanten Versorgung phasenweise eine Unterversorgung. Die Heimversorgung ist für den Durchschnitt der Leistungen zu teuer, die ambulante Versorgung wiederum befriedigt unzureichend den Hilfebedarf.

Die Beibehaltung dieses dualen Systems hat demnach eine »natürliche« Grenze: die kommunalen Finanzen. In Zeiten, die geprägt sind von Schlagwörtern wie Haushaltslöcher und leere Kassen der Kommunen, muss über die Ausweitung der Angebote nicht nachgedacht werden; die Ausweitung würde auf jeden Fall zu einem Qualitätsverlust der Angebote führen. Verschärft wird diese Situation dadurch, dass die Zahl der hilfebedürftigen behinderten Menschen in den letzten Jahren deutlich angestiegen ist und nach den Prognosen auch in den nächsten Jahren weiter steigen wird (siehe Jahresbericht 2005 der BAG überörtlicher Sozialhilfeträger). In der Falle zwischen fachlichem Anspruch und ökonomischer Realität sehen wir den Ausweg darin, dass das bereits Ende der achtziger Jahre des vergangenen Jahrhunderts von Klaus Dörner postulierte Prinzip ernst genommen werden muss: »Aus leeren Kassen Kapital schlagen.«

Der personenzentrierte Ansatz weist einen Weg dahin, gemeindepsychiatrische Ansprüche und ökonomische Realitäten zu verbinden. Die im personenzentrierten Ansatz vorgegebene Orientierung an der individuellen Hilfeplanung muss in die Finanzierung der Hilfen eingehen. Personenbezogene Finanzierung ersetzt das Prinzip der Finanzierung von Plätzen durch das der Sozialhilfe inhärente Prinzip der Finanzierung des individuellen Hilfebedarfs. Auf diesem Weg ist es möglich, passgenaue Hilfen zu gewähren. Die Gewährung der Hilfe erfolgt unabhängig von der Räumlichkeit: Der behinderte Mensch muss sich nicht in ein Heim oder eine Einrichtung des Betreuten Wohnens begeben, um die erforderlichen Hilfen zu erhalten. Allgemeiner gesagt: Er muss seinen Lebensraum nicht verlassen, wenn sich sein Hilfebedarf ändert. Das bedeutet nicht, dass er seinen Lebensraum nicht ändern darf, wenn er dies möchte; entscheidend ist vielmehr, dass er nicht dazu gezwungen ist, den Lebensraum zu wechseln. Von der dezentralen Heimversorgung aus gedacht, eröffnen sich damit vielfältige Optionen:

- Der Klient lebt wie in der dezentralen Heimversorgung in einer von Professionellen zusammengestellten Wohngruppe.

- Wenn sich sein Hilfebedarf ändert, kann er in der Wohngruppe bleiben, auch wenn der Hilfebedarf der anderen Klienten gleich bleibt.

- Klienten mit einem hohen Hilfebedarf können allein, mit ihrem Partner, ihrer Familie, ihren Eltern oder ihren Wohngemeinschaftsmitgliedern in ihrer Wohnung verbleiben und dort entsprechend ihrem Hilfebedarf betreut werden.

Das folgende Schaubild zeigt die veränderte Logik des personenzentrierten Finanzierungssystems auf.

Abbildung 13: Die Logik des personenzentrierten Finanzierungssystems

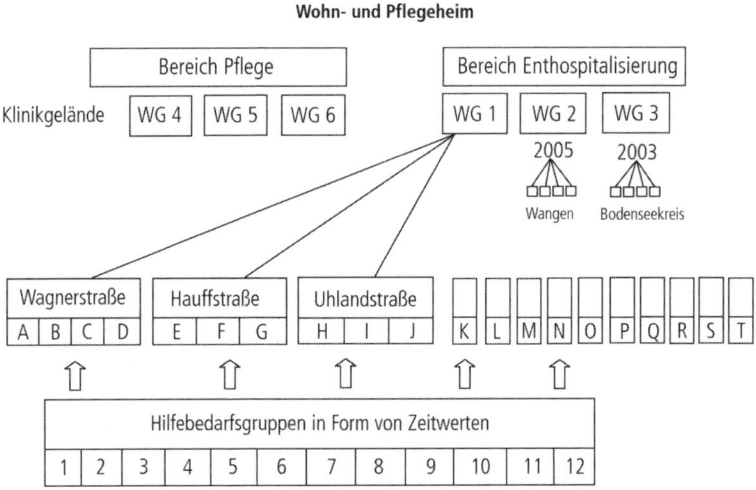

Nicht mehr Plätze stehen im Zentrum der Planung, sondern die mit den Buchstaben A bis T gekennzeichneten Menschen. Diese können in den zwischenzeitlich bekannten dezentralen Wohnungen, aber auch an ganz anderen Orten leben. Die Hilfen, die die Personen erhalten, sind nicht abhängig von dem Ort, an dem sie leben, sondern von dem Hilfebedarf, der in der Hilfeplanung festgestellt wurde. Der Hilfebedarf wird mit Hilfe von Zeitwerten, die für die Erbringung des Hilfebedarfs erforderlich sind, in Hilfebedarfsgruppen umgerechnet. Diese Bedarfsgruppen werden in der Region zwischen Kostenträgern und Leistungserbringern festgelegt. Die Anzahl der Hilfebedarfsgruppen ist nicht auf zwölf festgelegt, es dürfen jedoch nicht zu wenig Hilfebedarfsgruppen sein, da dies die Differenzierungsmöglichkeiten bei der Hilfeleistung einschränken würde.

In einem so realisierten personenzentrierten Hilfesystem ist nicht mehr der Platz einer Einrichtung die organisatorische Richtschnur, sondern die Personalkapazität. In der Hilfeplankonferenz wird dann nicht über freie oder frei werdende Plätze und über die Frage, ob die Hilfe suchende Person auf den freien Platz passt oder nicht, diskutiert, sondern über Personalressourcen der Träger. Der Fokus der Einrichtungen im Gemeindepsychiatrischen Verbund muss sich dadurch zwangsläufig auf die Sicherung der Betreuungsqualität und -flexibilität bei den Mitarbeitern richten.

Zur Einführung eines solchen Hilfeleistungssystems ist eine radikale Umorientierung bei Leistungsträgern und Leistungserbringern erforderlich. M. Rosemann (2006) führt einige Schlagworte auf, die den Umgestaltungsprozess treffend bezeichnen:

- konsequente Festlegung auf ein gemeinsames System der Hilfeplanung in einer Region,
- Hilfeleistung als Kompromiss zwischen individueller Optimalplanung und zur Verfügung stehenden Ressourcen,
- lebensnahe, Ressourcen schonende Unterstützung des Einzelnen,
- Steuerungsentscheidungen in einer regional definierten Struktur.

Auf die konkrete Umsetzung des personenzentrierten Hilfesystems soll hier nicht weiter eingegangen werden; diskutiert wurden zuletzt vor allem Lösungen im Rahmen eines Trägerbudgets oder weiter gehend eines Regionalbudgets (Rosemann 2006; Steinhart & Benz 2006). Die Umgestaltung der Hilfeleistung, die im Rahmen der dezentralen Heimversorgung vorgenommen werden muss, ist auf jeden Fall für eine personenzentrierte Leistungserbringung geeignet.

Dezentrale Heimversorgung als Weg zu einem personenzentrierten Hilfesystem

Die Entwicklung eines Hilfesystems für chronisch psychisch kranke Menschen, das den Ausschluss der Schwierigsten und Verletzlichsten vermeidet und ihre Einbeziehung in die normalen gesellschaftlichen Bezüge fördert, ist auf der Grundlage des personenzentrierten Ansatzes zu leisten. Das haben die Enthospitalisierungsprojekte in Blankenburg und Gütersloh, die Projekte der *Aktion Psychisch Kranke* zur Implementation des personenzentrierten Ansatzes in der psychiatrischen Versorgung und schließlich unsere

Dezentralisierung der Heimversorgung in den Landkreis Ravensburg und in den Bodenseekreis bewiesen. Die Umsetzung eines sinnvollen Ansatzes ist jedoch noch nie an dem Fehlen guter Konzepte gescheitert, sondern an der Beharrlichkeit der bestehenden Strukturen.

Das Programm der dezentralen Heimversorgung trägt zur Einführung eines Hilfesystems bei, in dem alle chronisch psychisch kranken Menschen einer Region die Hilfen erhalten, die sie benötigen. Es kann von einem Heimträger angewandt werden, ohne befürchten zu müssen, dass seine Heimplätze verloren gehen. Aber die dezentrale Heimversorgung ist kein festgelegtes, starres Programm, das wie ein Kochrezept angewandt werden kann. Sie ist ein Konzept, mit dem eine wenig bewegliche Heimstruktur in ein flexibles Hilfesystem verwandelt wird, in dem die Individualität des psychisch kranken Menschen wichtiger ist als sein Funktionieren. Die dezentrale Heimversorgung erfordert daher die Bereitschaft aller Beteiligten – des Heimträgers, der Heimleitung und der einzelnen Mitarbeiter –, sich auf neue Erfahrungen einzulassen. Wer den sicheren Boden des »Bewährten« nicht verlassen möchte, sollte besser einen Bogen um die dezentrale Heimversorgung machen. Er wird jedoch von der sich weiterentwickelnden gemeindepsychiatrischen Versorgung abgehängt werden.

Angesichts der weiter steigenden Fallzahlen in der Behindertenhilfe (in den letzten zehn Jahren um 75 Prozent) und der entsprechend gestiegenen Kosten kann die Zukunft der Behindertenhilfe nur in der ambulanten Versorgung liegen. Die Gestaltung dieser Versorgung sollten die Heimträger nicht den Kostenträgern überlassen. Die Selbstbestimmung der Klientinnen und Klienten sollte nicht zu einer Selbstbestimmung auf ein Leben auf der Straße werden, wie das in den USA für viele psychisch kranke Menschen die bittere Realität ist. Selbstbestimmung sollte in erster Linie bedeuten, jene Hilfen wählen zu können, die man angesichts seiner Behinderung benötigt.

Anhang

Konzeption des Wohn- und Pflegeheims Weissenau

Allgemein

Unser Leitmotiv

Wir leisten Hilfen, die dazu beitragen sollen, dass der Klient schrittweise zu einem selbstbestimmten Leben befähigt wird – Empowerment.

Unsere Grundsätze

Jeder Klient muss Lebensbereiche haben, in denen keine Hilfe geleistet wird.

Der psychisch beeinträchtigte Mensch hat einen Wohnplatz; in diesem ist er Bewohner. Zusätzlich erhält er Hilfeleistungen – Wohnen plus.

Als Empfänger von Hilfeleistungen ist er Klient.

Der psychisch beeinträchtigte Mensch äußert sich, wie er wohnen möchte und welche Unterstützungsleistungen er benötigt. Er ist Experte seiner Lebenssituation.

Die Koordinierende Bezugsperson erhebt den Hilfebedarf auf Grund der Beeinträchtigungen, Funktionsstörungen und Ressourcen unter Berücksichtigung nichtprofessionellen Hilfepotenzials.

Im Dialog zwischen Klienten und Koordinierender Bezugsperson wird eine gemeinsame Zielplanung (konkrete und zeitnahe Ziele) im Hinblick auf Wohnform, Tagesstrukturierung und individuelle Pflege und Betreuung festgelegt.

Verhandeln statt behandeln!

»Personenzentriert« heißt nicht, dass wir zum Wunsch-Erfüller der Klienten werden – wir verhandeln mit ihnen vor dem Hintergrund unserer Professionalität!

Die Hilfeplanung wird innerhalb eines festgelegten Zeitraums gemeinsam mit dem Klienten überprüft.

Es müssen nicht alle Probleme auf einmal gelöst werden!

Bei der Zielplanung müssen Prioritäten gesetzt werden!

Dabei sollen zwei wichtige Erfahrungen berücksichtigt werden:

- Häufig führt der Umweg zum Ziel!
- Häufige Konfrontation mit den Defiziten führt bei den Klienten zu Frustration und Stagnation!

Ressourcenorientierung statt Defizitorientierung!

Rahmenbedingungen

Personenkreis

In den Wohnungen des Bereichs »Rehabilitation« finden chronisch psychisch beeinträchtigte Menschen im Erwachsenenalter einen Platz, einschließlich mobiler alter psychisch Kranker, ehemals forensisch untergebrachter Menschen und chronisch mehrfach geschädigter Abhängigkeitskranker.

Nach dem Motto »Jeder bekommt eine Chance« ist mangelnde Absprachefähigkeit kein Ausschlusskriterium für eine Aufnahme in den Rehabilitationsbereich, sondern ist als Teil des Hilfebedarfs zu sehen. Mangelnde Absprachefähigkeit betrachten wir als Herausforderung an die Betreuungsstrategie.

Ausschlusskriterien: Menschen, bei denen die geistige Behinderung im Vordergrund steht, die zeitlich und örtlich desorientiert sind oder bei denen eine ständige Nachtpräsenz erforderlich ist, können im Rehabilitationsbereich des Wohn- und Pflegeheims nicht aufgenommen werden.

Personelle Ausstattung

Im Bereich »Rehabilitation« wird in multiprofessionellen Teams gearbeitet, bestehend aus pflegerischen Mitarbeitern, Sozialarbeitern bzw. -pädagogen und Psychologen. Bei den pflegerischen Mitarbeitern sind folgende Berufsgruppen vertreten:

- Gesundheits- und Krankenpfleger/Heilerziehungspfleger mit Weiterbildung zur Stationsleitung,
- Gesundheits- und Krankenpfleger/Heilerziehungspfleger mit Weiterbildung zum Fachpfleger für Psychiatrie oder mit sozialpsychiatrischer Zusatzqualifikation,
- Gesundheits- und Krankenpfleger/Heilerziehungspfleger mit Weiterbildung zum Praxisanleiter,
- Gesundheits- und Krankenpfleger,
- Heilerziehungspfleger,
- Erzieher,
- Auszubildende der Heilerziehungspflege,
- Vorpraktikanten der Heilerziehungspflege.

Die Personalschlüssel im Bereich »Rehabilitation« werden jährlich mit den erwarteten Platzzahlen, Pflegestufen und Erfordernissen der psychosozialen Betreuung festgelegt.

Zusätzlich werden je nach Hilfebedarf des einzelnen Klienten heimübergreifende Mitarbeiter für die Bereiche Bewegung, Musik usw. gestellt.

Wirtschaftsleistungen (z. B. Reinigungsleistungen, Küchenleistungen und Wäschereileistungen, Materialeinkauf) werden entweder von der Wirtschaftsabteilung im Haus oder externen Anbietern je nach Bedarf eingekauft.

Die Organisation des dezentralen Wohnens im Bereich der Rehabilitation erfolgt durch eine duale Leitung:

- pädagogisch-therapeutische Leitung: Sozialarbeiter/ -pädagoge oder Psychologe und
- pflegerische Leitung: Gesundheits- und Krankenpfleger oder Heilerziehungspfleger.

Stellenbeschreibungen sind für alle Berufsgruppen erstellt.

Die regelmäßige und gleichmäßige Fortbildung aller Mitarbeiter ist ein wesentlicher Bestandteil der Arbeit. Dazu wird jährlich mit der Leitung des dezentralen Wohnens je nach Zielsetzung ein Fortbildungsplan erstellt.

Räumliche Ausstattung

Der Bereich »Rehabilitation« des Wohn- und Pflegeheims Weissenau bietet derzeit in Ravensburg, Friedrichshafen und Wangen kleine Wohneinheiten für 1–7 Personen an. Für jeden Klienten stehen Einzelzimmer zur Verfügung, die auf Wunsch mit eigenem Mobiliar eingerichtet werden können. Es zeigt sich, dass der Bedarf für Einzelwohnen größer wird und dass es langfristig gesehen für das Zusammenleben in einer Wohngemeinschaft günstiger ist, wenn sich maximal vier Personen eine Wohnung teilen.

Wir streben an, Hilfeleistungen in der Intensität stationärer Betreuung auch im Haushalt der Klienten erbringen zu können.

Unsere Arbeit

Art der Hilfeerbringung

- Der personenzentrierte Ansatz

Der personenzentrierte Ansatz bildet die Grundlage unserer Arbeit. Das bedeutet, dass die Art und Intensität der Hilfeleistungen an die – sich ständig verändernden – Bedürfnisse der Klienten angepasst werden muss.

Nach den Vorgaben des Pflegeversicherungsgesetzes soll es dem Klienten ermöglicht werden, ein möglichst selbstständiges und selbstbestimmtes Leben zu führen (SGB XI, §2). Gleichzeitig gibt das Pflegeversicherungsgesetz Zeitvorgaben für eng definierte Hilfeleistungen vor. Bei der Hilfeerbringung muss daher der Spagat zwischen der gesetzlich definierten Hilfeleistung und der Förderung des Selbsthilfepotenzials vollzogen werden.

Grund- und behandlungspflegerische Leistungen erfordern fachliche Unterstützung in Form von Anleitung, Motivation und ggf. Übernahme der Hilfen.

Bei der Bewältigung des Haushaltes, der Strukturierung des Alltags und der Gestaltung zwischenmenschlicher Beziehungen können die Klienten zur Übernahme von Eigenverantwortung ermutigt werden. In diesem Bereich muss der Klient die Möglichkeit haben, eigene Erfahrungen machen zu können.

Nach unseren Erfahrungen können auch »schwierige« Klienten mit intensiver Betreuung entsprechend ihres Hilfebedarfs in dezentralen Wohnformen leben. Durch zeitnahe Hilfeplanung ist sicherzustellen, dass je nach individuellem Bedarf zum einen intensive Unterstützung geleistet werden kann, zum anderen kontrolliert Selbstständigkeit gefördert wird.

- Die Verantwortung der Mitarbeiter gegenüber den Klienten

Das gemeinsame Gespräch über die Ziele des Klienten und den Beitrag, den wir als Mitarbeiter zur Erreichung dieser Ziele leisten können, bildet die Grundlage unseres Handelns. Dies bedeutet zum einen, die eigene fachliche Position in das Gespräch einzubringen und dafür einzutreten, zum anderen heißt dies, die Position des Klienten gleichwertig gelten zu lassen.

Unserem Grundsatz gemäß »Verhandeln statt behandeln« bedeutet dies, dass die Verantwortung für die Klienten nicht allein beim Mitarbeiter liegt, sondern dass der Klient Selbstverantwortung übernimmt. Einzige Ausnahmen sind akut gefahrvolle Situationen, die als Gefahr für das eigene Leben und die eigene Gesundheit oder für das Leben der Mitmenschen angesehen werden müssen. Hier muss fachlich begründet, ggf. auch gegen den Willen des Klienten, gehandelt werden.

- Tätigkeitsprofil im dezentralen Wohnen

Die Tätigkeiten des Pflege- und Betreuungspersonal im dezentralen Wohnen gliedert sich in:

1. Tätigkeit der Koordinierenden Bezugsperson,
2. Tätigkeit der Pflegefachkräfte,
3. Tätigkeit der Sozialarbeiter bzw. Psychologen.

Die drei Aufgabenbereiche stehen in einem spezifischen Verhältnis zueinander. Die Aufgaben der Koordinierenden Bezugsperson werden von allen Fachkräften des dezentralen Wohnens wahrgenommen und richten sich langfristig an einzelne Klienten. Die anderen beiden Aufgabenbereiche sind berufgruppenspezifisch aufgeteilt und richten sich an die Gruppe von Klienten, die in einer Wohnung versorgt werden.

Das Organisationsprinzip besteht in der Vergabe und Ausführung von Aufträgen. Die Koordinierende Bezugsperson erteilt auf Grundlage der individuellen Hilfeplanung schriftlich Aufträge an die Pflegefachkräfte sowie die Sozialarbeiter bzw. Psychologen. Diese führen die Aufträge aus und geben mit Hilfe der Dokumentation eine Rückmeldung über die Durchführung der Aufträge. Die Auswertung der Rückmeldung ermöglicht der Koordinierenden Bezugsperson im Zeitverlauf, die jeweilige Hilfeleistung als angemessen oder veränderungsbedürftig zu beurteilen.

Schematisch kann dieser Prozess wie folgt dargestellt werden:

Die Arbeit erfolgt nach den Prinzipien:

- Individuelle Begleitung unabhängig von der Wohnung!
- Arbeit nach individueller Hilfeplanung mit dem Klienten!
- Auftragsvergabe durch die Koordinierende Bezugsperson!

Als Grundlage für die Personalbemessung werden von der Heimleitung für die Tätigkeiten der Sozialarbeiter/Psychologen und der Pflegefachkräfte Zeitvorgaben festgelegt.

Die Tätigkeiten im Einzelnen:

Zu 1: Die Koordinierende Bezugsperson

Die Koordinierende Bezugsperson übernimmt unabhängig vom Wohnplatz des Klienten die Planung und Koordinierung der Hilfen. Sie gibt Aufträge an den Sozialarbeiter/Psychologen und/oder die Pflegefachkraft und erhält von diesen eine Rückmeldung.

Die Aufgaben beinhalten:

- Erhebung der biografischen Anamnese des Klienten,
- Erhebung des Hilfebedarfs des Klienten anhand des IBRP (Integrierter Behandlungs- und Rehabilitationsplan) gemeinsam mit dem Klienten,
- Planung der Betreuung und Pflege des Klienten im Sinne dieser Konzeption und die Erteilung der Aufträge an die zuständige Berufsgruppe,
- Zusammenarbeit mit Angehörigen, gesetzlichen Betreuern und sonstigen Bezugspersonen,
- Erarbeitung einer Entlassperspektive mit dem Klienten.

Jeder Mitarbeiter des Bereichs »Rehabilitation« übernimmt für 1 – 4 Klienten entsprechend der Größe des dezentralen Wohnens und des Deputats die Aufgabe als Koordinierenden Bezugsperson.

Zu 2: Tätigkeiten der Pflegefachkräfte

Die Pflegefachkräfte unterstützen die Klienten bei den regelmäßig wiederkehrenden Verrichtungen des Alltags. Als Grundlage erhalten sie Aufträge von der Koordinierenden Bezugsperson, die sie im Rahmen des Schichtdienstes ausführen.

Treten bei der Auftragsausführung größere Probleme auf, so ist es nicht die Aufgabe der Pflegefachkraft, diese selbst zu lösen. Als Auftragsrückmeldung an die Koordinierende Bezugsperson werden diese lediglich dokumentiert. Ausnahmen sind Probleme der Selbst- und Fremdgefährdung.

Die Tätigkeiten lassen sich einteilen in:

- Leistungen der Pflegeversicherung,
- Behandlungspflege,
- Bewältigung des Haushalts.

Die Pflegefachkräfte des Bereichs »Rehabilitation« arbeiten im Schichtdienst gemäß einer Einsatzplanung. Die Betreuung der Klienten erfolgt bedarfsgerecht und gleichmäßig an sieben Tagen in der Woche. Die ständige Erreichbarkeit wird durch eine 24-stündige Rufbereitschaft sichergestellt.

Zu 3: Tätigkeiten der Sozialarbeiter bzw. Psychologen

Sozialarbeiter und Psychologen unterstützen die Wohngruppen bei der Führung des Haushalts.

Sie erhalten Aufträge von der Koordinierenden Bezugsperson, welche Hilfen für die Klienten der Wohngruppe bei der Organisation des Haushalts und bei der Konfliktbewältigung geleistet werden müssen. Die Hilfen werden am Lebensort des Klienten organisiert und erbracht.

Die Tätigkeiten lassen sich einteilen in:

- Wohngruppenorganisation,
- planende Unterstützung im Einzelwohnen,
- Konfliktmanagement,
- Umgang mit der Krankheit und der Krankheitsbewältigung,

- Objektmanagement (nur Sozialarbeiter),
- Sozialadministration (nur Sozialarbeiter),
- Organisation nichtpsychiatrischer Hilfen (nur Sozialarbeiter).

Die Sozialarbeiter und Psychologen arbeiten bedarfsgerecht, vor Ort und in der Regel im Rahmen einer 5-Tage-Woche nur an Werktagen. Die unterschiedlichen Berufsgruppen arbeiten vertrauensvoll und verantwortlich zusammen. Jeder Mitarbeiter muss nicht alles können, sondern jeder Mitarbeiter ist Experte auf seinem Gebiet (siehe Stellenbeschreibung).

Hilfeplanung

Der »Integrierte Behandlungs- und Rehabilitationsplan« (IBRP)

Im Bereich der Rehabilitation wird die Hilfeplanung mit dem Instrument des »Integrierten Behandlungs- und Rehabilitationsplans« (IBRP) erstellt. Der Zweck der Hilfeplanung mit dem IBRP ist es, mit dem Klienten – und ggf. mit Angehörigen und dem sozialen Umfeld – die Zielperspektive und die zur Erreichung des Ziels erforderlichen Ressourcen und Hilfen zu erarbeiten. Dazu ist es – ggf. in mehreren Gesprächen – notwendig, mit dem Klienten eine Einigung über die Zielperspektive und die dafür erforderlichen Hilfen herzustellen (verhandeln statt behandeln).

Mit jedem Klienten erfolgt eine individuelle Hilfeplanung, die in regelmäßigen – zeitlich festgelegten – Abständen überprüft und erneuert wird. Die Vereinbarung soll:

- die Zusammenarbeit mit dem Klienten stärken (Compliance),
- die Chance des Gelingens von Hilfezielen erhöhen,
- mit kleinschrittigen und realistischen Zielformulierungen die praktische Umsetzung sowie die Überprüfbarkeit des eigenen Handelns erleichtern.

Anstelle von Pflegeplanung wird von einer personenzentrierten Hilfeplanung im Sinne der Aktion Psychisch Kranke ausgegangen. Hierin besteht der Unterschied zur Pflegeplanung des Bereichs »Psychiatrische Altenpflege« im Wohn- und Pflegeheim, die nach dem Modell von Krohwinkel erstellt wird.

Der IBRP ist nicht die Hilfeplanung, sondern der Leitfaden für das Hilfeplangespräch, in dem wir gemeinsam mit dem Klienten:

- seine Problemlage beschreiben,
- seine Ziele formulieren,
- herausfinden, was ihm bei der Erreichung dieser Ziele hilft (»Ressourcen« erkennen),
- herausfinden, was ihn daran hindert, diese Ziele zu erreichen (Beeinträchtigungen benennen),
- nach nichtpsychiatrischen Hilfen Ausschau halten,
- die psychiatrischen Hilfen definieren,
- das Vorgehen aushandeln,
- den zeitlichen Rahmen festlegen,
- die jeweiligen Hilfeerbringer benennen.

Um diese Aufgabe qualifiziert wahrnehmen zu können, erhalten alle Mitarbeiter eine Schulung zur Handhabung des IBRP.

Dokumentation

Die Dokumentation dient dem gegenseitigen Austausch zwischen Pflegefachkräften, Sozialarbeitern/Psychologen und der gegenseitigen Rückmeldung über Auftragsvergabe und Auftragsausführung.

Das Wohn- und Pflegeheim arbeitet mit dem EDV-gestützten Dokumentationssystem VEGA®. Es dient zur Dokumentation nach den Vorgaben des § 80 SGB XI. Das Pflegedokumentationssystem soll die übersichtliche und jederzeit nachvollziehbare Dokumentation der Stammdaten sowie des Pflegeprozesses in all seinen Schritten ermöglichen und ein individuelles Bild des Klienten widerspiegeln.

Neben der Dokumentation über VEGA® gibt es im Bereich folgende zusätzliche Regelung:

- Medizinische Verordnungen werden auf dem Kardexblatt zusätzlich dokumentiert.
- Die Entwicklungsberichte werden anhand der IBRP-Bögen A und D2 erstellt.
- Bei der Neuaufnahme von Klienten werden die IBRP-Bögen A und D1 verwendet.

Arbeit und Beschäftigung

Jeder Mensch will notwendig sein! Aus dieser Erkenntnis lautet der Grundsatz: Nicht der Klient muss für die Arbeits- und Beschäftigungsangebote passen, sondern die Angebote müssen passgerecht gemacht werden. Jeder Klient soll eine Beschäftigung finden, die von ihm als sinnvoll und wertschätzend erlebt wird.

Gleichwohl muss akzeptiert werden, wenn sich ein Klient unabhängig von Beschäftigungsangeboten den Tag selbst strukturieren kann.

An Arbeits- und Beschäftigungsangeboten gibt es im Bereich »Rehabilitation« zwei Formen:

- Niederschwellige Angebote in einer Tagesstätte,
- Arbeit in der Werkstatt für behinderte Menschen (WfbM).

Die Tätigkeit in einer Tagesstätte wird von uns als Vorstufe für die WfbM-Aufnahme oder in Ausnahmefällen in den ersten oder zweiten Arbeitsmarkt nach der Heimentlassung betrachtet.

Die Tagesstätten arbeiten mit dem Prinzip der Niederschwelligkeit auf allen Ebenen:

- räumlich soll die Tagesstätte gut erreichbar und so wenig institutionell wie möglich sein,
- als Milieu sollte sie die verschiedenen Bedürfnisse des Alltags integrieren: Kontaktpflege, Arbeit, Beschäftigung, Mittagessen, Hobbypflege,
- die Arbeits- und Beschäftigungsangebote sollen so gestaltet sein, dass jeder ein seinen Neigungen und Fähigkeiten entsprechendes Angebot findet,
- zeitliche Vorgaben wie Mindestzeiten für Anwesenheit oder Arbeitstätigkeit werden nicht gemacht,
- Unmittelbarkeit der Geldauszahlung: für geleistete Arbeit wird die Entlohnung sofort ausbezahlt.

Neuen Ideen hinsichtlich neu zu erprobender Arbeitsfelder stehen wir offen gegenüber. Eine Überprüfung unserer Angebote findet in regelmäßigen Abständen statt.

Kooperationspartner

Das Wohn- und Pflegeheim kooperiert mit den Einrichtungen des Gemeindepsychiatrischen Verbundes (GPV) der Regionen Oberschwaben und Bodensee. Langfristiges Ziel ist, dass die verschiedenen Einrichtungen zusammenarbeiten und dass eine gemeinsame Betreuung der Klienten erreicht wird. Somit können Synergieeffekte genutzt und den Klienten differenzierte Leistungen angeboten werden.

Ein wichtiges Instrument des GPV ist die Hilfeplankonferenz (HPK) der jeweiligen Region: Ravensburg, Allgäu oder Bodenseekreis. Das dezentrale Wohnen wird in der HPK der jeweiligen Region durch einen entscheidungsbefugten Mitarbeiter vertreten.

Die Aufgabe der HPK ist die Abstimmung der Leistungserbringung für psychisch kranke Menschen mit komplexem Hilfebedarf. Sie nimmt ihre Aufgabe dadurch wahr, dass sie ausgehend von erstellten individuellen Hilfeplanungen eine Empfehlung zu Art, Inhalt, Ziel und Umfang der Hilfeleistung gibt. Die Hilfeplankonferenz setzt sich zusammen aus Vertretern der Dienste und Einrichtungen, die im Landkreis tätig sind.

Bei Krisen von Klienten unter 65 Jahren sind die regional zuständigen Stationen des Bereichs »Sektorpsychiatrie« die Kooperationspartner.

Die Aufnahme auf die jeweilige Sektorstation wird durch den gerade im Dienst zuständigen Mitarbeiter in die Wege geleitet. Im weiteren Verlauf der Krisenintervention hält die Koordinierende Bezugsperson den Kontakt mit der zuständigen Behandlungsstation.

Leben in der Gemeinde und das soziale Umfeld

Wir unterstützen die Klienten, Anschluss in der Gemeinde, also in der Nachbarschaft zu finden. Das Ziel ist die Erhaltung oder die Eingliederung in möglichst normale Lebensverhältnisse. Unsere Aufgabe ist es, jedem Einzelnen die für ihn erforderlichen und gewünschten Hilfestellungen bereitstellen zu können. Für die Betreuung in der Gemeinde gilt im dezentralen Wohnen das Prinzip der Inklusion. Das heißt, dass sich die Klienten so weit als möglich in die vorhandenen Gemeindestrukturen einfügen und dass dadurch eine Integration in die Gemeinde stattfindet.

So weit als möglich sollen Hilfen aus dem sozialen Umfeld erschlossen werden (Angehörige, Nachbarn, Bürger - und Seniorentreff, Vereine). Darüber hinaus sollen für die Bereiche »Hauswirtschaft« und »Freizeitgestaltung« möglichst häufig Nachbarschaftshelfer genutzt werden. Die verschiedenen Angebote werden für den einzelnen Klienten von der Koordinierenden Bezugsperson geplant und aufeinander abgestimmt

Beim Einzug in eine Wohnung müssen die Klienten bei der Erschließung des neuen Wohnumfeldes (Post, Bank, Geschäfte, Rathaus etc.) intensiv begleitet werden.

Angehörigenarbeit

Wir legen Wert auf eine vertrauensvolle Zusammenarbeit mit Angehörigen. Dies heißt für uns, ein offenes Ohr für die Anliegen der Angehörigen zu haben. Auch Angehörige brauchen Unterstützung im Hinblick auf Krankheitsverständnis und -bewältigung.

Einbeziehung der Angehörigen in bestimmte Entscheidungen und Zusammenarbeit bei der Erledigung von Aufträgen. Ggf. Einladung zu Aktivitäten der Wohngruppe, Einbeziehung in hauswirtschaftliche Tätigkeiten etc.

Urlaubsmaßnahmen

Das Wohn- und Pflegeheim bietet pro Jahr zwei wohngruppenübergreifende Urlaubsreisen an, an denen jeweils 5 – 7 Klienten des Heimbereichs teilnehmen können.

Literatur

BOLLER, M. (2003): Professionelle Haltung und haltender Rahmen – Erfahrungen aus dem Intensiv Betreuten Wohnen. In: SCHULZE STEINMANN, L. u. a. (Hg.): Die Zukunft sozialpsychiatrischer Heime. Bonn, S. 182–191.

CECHURA, S. (2005): Integration und Ausgrenzung von Menschen mit Doppeldiagnosen – suchtkrank und psychisch krank? In: *Sozialpsychiatrische Informationen*, H. 3, S. 3–8

DÖNISCH-SEIDEL, U.; HOLLWEG, T. (2003): Nachsorge und Wiedereingliederung von (bedingt) entlassenen Maßregelvollzugspatienten. In: *Recht & Psychiatrie*, H. 1, S. 14–17

DÖRNER, K. (Hg.) (1989): Jetzt wird's ernst – die Psychiatrie-Reform beginnt. 41. Gütersloher Fortbildungswoche. Gütersloh.

DÖRNER, K. (Hg.) (1989): Aufbruch der Heime. Gütersloh.

DÖRNER, K. (2004): Sind alle Heimleiter Geiselnehmer? In: *Soziale Psychiatrie*, H. 4, S. 21–25

DRAKE, R. E. u. a. (1999): A Randomized Clinical Trial of Supported Employment for Inner-City-Patients with Severe Mental Disorders. In: Arch Gen Psychiatry, 56, S. 627–633.

EINK, M. (Hg.) (1998): Gewalttätige Psychiatrie. Ein Streitbuch. Bonn.

FAUST, V.: Psychosoziale Gesundheit: www.psychosoziale-gesundheit.net.

GOFFMAN, E. (1981): Asyle – Über die soziale Situation psychiatrischer Patienten und anderer Insassen. Frankfurt a. M.

GOODWIN, S. (1997): Comparative Mental Health Policy. From Institutional to Community Care. London.

GROMANN, P. (2004): Normalisierung im Heim!? Möglichkeiten und Grenzen ambulanter und stationärer Versorgung. Vortrag bei der Tagung »Brennpunkt Heimversorgung« von den von Bodelschwinghschen Anstalten Bethel und der DGSP, 24.–26. Juni 2004 in Bielefeld. Siehe auch: www.gemeindepsychiatrie-bethel.de/PDF/gromann0407.pdf.

HÄFNER, H. (1997): Ein Vierteljahrhundert Rehabilitation psychisch Kranker in Deutschland. Stuttgart.

HILDENBRAND, B. (1991): Alltag als Therapie. Ablöseprozesse Schizophrener in der psychiatrischen Übergangseinrichtung. Bern u. a.

HÖLZKE, R. (2003): Wirkungen und Nebenwirkungen von Heimen. In: SCHULZE STEINMANN, L. u. a. (Hg.): Die Zukunft sozialpsychiatrischer Heime. Bonn, S. 132–142.

HOPFMÜLLER, E. (2001): Integration der Nichtintegrierbaren? – Systemsprenger oder das Salz der Erde. In: DÖRNER, K. (Hg.): Ende der Veranstaltung. Neumünster.

KASTL, J. M.; METZLER, H. (2005): Modellprojekt Persönliches Budget für Menschen mit Behinderung in Baden-Württemberg. Abschlussbericht der wissenschaftlichen Begleitforschung. Ort.

KAUDER, V.; APK (1997): Personenzentrierte Hilfen in der psychiatrischen Versorgung. Bonn

KNUF, A.; OSTERFELD, M.; SEIBERT, U. (2006): Selbstbefähigung fördern. Empowerment und psychiatrische Arbeit. Bonn.

KONRAD, M.; GNANNT-KRONER, S. (2004): Hilfeplankonferenz: Herzstück personenzentrierter Umgestaltung. Was sich in den Einrichtungen und in der Region verändert. In: *Kerbe – Forum für Sozialpsychiatrie*, 4, S. 16–19.

KONRAD, M.; SCHMIDT-MICHEL, P.-O. (2004): Rückfall in die Steinzeit? Eine Zwischenbilanz 20 Jahre nach der Wiederentdeckung der Psychiatrischen Familienpflege in Deutschland. In: *Sozialpsychiatrische Informationen*, H. 4, S. 2–6

KULENKAMPFF, C. (1989): Die kommunale Philosophie der Empfehlungen. 41. Gütersloher Fortbildungswoche. Gütersloh.

KUNZE, H. (2004): Die Idee des personenzentrierten Ansatzes. In: AKTION PSYCHISCH KRANKE; SCHMIDT-ZADEL, R.; KUNZE, H. (Hg.): Die Zukunft hat begonnen. Personenzentrierte Hilfen – Erfahrungen und Perspektive. Bonn

LAMB, R. H. (1993): Lessons Learned from Deinstutionalisation in the US. In: *British Journal of Psychiatry*, 162, S. 587–592.

MESMER, G. (1999): Flugradbauer, Ikarus vom Lautertal genannt. In: www.gustavmesmer.de

NERNHEIM, K. (2003): Rein in die Zukunft! Raus aus dem Heim! Die Zukunft hat begonnen. Personenzentrierte Hilfen – Erfahrungen und Perspektive. In: SCHULZE STEINMANN, L. u. a. (Hg.): Die Zukunft sozialpsychiatrischer Heime. Bonn, S. 143–152.

OBERLIESEN-RICKERT, G.; KORNMANN, D. (2003): Können Sie mir sagen, wo das Heim ist? In: SCHULZE STEINMANN, L. u. a. (Hg.): Die Zukunft sozialpsychiatrischer Heime. Bonn, S. 170–181.

PÖRKSEN, N.; SCHOLZ, W. (2003): Wer hat den Schwarzen Peter? Zur (Un-)Verbindlichkeit in der Nachsorge forensischer Patienten. In: *Recht & Psychiatrie*, H. 2, S. 47–51

ROSEMANN, M. (2003): Integration forensischer Patienten in die gemeindepschiatrische Versorgung. In: *Recht & Psychiatrie*, H. 1, S. 10–14

ROSEMANN, M. (2004): Neue Anforderungen an Geschäftsführungen. In: AKTION PSYCHISCH KRANKE; SCHMIDT-ZADEL, R.; KUNZE, H. (Hg.): Die Zukunft hat begonnen. Personenzentrierte Hilfen – Erfahrungen und Perspektive. Bonn

ROSEMANN, M. (2006): Auf dem Weg zur personenbezogenen Finanzierung in der Eingliederungshilfe: Berliner Schritte. In: ARMBRUSTER, J.; SCHULTE-KEMNA, G.; WIDMAIER-BERTHOLD, C. (Hg.): Kommunale Steuerung und Vernetzung im Gemeindepsychiatrischen Verbund. Bonn, S. 198–210.

SAFRANSKI, R. (2004): Friedrich Schiller oder Die Erfindung des Deutschen Idealismus. München.

SCHULZE STEINMANN, L.; HEIMLER, J. (2003): Stand der sozialpsychiatrischen Heime. In: SCHULZE STEINMANN, L. u. a. (Hg.): Die Zukunft sozialpsychiatrischer Heime. Bonn, S. 14–25.

SCULL, A. T. (1980): Die Anstalten öffnen? Decarceration der Irren und Häftlinge. Frankfurt a. M.

SOMMER, K. u. a. (2004): Begleitetes Wohnen als lebenswerte Alternative für Menschen mit einer Alkoholdemenz. In: *Sozialpsychiatrische Informationen*, H. 4, S. 22–26

STEIN, L. J.; TEST, M. A. (1980): Alternative to Mental Hospital Treatment I: Conceptual Model, Treatment Program and Clinical Evaluation. In: *Arch. Gen. Psychiatry*, 37, S. 392–397.

STEINHART, I. (2006): Gemeinsam wachsen – Erfahrungen bei der Übernahme kommunaler Verantwortung in Mecklenburg-Vorpommern. In: ARMBRUSTER, J.; SCHULTE-KEMNA, G.; WIDMAIER-BERTHOLD, C. (Hg.): Kommunale Steuerung und Vernetzung im Gemeindepsychiatrischen Verbund. Bonn, S. 240–252.

Autorin und Autoren

Michael Konrad (links), Jahrgang 1955, ist Dr. biol. hum und Diplom-Psychologe. Er leitet das Wohn- und Pflegeheim am Zentrum für Psychiatrie in Weissenau (Ravensburg).

Sabine Schock (Mitte), Jahrgang 1969, ist leitende Pflegefachkraft im Zentrum für Psychiatrie in Weissenau.

Joachim Jaeger (rechts), Jahrgang 1948, ist Diplom-Psychologe im Wohn- und Pflegeheim am Zentrum für Psychiatrie in Weissenau.